Helmut Fleischer
Aus Hitlers Krieg durch Stalins GULag

Lebensformen

herausgegeben von
Ulrich Beer

Band 53

Helmut Fleischer

Aus Hitlers Krieg durch Stalins GULag

Blick zurück auf eine bewegende Geschichte

Centaurus Verlag & Media UG 2010

Zum Autor: Prof. emerit. Dr. phil. Helmut Fleischer, geb. 1927, ist Philosoph, Hochschullehrer und Dozent in der Erwachsenenbildung. Er ist Autor zahlreicher Veröffentlichungen zu philosophischen und zeitgeschichtlichen Themen; einen besonderen Schwerpunkt bildet dabei die Erforschung des Marxismus.

Bibliografische Information der Deutschen Bibliothek:

Die deutsche Bibliothek verzeichnet diese Publikation in der Deutschen Nationalbibliographie; detaillierte bibliographische Daten sind im Internet über http://dnb.d-nb.de abrufbar.

ISBN 978-3-8255-0729-9   ISBN 978-3-86226-294-6 (eBook)
DOI 10.1007/978-3-86226-294-6

ISSN 1612-2739

© *CENTAURUS Verlag & Media KG, Freiburg*

Umschlagabbildung: Helmut Fleischer am Flakfernrohr (Photo des Autors).
Umschlaggestaltung: Jasmin Morgenthaler

Inhalt

Zur Einführung

Inzwischen ist es eine ferne und uns fremd gewordene Geschichte, auf die ich hier zurückblicke und einiges davon für Leser berichten will, unter denen es immer weniger gibt, die noch vom Sturmwind der Weltkriegsepoche des 20. Jahrhunderts erfasst gewesen sind. Schon mit der Überschrift zeige ich es an, wie mein Lebensweg durch zwei Stationen dieses eisernen und blutigen Zeitalters verlaufen ist.

Als einer vom Jahrgang 1927 bin ich noch einige Jahre vor dem Anbruch der Hitlerzeit in diese Welt gekommen und habe als Fünfjähriger jenen Anbruch miterlebt; und als siebzehnjähriger Soldat an der Ostfront erlebte ich ihr Ende, das sie in dem selbst vom Zaun gebrochenen Krieg von 1939-45 gefunden hat. Nachdem ich noch für die letzten paar Wochen in diesen Krieg geworfen worden war und ihn mit Müh und Not und einigem Glück überlebt habe, konnte ich aber nicht sogleich als Heimkehrer in das „Wir sind noch einmal davongekommen" einstimmen. Für mich war darüber am 9. Mai 1945 noch nicht entschieden. Denn nachdem bereits die Unterlagen für einen Entlassungsschein angefertigt waren, haben sich die amerikanischen Sieger dazu entschieden, uns nach zwei Wochen an ihre sowjetischen Verbündeten abzutreten.

So wurde ich für zwei Jahre ein Nachkriegsgefangener im „Archipel GULag"[1], wie der russische Schriftsteller Solshenizyn diese Landschaft später benannt hat.[2] Doch zu meiner Verwunderung sind diese zwei Jahre nicht einfach aus meiner normalen Lebensgeschichte herausgefallen, sondern zu einem lebensgeschichtlich sehr markanten Abschnitt meiner weiteren Existenz geworden. Als ich kurz vor meinem 18. Geburtstag im Inneren des Sowjetlandes ankam, wurde ich nämlich sozusagen „in die Schule geschickt" – wohin ich ja eigentlich noch hingehörte; es war allerdings eine sehr besondere Schule, eine „Antifaschistische Schule für Kriegsgefangene". Ich sollte hier an einem Fünf-Monats-Lehrgang teilnehmen. Weil ich aber wegen einer Erkrankung einige Wochen versäumt habe, bekam ich noch einen zweiten Lehrgang verschrieben. So verbrachte ich an der Schule das Jahr 1946 und die ers-

---

[1] Die Schreibweise mit großen und kleinen Buchstaben kommt aus dem sowjetischen Behörden-Vokabular und war die im Schriftverkehr übliche Abkürzung für „Staatliche Verwaltung für die Lager" – im Russischen ist „Lager" ein Lehnwort.

ten fünf Monate von 1947. In den Kriegsjahren wurden die Absolventen wieder in die Arbeitslager geschickt, um dort im „Kultur-Aktiv" und zumal als Propagandisten zu arbeiten. Nach Kriegsende schickte man weiterhin einen Teil dorthin, einen anderen Teil zurück nach Deutschland (und nicht nur in die sowjetische Besatzungszone). Ich kehrte im Juni 1947 ganz regulär in meine fränkische Heimat zurück, wo ich in Bayreuth noch ein Jahr in mein altes Gymnasium ging.

Diese meine „russische Geschichte" hatte für einen, der nicht nur zum Sehen, sondern ganz besonders *zum Denken geboren* ist, begreiflicherweise eine längere, bei mir sogar eine in Wahrheit nicht endende Nachgeschichte. Nicht von ungefähr wählte ich dann an der Universität eine Studienrichtung, zu deren Obliegenheiten es unter anderem gehörte, „ihre Zeit in Gedanken zu erfassen" – wie Hegel, der Altmeister der Philosophie, einmal gesagt hat. Die vier Jahre meiner Kriegs- und Nachkriegsgeschichte gaben Stoff und Problematik genug, sie für mehr als ein halbes Jahrhundert zum unerschöpflichen Zentralthema einer intellektuellen Lebensarbeit werden zu lassen. In was für eine Geschichte bin ich da mit hineingezogen worden und auf was für Deutungsnenner habe ich sie zu bringen gesucht? Ich möchte wenigstens die wichtigsten Schritte meiner gedanklichen Nacharbeit so kurz und fasslich wie möglich nachzeichnen und mit ein paar ausgewählten Textstücken dokumentieren.

I. Zwei Jahre Kriegsdienst –
zwei Jahre Nachkriegsgefangenschaft
(Juli 1943 bis Juni 1947)

Es war mit seinen vier Jahren kein großer, aber für das Lebensganze überaus bedeutsamer Zeitabschnitt, der im Juli 1943 mit der Heranziehung zum Kriegshilfsdienst als Luftwaffenhelfer anfing und im Juni 1947 mit der Entlassung aus der Nachkriegsgefangenschaft in der Sowjetunion zu Ende ging. Damit begann eine kaum enden wollende gedankliche Nacharbeit, zuerst an einer „Aufarbeitung" des Zurückliegenden und dann am Weiterdenken des Nachfolgenden und der Vorblicke auf das Kommende.

1. Mit Fünfzehn zu den Kanonen, mit Siebzehn an die Ostfront

Etwas zu meiner Herkunft

Zu jeder Geschichte gehören einige Vorgeschichten, zu einer persönlichen Lebensgeschichte gehören in unseren Zeiten die Geschichten von zwei oder mehreren Familien, die sich in beiden Richtungen, nach der Seite der Vergangenheit und zu ihrer Zukunft hin, immer wieder verzweigen konnten. Die mütterliche Hauptgeschichte der Buchruckers verläuft durch acht Generationen von nordbayrischen Geistlichen. Sie begann mit einem, der unter dem Druck der Gegenreformation aus Böhmen auf die fränkische Seite geflüchtet ist. Der 100 Jahre vor mir geborene Großvater der Mutter, Karl Buchrucker, machte sich damit einen Namen, dass er in Bayern einer der Väter der „Inneren Mission" gewesen ist; nach ihm ist jetzt in München eine kirchliche Stiftung benannt. – Auf der weniger einheitlichen väterlichen Seite gab es – so bei den aus Marbach gekommenen Thudichum-Nachkommen – ebenfalls Pfarrerfamilien; so war die Mutter meines Vaters, eine geborene Ebert, eine fränkische Pfarrerstochter, und ihre in Rothenburg ansässig gebliebene Schwester, meine Großtante Hedwig, war in meinen Kinderjahren der Zielpunkt eines alljährlichen Sommer-Ferienaufenthalts mit dem Blick auf die alte Stadtmauer und ihren Wehrgang. Mein Großvater auf der väterlichen Linie ist in Küstrin ein Architekt gewesen und schon früh (1909) gestorben. Der Vater Friedrich Fleischer kam dann in die Familie eines Onkels, der in Ansbach Gymnasialdirektor war, und die Rothenburger Tante Hedwig finanzierte nach dem Weltkrieg sein Theologiestudium, womit sich nun auch in mir die zweifache Herkunft aus Pfarrhäusern fortgesetzt hat.

Eine Vorentscheidung über meine Lebensbahn war das nur insoweit, als ich im Medium von geistigen Inspirationen aufgewachsen bin. Die christlich-konfessionelle Vorprägung kann jedoch in einem Pfarrhaus eine mehr ambivalente Bedeutung erlangen, sofern das Religiöse hier mehr in das Alltägliche eingewoben ist und nicht so sehr eine abgehobene Sphäre des Sakralen bleibt. Bei mir ist das Christliche in den Jahren meiner Entwicklung vor allem ein Gegenpol zur nationalsozialistischen Ideologie und Herrschaftsmacht gewesen.

Kindheit und Grundschule

In einem der wenigen „guten Jahre" der deutschen Nachkriegsrepublik bin ich gegen Ende 1927 in einem oberfränkischen Dorf geboren, zu dessen Stammbevölkerung die Berufsgruppe der Flößer gehörte. Hier an der aus dem Frankenwald kommenden Rodach und nahe der alten Festungsstadt Kronach hatte mein Vater nicht lange zuvor das Amt des evangelischen Pfarrers angetreten. Die Flößer dirigierten im Frühjahr die großen Holzflöße über den Main und den Rhein nach Holland, wo das harzreiche Tannenholz für die im Wasser stehenden Hausfundamente gebraucht wurde. Ihr berufliches Schicksal war es, dass in der Zeit der großen Wirtschaftskrise sich auch eine Änderung der Bautechnik vollzog und nun Beton statt Holz für die Fundamente verwendet wurde. Die soziale Unzufriedenheit und Unruhe der zahlreichen arbeitslos Gewordenen gab den Nationalsozialisten einen kräftigen Auftrieb, so dass sie den Bürgermeister stellen konnten. Auf mich Vier- bis Fünfjährigen machten ihre Aufmärsche einen starken Eindruck. Ich wollte schließlich selbst so ein Braunhemd haben.

Im August 1931 entstand bei meinem Vater Friedrich Fleischer der erhalten gebliebene Entwurf eines Briefs[3], an einen Amtskollegen gerichtet, der besonders nah an die Nationalsozialisten herangerückt war. Mein Vater macht seine Gewissensfrage daran fest, ob das „Kreuz von Golgatha" und das Hakenkreuz der Nationalsozialisten als „Zeichen" so einfach nebeneinander stehen, sozusagen problemlos koexistieren können. „Dass Sie dem Hakenkreuz jegliche religiöse Bedeutung absprechen, wundert mich sehr." Aber: „Schon die Tatsache, dass das Hakenkreuz religiös Verdacht erregt, zeigt die Möglichkeit einer solchen Entwicklung der Dinge." In der Bewegung „sind all die Möglichkeiten vorhanden, um die wir uns Sorge machen müssen. ... Die Bewegung ... ist darin sehr selbstherrlich, wohin sie ihre Symbole stellt; sie kann im gegebenen Augenblick ihrem Symbol jeden Inhalt geben, wohin die Wucht des ideellen Dranges eben immer treibt." Und für das eigene Grundverständnis steht diese Erklärung: „Ich glaube mit Bestimmtheit die Aufgabe für uns als Pfarrer (wenn ich mich noch auf diese Weise mit Ihnen zusammenschließen darf) darin zu erkennen, dass wir für die Reinigung, Klärung und Abgrenzung der Begriffe arbeiten, dass wir vorhandene Möglichkeiten vorausschauend erwägen, Spannungen, wo sie einmal da sind, aufzeigen und an der Lösung der schweren und tiefen Fragen mitarbeiten." Das ist aus der Distanz ein überaus behutsames Votum, aber ein recht besorgtes. Die nachfolgende „Entwicklung der Dinge" hat den Vater in dieser Besorgnis bestätigt und die Besorgnis fortschreitend verfestigt.

Im Jahr nach Hitlers Machtergreifung ließ sich mein Vater an eine Pfarrstelle im Umkreis von Bayreuth versetzen, wo um diese Zeit ein Lehrer angetreten war, der die Machtposition des NS-Ortsgruppenleiters innehatte. Er hätte den neuen Pfarrer gern in die Partei aufgenommen und der neuen politischen Disziplin unterstellt. Der war aber nicht so fügsam. Damit war ein Dauerkonflikt vorprogrammiert. Bald bemerkte meine Mutter, dass die Frau des Lehrers ihr aus dem Weg ging. Der Lehrer monierte es immer wieder, dass die Kirchenuhr um öfters soundsoviele Minuten vorging, so dass ich aus Eigensinn einmal beschloss, um diese mehreren Minuten später zum Unterricht zu erscheinen. Doch

---

[3] Ob der Brief abgeschickt worden ist, war nicht mehr festzustellen.

da hatte ich dann doch nicht die Courage, an die Monierung des Herrn Lehrer zu erinnern, und ich brachte eine Ausrede vor ...

Besonders für unsere Mutter war das Nazireich eine fremde und verachtete Welt. Wenn sie im Radio einiges davon im Originalton mitbekam, was ihr besonders gegen den Strich ging, reizte es sie, den Redner nachzuahmen. So zum Beispiel einen, der in einer Massenversammlung den großen Fortschritt pries, der über die alte bürgerliche Welt hinweggeführt hat. Wenn früher so viele Menschen an einem Platz versammelt waren, da sah man weit und breit lauter Zylinder. Worauf blickt man heute? „Auf das Volk" – und dieses Wort zog die Mutter so schön hässlich in die Länge und Breite, dass die Verachtung zu hören war, die sie gegen diese Bonzenwelt hegte.

Sogar im Kinderspiel Schwarz-Weiß-Rot gegen das Hakenkreuz (Sommer 1937)

Ein Braunhemd war, wo es im Dorf auch kein Jungvolk gab, bei mir nicht mehr gefragt. Doch alles wurde anders, als ich 1938 zum Gymnasium nach Regensburg kam und dort in einem kirchlichen Schülerheim lebte, das den Namen „Protestantisches Alumneum" trug und täglich Morgen- und Abendandachten abhielt. Schon die beiden im Weltkrieg gefallenen Brüder der Mutter hatten hier ihre Gymnasialzeit durchgemacht. Für meine Eltern war es eine schwer verständliche Neuheit, dass der

Alumneums-Direktor, der als bekennender Christ fast immer die Andachten mit orgelbegleitenden Chorälen und einer kleinen Lesepredigt selber abgehalten hat, zugleich ein bekennender Nationalsozialist war, ja sogar einer der „Alten Kämpfer". Denn er hatte 1923 Hitlers „Marsch auf die Feldherrnhalle" mitgemacht, trug also den „Blutorden" und war ein hochrangiger SA-Führer! Für ihn war es selbstverständlich, dass wir Schüler obligatorisch Mitglieder im Jungvolk wurden und der Hitlerjugend anzugehören hatten. Für mich war dieser Zwang ein großes Ärgernis, und ich ließ unsere Führer meinen Mangel an Ergebenheit wohl auch deutlich genug spüren. Jede Woche gab es entweder einen Außendienst auf dem Sportplatz, auf einem Truppen-Exerzierplatz oder im Gelände, dazu Innendienst mit Schulungsthemen oder Einüben von Marsch- und Bekenntnisliedern – eines war mir so zuwider wie das andere. Obwohl ich im ganzen ein recht aktiver Typ bin, kam ich bei diesen Braunen nicht für den geringsten Führungsrang in Frage. In dem nach einiger Zeit begründeten Spielmannszug wurde ich ein Querpfeifer.

Nach dem Kriegsbeginn von 1939 erhielt die NS-Jugendorganisation des Alumneums eines Tages den Parteiauftrag, ihrer Disziplin nun auch die Schüler aus den katholisch-kirchlichen Schülerheimen (Obermünster, St. Emmeram und Karmeliter) zu unterwerfen.

Einer von ihnen war im Gymnasium mein Banknachbar – er hieß Eiglsperger –, und wir beide waren uns einig im Widerwillen gegen das Naziregime. Als wir einmal kurz nacheinander zur Teilnahme an Beerdigungen von Partei-Oberen kommandiert waren, sagte er: da ist ein großes „Bonzensterben" eingetreten. Mit ihm konnte ich aus unserer gemeinsamen Aversion vertraulich über das Parteiregiment reden. Er ließ mich einmal den Brief eines bekannten Kriegshelden lesen und abschreiben, der sich über das politische Regime beklagte. Der Klassenkamerad ist, wie ich später erfuhr, im Krieg gefallen.

Ein persönliches Praktikum in der „Judenfrage"

In unserem oberfränkischen Wohnort lebten wir nur einige Dutzend Kilometer entfernt von unseren am engsten verbundenen Verwandten, von denen die Mutter eine sehr vertraute Schwester unserer Mutter war. Irgendwann in den Kriegsjahren erfuhren wir Kinder, dass der mit Tante Sophie verheiratete Onkel, Dr. Paul Steinmetz, aus einer jüdischen Familie stammte. Zu dieser Zeit verstand ich natürlich längst, was eine solche nicht „voll-arische" Abstammung für das Lebensschicksal eines Betroffenen zu bedeuten hatte.

Die beiden Steinmetz-Kinder Walther und Traude waren unsere am engsten verbundenen Verwandten. Der ein paar Jahre ältere Walther war mit seiner überragenden Intelligenz und seiner enormen Vielfalt von geistigen Interessen für mich das große Vorbild, namentlich in der Welt der Sprachen, die später sein Berufsfeld als Gymnasiallehrer wurden. Er regte mich dazu an, im Eigenstudium mit dem Erlernen des Italienischen anzufangen. Obwohl vier Jahre älter als ich, konnte er einfühlsam mit uns Jüngeren spielen (auch mit einem „militärischen" Anteil[4]) und durch den Wald streifen. Mit den Steinmetz-Kindern verband mich auch die Liebe zur Musik. Bei seiner Mutter, die Klavierlehrerin war, lernte Walther natürlich dieses Instrument spielen, und noch weiter brachte es seine Schwester Traude, die ebenfalls Klavierlehrerin geworden ist. Sie spielte in einem Konzert das „Wohltemperierte Klavier" auswendig und assistierte auch längere Zeit dem Organisten der Nürnberger Lorenzkirche. Bei dieser engen familiären und geistigen Anbindung konnte die Judenfeindschaft der NS-Gläubigen für mich nur ein Indiz ihrer primitiven Unwissenheit und Kulturlosigkeit sein.[5]

Früh verordnete Kriegstauglichkeit

Nach der Katastrophe von Stalingrad war es 1943 so weit, dass die Fünfzehnjährigen an den höheren Schulen zum „Kriegshilfsdienst" als Luftwaffenhelfer („in der HJ") herangezogen wurden. Weil es zunächst hieß, sie seien nur an ihren Schulorten einzusetzen, bin ich aus Regensburg nach Bayreuth umgezogen und wurde mitten in der Stadt auf das Dach des Alten Schlosses gesetzt, wo man Holzstände für drei leichte

---

[4] Ein frühes Bild zeigt ihn mit einem kriegerisch erhobenen Holzschwert.

[5] Mit der folgenden Eintragung greife ich dem Zeitablauf um einige Jahre vor. Vater Steinmetz wäre mit seinem philologischen Doktor nicht erst 1945 Gymnasiallehrer geworden. Nach 1933 war ihm das versperrt, so dass er für eine Herstellerfirma von naturwissenschaftlichen Lehrmitteln als Vertreter zu den Schulen reiste, bis er beim Kriegsausbruch 1939 die Einberufung zur Wehrmacht erhielt und am Fliegerhorst von Prag im meteorologischen Dienst beschäftigt wurde. Anfangs wurde er in dieser Dienstfunktion als ein „Schmalspur-Offizier" eingestuft. Als seine nicht-arische Abstammung ruchbar wurde, hat man ihn auf den Mannschaftsdienstgrad eines Gefreiten heruntergestuft. Er hat den Nazismus überlebt. Sein Sohn Walther wurde Anfang der vierziger Jahre ebenfalls zur Wehrmacht einberufen und blieb genauso auf einen inferioren Mannschaftsdienstgrad zurückgeschraubt.

2-cm-Flakgeschütze eingebaut hatte. Daran exerzierten wir nur diesen einen Sommer lang, dann ging es weiter nach Schweinfurt, wo wirklich ein Stück Luftkrieg begonnen hatte.

Im Pfarrgarten – Zusammensein mit Vater und Sohn im Heimaturlaub (Juli 1944)

Für uns Zuzügler begann es im Februar mit drei unmittelbar aufeinander folgenden Angriffen, einem amerikanischen Tagangriff und zwei britischen Nachtangriffen. Zwar ist es die Regel gewesen, dass die Bomber ihre Ladung nur für die Kugellagerwerke und die Stadt bestimmt hatten, einmal jedoch schlug eine schwere Sprengbombe sehr nah, 80 Meter neben unserem Kommandogerät mit einem gewaltigen Donner und Luftdruck ein und bildete einen großen Krater. Gefährlich konnten auch die niedergehenden Flaksplitter sein, namentlich als man die Geschosse irgendwann mit einer Runde von Einschliffen versah, durch die es zu Stahlstücken kam, die bei 1 cm Dicke und 2 cm Breite eine Länge von über 10 cm hatten. Während eines Angriffs hörte ich einmal an unserem Gerät einen harten metallischen Schlag, der auf dem Stahlgatter der Bediener-Plattform eine beachtliche Druckstelle hinterließ. Nur gut, dass das Stück keinen von uns getroffen hat. Beim Nachsuchen fand ich es außerhalb unseres Gefechtsstandes.

Als ich einmal bei einem der nächtlichen Angriffe nicht am Gerät eingeteilt, sondern als Melder mit dem Flakfernrohr beschäftigt war, hatte ich das Erlebnis, das mich in meiner Luftwaffenhelferzeit am stärksten angefochten hat. Bei dem Angriff war ein britischer Bomber, der die Stadt bereits überquert hatte, innerhalb der Reichweite unserer Geschütze von Scheinwerferlicht eingefangen. Ich folgte ihm mit dem Flakfernrohr und sah ganz nah an seinem Rumpf eine der Granaten krepieren. Die Maschine, der wohl eines der Leitwerke zerstört war, ging sogleich senkrecht in die Tiefe, zunächst noch innerhalb von Scheinwerferstrahlen. Dann dauerte es nur Momente, bis hinter dem Wald eine hohe Explosionsflamme aufleuchtete. Beim Gedanken an die Besatzung der Maschine ist mir ihr Schicksal sehr nahe gegangen und machte mir den Irrsinn dieses Krieges bewusst. Monate später sah ich bei einem amerikanischen Angriff bei Tage, wie ein Besatzungsmitglied an einem Fallschirm herabschwebte. Ich wünschte mir für ihn, dass er heil unten ankommt und auch sonst nichts mit ihm passiert.

Für die alliierte Luftflotte hegte ich überhaupt eine recht eigenartige Bewunderung, auch weil ich mir einen Sieg der Hitler-Wehrmacht nicht wünschen konnte. Für meine Bewunderung schuf ich mir ein Symbol, das die Kriegszeit überdauert hat. In den wenigen Urlaubstagen daheim machte ich mich an eine Arbeit, die für mich sichtlich von hoher Wichtigkeit war.

Mit einfachsten Werkzeugen verfertigte ich an unserem Holzplatz nach den Maßangaben eines bebilderten Typenheftchens eine Reihe von Modellen amerikanischer und britischer Kriegsflugzeuge, mit denen ich mir die gewaltige Überlegenheit dieser Luftflotte über das niedergehende Hitlerreich anschaulich machte: Vollständig beisammen sind die fünf Typen der großen viermotorigen Bomber, einige von den zweimotorigen und ein paar einmotorige Jagdflugzeuge, alle bemalt und mit ihren nationalen Kennzeichen versehen, den britischen Kokarden und den amerikanischen Sternen. Eines Vergleichs wegen modellierte ich nur ein einziges deutsches Kriegsflugzeug, die zweimotorige Ju 88 (siehe Abbildungen Seite 17).

Kriegsflugzeuge

Der Weg in den heillosen Endkampf

Nach der Entlassung aus dem Flakhelferdienst waren „der Vollständigkeit halber" noch ein paar Wochen im Reichsarbeitsdienst (in der Nähe
des mittelfränkischen Neustadt an der Aisch) abzuleisten, und danach
gab es zu Hause den siebzehnten Geburtstag zu absolvieren. Einen
Monat danach war der Termin für die Einberufung zur Wehrmacht. Die
Mutter begleitete mich die paar Kilometer zum Bahnhof und kam auf
etwas zu sprechen, was sie wohl jetzt erst, im Dezember 1944, aus dem
Bekanntenkreis gehört hatte: dass die in Berlin wohnenden Juden verhaftet und auf einen Transport ins „Generalgouvernement" verfrachtet

worden seien. Mit einem tieftraurigen Blick fügte sie hinzu: „Wer weiß, was die dort mit ihnen machen!" Sie traute den Braunen und ihrem Schwarzen Korps alles zu, aber selbst unsere nahen nicht-arischen Verwandten haben es zu dieser Zeit nicht genauer gewusst.

Meine Reise führte zuerst nach Breslau, am nächsten Tag ging es aber schon weiter nach Wien. Die definitive Adresse war aber auch das noch nicht, sondern nur eine Überbrückung. Immerhin gab es einmal einen Ausgang, bei dem ich am Praterstern die Geisterfahrt (am Knochenmann vorbei) erleben konnte. Und außerdem gab es einen Fliegeralarm, bei dem wir zu einem Freigelände hinausmarschierten und aus einiger Ferne die Bombeneinschläge hören konnten. Das außergewöhnliche Ereignis war es, dass etwa zwei Kilometer entfernt der Fallschirm herunterkam, den ich im vorigen Abschnitt erwähnte.

Das Wiener Intermezzo ging wohl um den Jahreswechsel zu Ende, und wir wurden mit Personenwagen durch ganz Deutschland und noch ein Stück darüber hinaus verfrachtet, nach Dänemark zu einem Fliegerhorst, auf dessen Terrain sich auch die Baracken für den Offiziersbewerber-Lehrgang befanden. Beim ersten Appell sagte der Leutnant, zu dessen Zug ich gehörte, er wähle sich jedesmal einen von uns aus, der ihm in seinem Zimmer ein wenig behilflich ist, und er sagte weiter, für die ersten zwei Wochen habe er dafür „den Fleischer im Auge". Da hatte ich also meine Sonderfunktion und machte mich damit besonders verdient, dass ich für die Fertigung seiner beliebten „Zucker-Eier" sogleich ein rationelleres Verfahren als das seine einführte: für das Schaumigschlagen der Eier statt der Gabel ein selbstgemachtes Gefäß nach Art des gängigen Eierschlägers zu nehmen. Das ging so flott von der Hand, dass der Herr Leutnant auch Kollegen an dem Genuss teilhaben lassen konnte. Gelegentlich hatte er auch etwas zu nähen. Und er nahm sich nach zwei Wochen keinen anderen; in meine Beurteilung schrieb er, ich hätte eine „besondere technische Begabung" ...

Normalerweise hätte der Offiziersbewerber-Lehrgang vor der ersten „Frontbewährung" seine drei Monate gedauert. Es wurden aber nur ein paar Wochen, denn die Kriegslage drängte die Verantwortlichen zur Eile. Wohl noch im Januar ging es mit einem Marschbefehl an die in Ungarn verlaufende Kriegsfront. Die paar hundert Leute unseres Transports waren bereits für verschiedene Bestimmungsorte aufgeteilt, und mein engerer Kreis war ein kleiner Trupp von weniger als zehn Mann. Der Weg von der letzten Bahnstation bis zum Bestimmungsort an der

Donau war für mich ein recht besonderes Kriegserlebnis. Einer von uns hat den Ton – und den „Tonus" – dieser Fahrtentour entlang den „Anhalter Bahnhöfen" der Militärpolizei angestimmt. Der Tenor seiner Parole war, wir sollten uns bei dieser in Raten vor sich gehenden Anreise tunlichst nicht zu sehr beeilen. Unter uns gab es keinen, der dagegen einen patriotischen Widerspruch angemeldet hätte. Die allgemein akzeptierte Verständigungsformel lautete in Worten „Geht alles vom Krieg ab", und auf die fünf Anfangsbuchstaben abgekürzt, die bald schon genug sagten und ihren Sinn immer wieder bekräftigten: *Gavka*. Keiner von uns dürfte geglaubt haben, sein Einsatz könne ein Beitrag auch nur zu einem gedeihlicheren Ausgang des Krieges sein, und schon gar nicht zu Hitlers „Endsieg"; für mich wäre dieser das größte mögliche Unheil gewesen.

Budapest hatte die Sowjetarmee bereits eingenommen, doch entlang der Donau hatte eine Einheit der Waffen-SS eine Gegenoffensive versucht, die nicht sonderlich weit vorangekommen war. Wir kamen an einen Ort innerhalb dieses kleinen Gebiets am Fuße des Vertesch-Berglandes und wurden in Häuser von Dorfbewohnern einquartiert. Später ging es einige Kilometer weiter in ein Weinberg-Gelände, wo sich erfahrene Landsknechte gleich auf die Suche nach verborgenen Weinfässern machten. Wo die Front verlief, wusste ich im allgemeinen nicht, und mit eigenen Augen sehen konnte ich es nur später einmal, als sie auf unsere Stellung anrückte, die wir gerade verließen. Im Laufe der Zeit lernte ich nach den britischen und amerikanischen Kriegsflugzeugen auch die sowjetischen kennen. In einiger Höhe sah man die zweimotorigen Bomber über uns wegziehen, die im Hinterland ihre Angriffsziele hatten. Ebenfalls mit Bomben (und dazu Maschinengewehrfeuer) kam auch zu uns manchmal ein seltsamer einmotoriger und recht leise fliegender Vogel, den wir die „Nähmaschine" nannten. Es kam immer nur ein einziger, der, wenn er irgendwas Besonderes bemerkte, an einem Fallschirm eine Leuchtrakete abwarf, die eine weite Fläche erhellte und auf der er ein Ziel fand, an das er zurückkehrte, um seine eine (ziemlich schwere) Bombe abzuwerfen. Oft war das Ziel eine Ansammlung von Fahrzeugen. nicht selten in Ortsgebieten. Verschiedentlich konnte ich verspüren, woran man in solch einem hell erleuchteten Raum ist. Noch mehr nahegerückt aber ist mir ein stets in Staffelformation anfliegender einmotoriger Typ, den man als ein gegen Truppen- und Fahrzeugansammlungen eingesetztes „Schlachtflugzeug" bezeichnete, die Iljuschin 2. Wenn eine solche Staffel im Herannahen war, vergingen spannende Momente, in denen es sich fragte, ob sie nun auf uns ansetzen oder nicht. Wo sie in ihrer gestaffelten Reihe von acht oder neun Maschinen angriffen, feuerten sie aus ihren 3,7-cm-Bordkanonen und warfen zugleich ihre Ladung von Splitterbomben herab, zogen dann im Kreis wieder ein Stück hoch und kamen drei- vier- oder auch fünfmal wieder zurück und schossen jedesmal aus den Bordkanonen. Gleich bei unserem Eintreffen im nahen Hinterland der HKL (der „Hauptkampflinie") bekamen wir die Nachwirkungen eines Iljuschin-Angriffs zu sehen, den Abtransport von Verwundeten, getötete Pferde und zerstörte Fahrzeuge. Als wir selber in einen kürzeren Beschuss durch Tiefflieger gerieten, duckten wir uns erfolgreich in die kleinen Gelände-Unebenheiten. Später traf ein Iljuschin-Angriff die Stellung unserer Einheit – ich war während dieser Zeit als Melder beim Abteilungsstab und erfuhr danach, wie es gewesen ist und dass ein gleichaltriger Schicksalsgenosse aus Wien mehrere Splitter abbekommen habe, mit denen er ins Feldlazarett gebracht worden sei. Das oder Schlimmeres war eine ständig zu gewärtigende Möglichkeit in diesen zehn letzten Kriegswochen. Aber auch nach dem Waffenstillstand vom 8./9. Mai konnte noch Schlimmstes passieren (wovon später zu berichten ist). Seinerzeit beim Arbeitsdienst musste immer einer von uns vor dem Essen einen Sinnspruch aufsagen. Einer begann mit den Worten: Der Krieg ist das Gebiet der Gefahr ...

Ganz vereinzelt waren auch noch ein paar deutsche Kampfflugzeuge zu sehen.

Für die einstigen Flakhelfer unter uns gab es in dem planlosen Hin und Her einmal das Intermezzo eines vom – italienischen Kriegsschauplatz aus gestarteten – Angriffs von amerikanischen Fortress-Bombern auf ein ungarisches Kohle-Hydrierwerk an der Donau. Für die Älteren, die nichts vom Luftkrieg über Deutschland mitbekommen hatten, war der Anblick dieser Luftflotte eine Sensation, aber auch die totale Frustration, denn zu machen war da für unsere Kanonen ohne die Technik von Kommandogeräten überhaupt nichts. Für mich war es eine Probe auf die Chaotik dieser letzten Zuckungen einer hilflosen Kriegführung. Da tat man als ein wissend Mit-Hineingezogener sein Bestes, um zu großen Risiken aus dem Weg zu gehen.

Als wir aus Ungarn nordwärts hinausgekommen waren, in die Nähe der südböhmischen Stadt Lundenburg (Břeslav), erlebte ich die gefährlichste von meinen Kriegsstationen. Ein kurzer Artilleriebeschuss kündigte an, dass bald etwas „losgehen" werde. Ich hatte für mich ein Erdloch gegraben und merkte irgendwann, dass man dabei war, sich fort-zumachen. Ich warf noch einen Blick den Hügel hinab, da sah ich, dass eine breite sowjetische Infanterie-Formation dabei war, aus ihren Maschinenpistolen sozusagen vor sich hin und her schießend die flache Anhöhe heraufzukommen. Da hörte ich von einem Batteriekameraden, der sich ebenso wie ich gerade davonmachen wollte, den Ausruf „Au, mich hat's erwischt!". Natürlich sprang ich sofort zu ihm hin, es war nur ein Steckschuss in einem Oberschenkel, und leicht von mir abgestützt konnte er zusammen mit mir aus der Gefahrenzone ausrücken. Wo wir an eine Brücke für den weiteren Rückzug kommen wollten, war diese bereits gesprengt, aber noch stand da erreichbar nah auf dem Damm-weg des Flüsschens abfahrbereit eines unserer Fahrzeuge, das uns in den nächsten Ort mitnehmen konnte. Das Flussufer entlang konnten wir weiterfahren und in die nahe Stadt gelangen, wo sich dann wieder wei-tere Wege ergaben.

Irgendwo erlebte ich an einem sonnigen Ostertag ganz allein einen richtigen Osterspaziergang – mit den obligaten Faust-Erinnerungen. Ich wanderte ganz allein bei schönster Sonne über die Wiesen zu einer Ört-lichkeit, wo gerade ein Versorgungsmagazin zum Plündern freigegeben war. Einige hatten sich mit dem unbegrenzt verfügbaren Schnaps bis etwas über die Grenze des Zuträglichen besoffen. Es gab noch ein paar Tage Aufenthalt, die ich zur Behandlung eines Hautinfekts im Kranken-revier nutzte.

Weiter ging es im südlichen Böhmen, wo ganz unverhofft ein sonniger 8. Mai nahte, an dem morgens viele Flugblätter heruntergekommen waren, deren Botschaft lautete: Die deutsche Wehrmacht hat die Kapitu-lation unterzeichnet. Nun gab es für uns kein Halten mehr: Ab nach Westen, möglichst weit und bis auf bayrisches Gebiet. Weit davor wurde die Kanone mit meinem Sitzplatz abgehängt – auf der letzten Strecke hatte ich sogar während der Fahrt hinaufklettern und rittlings auf dem Kanonenrohr (genauer: auf dem „Luftvorholer"), einen „Hochsitz" mit frei-em Rundblick einnehmen können. Nun setzte ich mich auf den rechten Vorderkotflügel eines Lastwagens. In Untergrießbach nahe Passau war es so weit, dass erste amerikanische Posten uns anhielten und sich die Taschenmesser aushändigen ließen. Ich erinnere mich noch, dass der Posten das Messer quer über die Hand legen ließ und entschied, ob man es behalten durfte oder ob es zu groß war. Es war kein unfreundli-cher und entsprechend erfreulicher Empfang. Wir waren guter Dinge und ließen uns auf ein Wiesenstück als Lagerplatz verweisen, wo bald Leute kamen, um die Papiere für eine ordentliche Entlassung auszufüllen. Wir hatten schon welche sehen können, die damit winkend auf der Straße heimwärts unterwegs waren. Eine frohe Aussicht! Werden die ausgefertigten Papiere bald zurückkommen?

Aber nein, es kam etwas ganz, ganz anderes: Am 25. Mai erging der Befehl „auf die Fahrzeuge", und es folgte zu unserem größten Erschrecken eine Abfahrt, bei der sich MG-bestückte Militärfahrzeuge zwischen uns schoben und mit der Himmelsrichtung des Fahrwegs schon stumm anzeigten, wohin die Reise nun ging. Es muss kurz vor dem südböhmischen Städtchen Krumau gewesen sein, da hielt unsere Kolonne an. Und mit dem Autofahren hatte es nun ein Ende. Wir sahen, wie die Kommandierenden unserer amerikanischen Chauffeure mit unseren künftigen sowjetischen Oberherren zusammenstanden und diese uns zum Abzählen in Zehnerreihen antreten ließen, woraufhin jene sich zurückzogen und ihren Kriegsverbündeten alles Weitere überließen. Deren Kommandierende ließen für eine Weile ihre Untergebenen gewähren, die unsere Reihen nach begehrten Objekten durchmusterten. „Uri jest?", lautete die eine Anfrage, und das andere Interesse galt dem Schuhwerk, den Schaftstiefeln. Ihre Besitzer hatten sie auszuziehen und Vorlieb zu nehmen mit den Schnürschuhen der neuen Erwerber.

Flaksoldaten und Flakhelfer

2. Zwei Jahre Nachkriegsgefangenschaft im Archipel GULag

Nach einiger Wartezeit ging es auf den langen Marsch durch Landschaften und Ortschaften bis zum einstigen Wehrmacht-Truppenübungsplatz Döllersheim. Ich erinnere mich nur, dass es ein Weg von etwa anderthalb Tagen gewesen ist und dass danach von mehr als hundert Kilometern die Rede war.

Da waren wir nun in einem großen Barackenlager untergebracht und in eine riesengroße Lagergemeinschaft eingegliedert, und das für mehrere Wochen. Für mich und meine neuen Nachbarn dauerte es bis in den Hochsommer hinein. An einem größeren Platz fanden sich immer wieder Leute ein, die nach Landsleuten aus ihrer Heimatregion ausschauten. Von den Bekanntschaften der letzten Kriegszeit war nichts übrig geblieben, man machte dafür neue. Ich kam zusammen mit einem Älteren, der Vermessungstechniker von Beruf gewesen war und aus dem hessischen Wetzlar stammte. Sein Name war Hermann Seibert. Mit ihm blieb ich wie ein Patensohn in einer geradezu familiären Verbindung, die sich auch nach der Rückkehr aus der Gefangenschaft wieder anknüpfte. Nicht so ging es mit einem von Seiberts hessischen Landsleuten, von dem noch die Rede sein wird. Es war keine reine Mußezeit, es kamen immer wieder Organisatoren an, die Leute in Gruppen zu Dienstleistungen im Lager der sowjetischen Militärs abholten. Mir war es einmal beschieden, für eine Kolonne von Hilfsarbeitern eingesammelt zu werden, die beim Umbau einer großen Fahrzeughalle in eine Brotbäckerei mitwirken sollten. Das war kein einmaliger Arbeitseinsatz, sondern einer auf tägliche Fortsetzung. Materialien hat es in dem großen Lagerbereich genug gegeben, Ziegelsteine und Zement, und daraus entstanden nebeneinander und übereinander mehrere Backöfen. Wir holten die Steine und den Bausand herbei und arbeiteten beim Anmischen von Mörtel mit, den wir jeweils zu den Maurern herantrugen. Ich lernte, dass der Mörtel im Südwestdeutsch „die Speis" hieß. Als der Bau vollendet war, wurden die Maurer durch Bäcker abgelöst, und wir Hilfsarbeiter wurden weiter mit den nunmehr anfallenden Verrichtungen beschäftigt, vom Heranschaffen der Mehlsäcke bis zum Wegschaffen und Lagern der fertigen Kommissbrote aus Roggenmehl mit einem obligaten Zusatz von Kartoffelflocken – alles aus den Vorräten der einstigen Wehrmachtversorgung, und mit dem Effekt, dass man in diesen Sommerwochen zwar nicht reichlich, aber ausreichend zu essen bekam – auf einem anderen „Dienstweg" entstanden in der Küche die warmen Gerichte mit reichlichem Einsatz der besagten Kartoffelflocken und ohne alle jahreszeitlichen Finessen.

Abtransport ins Sowjetland

Das Entscheidende für unsere weitere Zukunft entstand währenddessen in einem anderen Werkbereich außerhalb des Stacheldrahts unseres Lagers. Irgendetwas, sagten wir uns, wird man noch mit uns vorhaben. Der Wunschtraum von Optimisten war es, dass wir für Wiederaufbauarbeiten in einer nicht zu großen Ferne eingesetzt würden. Bei manchen hielt sich dieser Wunschtraum auch noch, als wir im Bereich jener anderen Werkarbeit in die für uns fertig gestellten Wagons verladen wurden, am 17. Juli 1945. Es waren natürlich überdachte Güterwagen, in die beiderseits der Schiebtüren aus kräftigen Holzbrettern gefertigte Zwischenetagen eingefügt waren. Auf jeder Seite waren oben zwei mal fünf Liegeplätze zu besetzen also vier mal fünf, zusammen also vierzig, und fünf Plätze gab es auf einer Seite an der dauernd verschlossenen Schiebetür.

Während der sommerlichen Fahrt war die Belüftung, die über die kleinen und vergitterten Güterzugsluken erfolgte, oft arg spärlich, zumal da ich als Insasse im Untergeschoss durch das Zwischendeck von der vergitterten Luke im Oberteil getrennt war. Ich verhalf mir zu einer ganz kleinen Außenluft-Zulage, indem ich an meiner Kopfseite mit einem kleinen Bruchstück einer angeschliffenen Eisensäge, das ich aus dem Lager mitgebracht hatte, einen kleinen Schlitz in eine Fuge der Wagenwand schnitzte.

Als einer, der erst im November die Achtzehn erreicht, gehörte ich schon nicht mehr zu den sechzig Jüngeren, die von der Eintopfsuppe einen Nachschlag erhielten

Die Eintopfsuppe – die wurde in einem mitgeführten Küchenwagen zubereitet, zuerst aus dem mitgeführten Rohstoffvorrat, so weit dieser reichte. Er bestand wieder hauptsächlich in Säcken mit Kartoffelflocken. Die Suppe war sogar mit Fleisch versetzt, und dieses hatte der Zug in Gestalt von lebenden Pferden in einem offenen Waggon mitgeführt. Getötet wurden die Tiere der Reihe nach mit der Schusswaffe eines Bewachers, und zur Verarbeitung gab es unter zweitausend Gefangenen natürlich die erforderlichen Profis.

Der Zug wurde nun für unerwartet lange Zeit unser „Lebensraum". Einen Zählappell hat es nicht gegeben; wir dürften an die zweitausend Insassen gewesen sein. Unerwartet viel länger hat die Reise gedauert, weil wir schon bald nach der Abfahrt drei Wochen lang auf einem Güterbahnhof von Mährisch-Ostrau herumstanden. Weiter ging es durch das südliche Polen.

Als wir einmal einen kurzen Halt auf einem Bahnhof hatten, wusste jemand in unserem Wagen etwas über diesen Ort, der ihm mit seinem früheren deutschen Namen Auschwitz bekannt war, und er wusste auch zu berichten, dass hier vordem ein „Judenlager" gewesen sei. Für einen Moment verband ich damit die Überlegung, dass man uns vielleicht sogar hier ausladen könnte. Doch die Fahrt ging weiter durch das südliche Polen in Richtung Lemberg, bis unser Zug in seine nordöstliche Fahrtrichtung schwenkte.

Einmal waren wir sehr irritiert, als uns auf dem anderen Gleis ein Güterzug entgegenkam, auf dem ärmlich aussehende und deprimiert wirkende Menschen mitsamt allerlei beweglichem Hab und Gut ländlichbäuerlicher Art verladen waren. Sie mussten aus östlich-polnischen Gegenden gekommen sein und wer-weiss-wohin transportiert werden. Dass dieses Wohin die ebenfalls ausgesiedelten deutschen Ostgebiete waren, ist uns erst bei einer späteren „Nachrichtenlage" zur Kenntnis gekommen.

Noch war für uns der Krieg nicht zu Ende

Noch in Polen ereignete sich bei unserem Transport das Schrecklichste, das sich seit jenen Tagen in meine Erinnerung eingebrannt hat. An einem frühen Morgen wurden wir durch eine Folge von Schüssen aufgeschreckt. Was war da passiert? Wir erfuhren es recht bald, als unser Waggonältester von einem Rapport beim Zugkommandanten zurückkam und es uns berichtete. In der Nacht waren sechs Mitgefangene aus dem Zug ausgebrochen, und zur Vergeltung und Warnung an die Anderen seien die ihnen am nächsten Liegenden herausgeholt und an Ort und Stelle erschossen worden. Als wir lange danach ausgeladen waren und man wieder mit den paar Bekannten zusammenkam, hörte ich von meinem vertrauten älteren Freund Hermann Seibert, dass auch sein engster Bekannter mit zu den Erschossenen gehörte.

Unsere eigene Verpflegungs-Mitgift war nach dem dreiwöchigen Zwangs-aufenthalt bald aufgebraucht, und unsere russischen Bewacher versuch-ten ihr Bestes, aus erreichbaren Magazinen immer wieder etwas Ess-bares für uns aufzutreiben. Anstelle der Suppen aus den Kartoffelflocken gab es nun, wenn's gut ging, eine mit Graupen.

Auf der anfänglichen südlichen Route kamen wir wohl bis in die Nähe von Kiew, doch da machte unsere Fahrstrecke einen Nordost-Knick in Richtung auf das Moskauer Gebiet. Etwas südlich der Hauptstadt vorbei ging es über Wladimir weiter in Richtung auf die Wolga, doch schon um einiges früher erreichten wir unsere Endstation Wjasniki. Als wir vom Bahnhof an die Ortschaft kamen, die an einem Fluss lag, gab es eine sensationelle Überraschung. Von dem Fährschiff, das wir besteigen soll-ten, kam uns eine Menge von vertraut wirkenden Gestalten in der übli-chen feldgrau untermischten Kriegsgefangenen-Tracht entgegen. Man konnte erfahren, dass sie wegen ihrer Krankheit und Schwächung nach Hause geschickt worden seien. Wie wichtig war doch die Erkenntnis, dass es so etwas wie eine Rückkehr von hier aus überhaupt gibt!

Nach der Fahrt auf dem Schiff ging es den Hauptteil des Weges zu Fuß ein paar Dutzend Kilometer weiter durch ein Wald- und Sumpfge-biet, wo immer wieder Knüppeldämme zu passieren waren, mitunter auf ganz schmalen Stegen. An einer kleinen Waldsiedlung fand ich die Ge-legenheit, meinen blau-weiss-karierten Bettbezug bei einer Frau gegen drei Weißkohlköpfe einzutauschen, woraufhin ich reihenweise angegan-gen wurde, „Kamerad, nur ein Blatt!" davon herzuschenken. Irgendwann war das Endziel erreicht, das Zentrallager 165. Wir wurden von einem der Oberen aus dem deutschen Lager-Aktiv in der sächsischen Tonart empfangen: Die Hitler-Leute haben euch versprochen „Keiner von euch soll hungern und erfrieren". Jetzt beim Genossen Stalin werdet ihr das bekommen, immer etwas zu essen und eine Unterkunft.

Das Lager war ein großes Areal in mehreren Bebauungsweisen, die ich bei meinen Verlegungen der Reihe nach kennenlernte. Das erste war die sogenannte „Semljanka", eine Reihe von langen Gebäuden, die bis zur Dachhöhe in die Erde eingelassen sind und nur an den Enden je einen Eingang und eine querliegende mehrere Meter breite Fensterfront hatten. Sie hatten an den langen Dachseiten und in der Mitte breite zweistöckige Holzpritschen. Hier war ich aber nur ganz wenige Wochen lang untergebracht, und einige Zeit später wurde die Semljanka auf dem Kriegsgefangenenlager ausgegliedert. In sie kamen Menschen von einer besonders niedrigen Rangstufe, solche, die einstmals in den deutsch besetzten Gebieten irgendwie mit der Besatzungsmacht verbunden gewesen waren.

An den Tagen wurde man in der Folgezeit zu verschiedenen Außenarbeiten eingesetzt, zuerst draußen im Moor bei der „Katschowka", dem Roden von Baumwurzeln und -strünken, wo nachher Gräben für die Entwässerung des Bodens gezogen werden sollten. Das war eine recht schwer-schwierige Arbeit, zum einen schon wegen der zunehmenden Spätherbstkälte und zum anderen, weil man mit dem Spaten und der Hacke immer gleich im Grundwasser ankam und die Wurzeln nicht mehr sehen, sondern nur mit den Geräten ertasten konnte. Wenn man einen Baumstrunk mit seinen Wurzeln herausgeholt hatte, waren meistens ebensolche Reststücke aus einer vorigen Generation darunter und noch umständlicher freizubekommen.

Als die Kälte zunahm, war in diesem Arbeitsgebiet nichts mehr zu machen. Ich wurde beim Einholen von Brennholz für den beginnenden und bald schon begonnenen Winter beschäftigt. Zuerst nahm man unter Anleitung eines recht sympathischen russischen Seniors von einem Holz-Sammelplatz je zu zweit auf die Schultern, was man gerade noch gut tragen konnte, und trug es auf den Holzplatz im Lager. Wenn es zwei oder drei solcher Tragetouren gab, war der russische Begleiter (der „Natschalnik") so freundlich, einen großen Haufen von Bruchholz anzuzünden, an dem unser Trupp sich aufwärmen konnte. Nachdem Schnee gefallen war, erfolgte der Holztransport mit Schlitten, die man mit Stricken gezogen und von hinten nachgeschoben hat. – Auch bei meiner nächsten Lagerstation war das Holzholen im Winter eine der Obligationen, doch nur einmal in der Woche

Einige Zeit nach der Ankunft im Lager 165 wurde bei den neu Angekommenen die „Kommissionierung" vorgenommen, ihre Einordnung in eine der sechs „Kategorien" oder Arbeitsgruppen. Das waren die engeren Arbeitsgruppen I, II und III, und dann die drei Gruppen für eine mindere Arbeitsbelastung mit der Buchstabenbezeichnung „OK", die noch einmal mit Ziffern für die Zahl der zuträglichen Arbeitsstunden von 4 über 2 zu 0 bezeichnet waren. Ich kam in die Kategorie OK 4 und wurde darum nicht in eines der Außen-Arbeitslager verlegt, sondern blieb im Stammlager für leichtere Arbeitstätigkeiten.

Bei mir fügte sich aber schon bald, vor dem Jahreswechsel von 1945/46, etwas ganz, ganz Besonderes. Es ergab sich, weil zu unserer Unterrichtung immer wieder Leute aus dem Lager-Aktiv in den Wohnbau kamen, um Nachrichten und Kommentare zu verlesen. Als einer, der nicht nur zum Sehen, sondern auch zum Denken geboren ist, interessierte ich mich natürlich für dieses und jenes, womit ich den Mann aus dem Aktiv ansprach. Irgendwann bekam ich auch mit, dass ein für uns unzugänglicher, durch Stacheldrahtzaun abgeteilter Teil des Lagers die besondere „Schulzone" sei. Nach einigen solcher Gelegenheits-Gespräche erhielt ich durch einen Boten die Aufforderung, zu dem in der „Kleinen Zone" gelegenen Aktiv zu kommen. Hier nahm mich einer in Empfang, der aus jener Schulzone gekommen war und zu den Lehrpersonen gehörte. Er interessierte sich für meine Vorgeschichte während der Hitlerzeit, und ich gab jedenfalls zu erkennen, dass ich nicht zu den Hitlerdeutschen gehörte. Nach kurzer Zeit bekam ich wieder eine Vorladung ins Klubhaus des Aktivs, und diesmal war der Partner nicht mehr ein „Kamerad", sondern einer von den „Genossen" aus der Antifaschistischen Schule, einer der nach 1933 (oder 1938) in die Sowjetunion emigrierten deutschen oder österreichischen Kommunisten, der „Genosse Kassler". Er stellte mir nicht besonders tief eindringende Fragen und wollte namentlich wissen, was ich von der Demokratie halte. Als ich wissen wollte, was der Sinn dieser Unterredung sei, hieß es nur: Wir möchten gern wissen, was die jüngere Generation denkt.

Der nächste Akt war die Anweisung, ich solle ans Tor des Lagers kommen. Dort wurde mir vom Leiter der Brotschneiderei eröffnet, ich solle ab sofort dort arbeiten. Dort, das war ein kleines Abteil in dem großen Küchen- und Speisesaalbau, wo die „Korpus"-Einheiten der Lagerbelegschaft mit ihren Personenzahlen registriert waren und entsprechend abgezählt die abgewogenen Brotrationen zur Abholung bei den Mahlzeiten bereitliegen mussten. Das eigentliche Brotschneiden besorgten eingeübte Leute an den Waagen. Wo Stücke zu groß geraten waren, wurde etwas abgeschnitten und mit einem Holzstäbchen auf andere gesteckt, die zu klein geraten waren. Ich war für die Nebenarbeit eingeteilt, die abgewogenen Stücke wegzunehmen und in der vorgeschriebenen Anzahl auf die Tablette zu legen. Meine eigene Ernährung sollte damit entsprechend aufgebessert werden, damit ich in eine hinreichend stabile physische Kondition komme. Nach zwei Wochen kam dieser Sondereinsatz an ein Ende, und ich wurde wieder durch einen Boten der Lagerpforte benachrichtigt, ich solle mit meinem Gepäck dort erscheinen, auf dass ich durch das andere Tor in die Schulzone eintrete.

Zum Lernen bestellt: Als Kursant an der Antifaschule Talizy

Da waren inzwischen aus diversen Lagern des weiten Landes wohl etwas mehr als 600 Kandidaten für den bevorstehenden Fünf-Monate-Kurs eingetroffen, und ich war auf einen der noch verfügbaren Plätze mit dazugekommen. Nach einer Quarantäne begann der Schulbetrieb mit Vorlesungen und Niederschriften, Lesestoffen und Filmvorführungen, von Konsultationen und Seminaren, Lebensberichten und politischen Veranstaltungen, von Marschgesang und Arbeitstagen.

Als Lehre oder politische Konfession ist der „Kommunismus" die Einweisung in den Kampf für eine „Neue Welt" mit einer neuen sozialistischen Gesellschaftsordnung, die in der ganzen Welt – wie schon im einstigen russischen Großreich – die bestehende kapitalistische Ordnung ablöst. Das Lehrpensum der Antifaschule war eine Einführung in das marxistisch-leninistische Verständnis der zwei Geschichten, welche unsere beiden Nationen, die Deutschen und die Völker Russlands, aus dem 19. Jahrhundert heraus und in unserem 20. Jahrhundert bis jetzt durchgemacht haben und fortzuführen im Begriffe sind. Etwas von der Art der russischen Oktoberrevolution – so die Quintessenz – wäre auch für Deutschland das weltgeschichtlich Richtige gewesen. Ein Durchgang durch die deutsche Geschichte dieser Zeit war der erste Hauptteil des Lehrgangs, und als zweiter folgte ein Kursus der russischen und sowjetischen Zeitgeschichte, wie er im wichtigsten Theorie-Lehrbuch der Stalinzeit abgehandelt ist, im „Kurzlehrgang" (*Kratkij kurs*) der *Geschichte der KPdSU (B).*

Dazu ein kleiner Exkurs: Ich vermied es eben, vom Kommunismus als von einer „Weltanschauung" zu sprechen. Eine solche *ist* der „Kommunismus" nicht, aber er *hat* ein Lehrstück dieser Art, das so etwas wie eine „Grundbeschaffenheit" der „Welt im ganzen" aufschließen soll. Dieses Lehrstück mit dem Namen „Dialektischer und historischer Materialismus", dem im Kurzlehrgang der Parteigeschichte rund 30 Seiten gewidmet sind, hat darum eine besondere Prominenz erlangt, weil dieser Text dann gesondert auch als ein Opus von Stalin verbreitet worden ist. Die politisch-ideologische Bedeutung dieses Lehrstücks ist für Außenstehende nicht leicht zu ermessen. In der Außenwahrnehmung konnte es vor allem darum als eminent wichtig gelten, weil hier eine Gegenposition zum *christlich-theologischen* Weltdenken gesetzt ist. Nicht von ungefähr waren es bei uns katholische Philosophen wie Gustav Wetter und Joseph Bochenski, die meistbeachtete Bücher akkurat über die kommunistische *Weltanschauung* vorgelegt haben. Als ich in den fünfziger Jahren in „Ost-West-Seminaren" tätig war, fanden in meiner Nachbarschaft nicht wenige Teilnehmer und Betreuer den „Diamat" als das Aufregendste an dieser fremden Ideologie. Stalin war sozusagen der kommunistisch-atheistische „Gegenpapst". Ich war immer dafür, dieses Lehrstück „niedriger zu hängen" und mehr Gewicht auf den Dogmatismus in der *politischen Doktrin* zu lenken. Das Zusammenspiel von Weltanschauung und Politdoktrin nimmt in Stalins Kapitel die geradezu kuriose Form an, dass es immer wieder Gebote des politisch praktischen Vorgehens aus kosmisch-allgemeinen Obersätzen deduziert: „Wenn das Umschlagen langsamer quantitativer Veränderungen in rasche und plötzliche qualitative Veränderungen ein Entwicklungsgesetz darstellt, so ist es klar, dass die von unterdrückten Klassen vollzogenen revolutionären Umwälzungen eine völlig natürliche und unvermeidliche Erscheinung darstellen. Also kann der Übergang vom Kapitalismus zum Sozialismus ... nicht auf dem Weg von Reformen, sondern einzig und allein ... auf dem Wege der Revolution verwirklicht werden."[6] An den Kursen der Antifaschule, in denen es „vor Ort" ganz um politisch-geschichtliche Dinge ging, wurde dieses Lehrstück nur ganz am Rande mit einem Einzelvortrag abgehandelt. Was wir vermittelt bekamen, waren vordringlich die Ausdeutungen der politisch-gesellschaftlichen Geschichte in diesem unseren Zeitalter.

Im großen Saal des „Clubhauses", wo wir an der Antifaschule unsere Vorlesungen anhörten, war die große Bühne von mehreren Portraits herausragender geschichtlicher Persönlichkeiten eingefasst. Neben einigen Heroen der russischen Nationalgeschichte waren es die vier „Klassiker" des Marxismus-Leninismus: Marx, Engels, Lenin und Stalin.

Nach den Vorlesungen, die wir ohne Diskussion aufgenommen haben, gingen wir in unsere Klassenräume und sprachen in den Dreier-Bankgruppen die Hauptpunkte noch einmal durch. Jeder war mit seinem Birkenholzbrett zur Vorlesung gegangen und hatte darauf seine Notizen gemacht. Man beriet darüber, ob es eine Frage ins Konsultationsheft zu schreiben gab. Nach dem Durchsprechen ging es an die Niederschrift,

---

[6] *Kurzer Lehrgang,* Ausg. 1946, S. 133.

für die wir gutes Schreibpapier zugeteilt bekamen. Ich bin nach der Heimkehr mit meinen Niederschriften zu den Vorlesungen beider Kurse nach Hause gekommen, habe sie jedoch nicht lange aufbewahrt. Wieder zu Hause, kaufte ich mir fortlaufend die einschlägigen Bücher und Broschüren aus der SBZ/DDR zusammen, von denen viele ebenfalls keine so hohe „Halbwertzeit" hatten ... In den Jahren danach wurde das Studium der russischen Originalliteratur ein Teil meiner wissenschaftlichen Forschungsarbeit. Ich habe immerhin eine gewissenhaft-disziplinierte Habilitationsschrift über die Ontologie in den Arbeiten der nachstalinschen sowjetischen Philosophie verfasst – und bin damit nicht gut angekommen, bis ich etwas besser Zugängliches anzubieten hatte, das sehr „gut angekommene" Edition-Suhrkamp-Bändchen *Marxismus und Geschichte*, mit dem ich mich an der Freien Universität Berlin etabliert habe.

Intermezzo: Alphabetisierung im Russischen

Im Lager hatte ich, wie gesagt, für einen ordentlichen Erwerb des Russischen zu wenig Hilfsmittel. Das Einprägen der kyrillischen Schriftzeichen begann ich schon in den ersten Stunden auf dem Fußmarsch ins Döllersheimer Sammellager. Jedesmal, wenn die Nummernschilder auf den russischen Militärfahrzeugen zu entziffern waren, fragte ich einen russland-kundigen älteren Kameraden danach. Als ich an die Antifaschule kam, benutzte ich die Papierstücke, die wir als Zigarettenpapier gestellt bekamen, um mit nahe stehenden Kameraden (wie Hellmuth Eichhorn) kleine Briefnotizen auszutauschen, wobei wir die deutschen Wörter mit kyrillischen Buchstaben schrieben. Die Kenntnis der Schriftzeichen verhalf mir gleich in der ersten Quarantäne vor Beginn der Lehrveranstaltungen dazu, vom Küchenchef als Schreibkraft für die fortlaufenden Eintragungen von Frühstück, Mittag- und Abendessen in Dienst genommen zu werden. Aufnotiert wurde außer den Nährstoffanteilen auch – von einer Liste abzulesen und zu addieren – die Kalorienzahl pro Person. So weit war ich immerhin, dass ich das in kyrillischer Handschrift erledigen konnte.

Dieser Sondereinsatz als „Küchensekretär" wiederholte sich für mich nach Ende des ersten Lehrgangs, als die Absolventen abgereist waren und ich auf den Beginn des nächsten Lehrgangs zu warten hatte. Weil ich mittendrin einmal für drei Wochen mit einer Rippenfellentzündung ins Lazarett musste, war ich zu meinem tiefen Bedauern kein richtiger Absolvent – ich merkte es daran, dass ich bei der Vereidigung beiseite gewunken wurde und (nach der Vorprüfung durch einen Oberen) zu einem weiteren Kursus dazubleiben hatte. Diese Wartezeit wurde für mich ein richtiggehender Erholungs-Sommerurlaub. Ich war ganz an die Küche attachiert und bekam das Essen, das die Köche für den kleineren Personalbedarf der ständigen Dienste zubereiteten und – ich erhielt im Küchentrakt für mich allein ein eigenes Schlafzimmer!

Als auch der zweite Lehrgang zu Ende ging und das große Warten auf das Weitere einsetzte, gab es an der Küche wieder Bedarf an einem Sekretär. Der Sektor-Älteste erinnerte sich, dass ich das ja schon einmal gemacht hatte, und nominierte mich dafür. Inzwischen war jedoch eine neue Personallage eingetreten: Der neue Küchenchef konnte kein Russisch; das war Sache des gerade abgehenden Sekretärs gewesen. Da setzte ich alles daran, in den Abendstunden aus dem geliehenen Wörterbuch die Bestandstücke der russischen Küchen-Terminologie zusammenzuschreiben und zu memorieren. Ein paar Tage war der scheidende Sekretär noch dabei, dann musste ich damit allein zurechtkommen – und konnte es bald einigermaßen. An jedem Werktag hatte ich zur russischen Kommandantur ans Lagertor zu gehen und mir vom zuständigen „Genossen Afanasjew" die Lebensmittel ausschreiben zu lassen. Dann hatte ich im Magazin das Abwiegen zu begutachten und die *„produkty"* mit dem kleinen Transportkommando zur Küche zu schaffen. Diese Sonderfunktion endete für mich, als im Frühsommer 1947 die Liste mit den Heimat-Entlassungen ankam und unser Klassen-Assistent mir freudestrahlend eröffnete, dass auch ich darauf stand.

Ganz zuletzt, bei der Abreise in die Heimat, gab es für mich noch ein tief beeindruckendes Erlebnis. Zuletzt war ich ja wieder Küchensekretär gewesen und zusammen mit den paar Lebensmittel-Vorräten für die Reise in einem separaten Güterwagen untergebracht. Ich war nicht wenig erstaunt, wen ich da an der gegenüberliegenden Wand zu meinem Nachbarn hatte, der wie ich mit einer Decke auf dem Fußboden lagerte: Es war kein Geringerer als unser Schulleiter, der bei uns allseits geachtete Major Isákow, der seine Vorlesungen in einem schönen russisch akzentuierten Deutsch gehalten hat. War das normal, dass er bis Moskau keine mehr komfortable Reisemöglichkeit gehabt hat? Ihn selbst wollte ich natürlich nicht nach so etwas fragen. Doch Jahre danach musste ich in einer DDR-Zeitschrift feststellen, dass der Schulleiter aus der Geschichte der Antifaschule getilgt war. Da musste etwas Politisches passiert sein.

Aus dem Leben an der Antifaschule

Über den eigentlichen Lehrbetrieb möchte ich eigentlich nichts weiter berichten. Sondern lieber über einiges Außerplanmäßige. Das am meisten Aufregende war der „Lebensbericht", den jeder an einem der Abende vorzutragen und sich – wenn er Besatzungssoldat in Russland gewesen war – „hochnotpeinlich" befragen zu lassen hatte.

Im ersten Lehrgang bin ich kaum so recht heimisch geworden, weil mir die ganze Zumutung nicht passte, mich einer solchen „Umerziehung" zu unterziehen. Doch hatte ich sehr bald eine recht enge persönliche Nachbarschaft zu einem Mitkursanten, Hellmuth Eichhorn, der wenige Jahre älter als ich war, schon bei den 1944er Kämpfen in Gefangenschaft geraten war und so manche Erfahrung aus dem Arbeitslager mitgebracht hatte. Die Profanität dieser Erfahrung mag bereits eine Immunisierung gegen die ideologischen Beschönigungen befördert haben, mit denen uns das Neue Leben der Sowjetmenschen im Unterrichtsstoff präsentiert wurde. Einer unserer Lehrer sprach immer von den „herrlichen Sowjetmenschen": und einer von uns bekam vom Assistenten einen heftigen Krach, als er einmal einen kritischen Seitenblick auf solche viel gewöhnlicheren Sowjetmenschen fallen ließ: Wie könnten wir Deutsche es wagen, schlecht über sie zu reden; wir können uns nur im Staube kriechend ihnen nähern... Noch mehr wurde mein Widerwillen durch einen viel älteren Mitkursanten befördert, der in meinen drei Lazarettwochen für einige Zeit mein Zimmernachbar war, ein aus der Nähe von Darmstadt stammender Militärarzt Dr. Weyrauch, den ich nach der Rückkehr einmal besuchte. Bei ihm war die Abneigung nach wie vor so stark, dass er über jene Geschichte überhaupt nicht mehr reden mochte. Ganz und gar anders war es bei Hellmuth Eichhorn, der von Anfang an sehr aufgeschlossen für das Eigenleben der „Sowjetmenschen" war, daran innerlich Anteil nahm und viel von ihrem inneren Menschsein erfahren hatte. Der andere „Intimus" war für mich der nur zwei Jahre ältere Hartwig Adelberg aus Berlin. Mit beiden stehe ich jetzt noch in einer freundschaftlichen Erinnerungs-Nachbarschaft.

Im Rückblick brachte es für die Antifa-Mentoren keine höhere Sinn-Erfüllung, dass sie mir einen Wiederholungskurs verschrieben haben, einen höheren Sinn hatte es aber sehr wohl für mich selbst. Im zweiten Lehrgang hatte ich inzwischen wohl auch eine höhere Stufe von innerer Souveränität. Der Lehrstoff war mir im Ganzen bekannt; es war für mich ein Repetitorium. Zu einem höheren historischen Verständnis vorzudringen hat bei mir die nahe Nachbarschaft mit einem älteren Mitkursanten befördert, mit dem aus Königsberg stammenden Heinz Sahnwald. Er war vor 1933 bei den Jungkommunisten gewesen und danach von den Nazis für einige Zeit inhaftiert, in der Kriegszeit in eines der politischen Strafbataillone gesteckt worden und hatte dann auch eine reichere Erfahrung aus der Sowjet-Arbeitswelt gewonnen. Er hatte ein deutliches Empfinden dafür, dass die Kommunisten von damals in ihrer Unsouveränität gegenüber der sowjetischen „Bruderpartei" nicht einfach „vom Feinde besiegt" worden sind, sondern in der Borniertheit ihres Kämpfertums unfähig waren zu einem Mehr und Höher an politischer Kommunikation schon im eigenen Lager und erst recht in der politischen Öffentlichkeit. In den Monaten an der Antifaschule sprachen wir am meisten über die Ungereimtheit und Realitätsferne des Stalin-Regimes, und wenn es bei der historischen Kritik zu sehr ums Ganze ging, wies er mit dem Arm immer wieder auf den Stacheldraht, der uns umgab, und sagte: Darüber können wir erst weiterdiskutieren, wenn wir wieder zu Hause sind. So kam es dann auch, wenn er mich in Hamburg besuchte und ich ihn in Berlin-Reinickendorf. Nach seiner Entlassung in die Heimat fand Sahnwald ein berufliches Betätigungsfeld in Ostberlin, nahm seine Wohnung jedoch im britischen Sektor der geteilten Stadt und später in Frankfurt, wo seine Frau als engagierte Buchhändlerin tätig war. Aus meiner später auf den Begriff gekommenen Einsicht hatte er bereits ein „historisiertes" Verständnis von der Sowjetrevolution und ihrer unglücklichen Nachgeschichte.

Der Lehrer in dem Kursus, den wir zusammen mitmachten, war der Genosse Evers, der Heinz Sahnwald als einen Vertrauten immer wieder zu Rate zog. Ich war einmal recht unbedacht, als ich meinen Vorschlag dazu machte, was für ein bildlich-plastisches Modell man über ein geplantes klassen-internes Anschlagbrett setzen könnte, auf dem Fragen der Meinungs- und Urteilsbildung verhandelt werden sollten, die bei Diskussionen innerhalb des Klassenkollektivs akut werden sollten. Ich dachte an Sinnsprüche in der Tonart des Buchtitels „Wie der Stahl gehärtet wurde", und schnitzte einen kleinen Amboss, auf dem ein Herz von einem Hammer bearbeitet wird. Der Genosse Evers sah darin einen geradezu feindseligen Vorwurf gegen die erzieherische Absicht der Schule, und sagte: „Hier wird nicht geschlagen!" Ich muss es sehr anders empfunden haben, dass auch Arten eines doktringebundenen Lehrens mit ihren „schlagenden Argumenten" eine Art von *Überwältigung* bedeuten können.

Die Episode mit dem „gehärteten Stahl"-Herz hatte eine dazu passende Parallele; ich erinnere mich nicht, ob der Vorfall vorausgegangen oder nachgefolgt ist. Beim Nacharbeiten der Vorlesungen konnte man Fragen an den Lehrer in ein „Konsultationsheft" eintragen. Als bei der Behandlung der Sowjetgeschichte der Kampf gegen die „trotzkistischen" Abweichler behandelt und diese einfach als Parteifeinde qualifiziert wurden, wollte ich doch gern erfahren, welches hier die politischgeschichtlichen Streitpunkte gewesen sind. Als der Genosse Evers in der Konsultationsstunde diese Frage aufgriff, war er über mich äußerst ungehalten. Es muss doch genug besagen, wenn diese Schädlinge vom höchsten Gericht eben als konterrevolutionäre Parteifeinde verurteilt worden sind. Damit war ich mit meiner Frage *abgeschlagen* – geschlagen oder nicht?

Einen untergründig *„ideologiekritischen"* Effekt konnte eine Erfahrung haben, die ich beim Blick auf die Mitkursanten um mich herum machen konnte: Wie viel so oft davon abhängt, *was für ein Charaktertypus von Mensch* einer ist. Eine so notorisch ideologische (d. h. *„ideenrednerische"*!) Mitteilungsart wie das Bereden von Geschichten nach ihren Zielen, Prinzipien und „Überzeugungen"[7] blendet aus, wie bei allem nominellen Gleichklang die praktische Valenz in Wirklichkeit von Person zu Person davon abhängt, von welcher persönlichen Charakterverfassung diese Personen im einzelnen sind. Im Klassen-Ensemble konnte man spüren, was an *Kommunikationskultur* die einen und die anderen haben. Davon hängt es ab, ob sie am ehesten zu einem autoritären (herrischen oder unterwürfigen) Umgang mit ihren Nächsten fähig sind oder zu einem libertär-kommunikativen. Die Jahre beim Militär und in den Gefangenenlagern waren für mich keine „hohe Schule", aber eine elementare Einweisung in das Feld der politischen Charakterologie.

---

[7] Gelegentlich wies ich darauf hin, dass schon das Wort „Überzeugung" die Vorstellung von einem Mehr an Zeugungskraft suggerieren könnte.

Wenn jemand nach 1933 nicht in die Hitlerzeit „hineingewachsen", sondern zusammen mit seinem familiären Umfeld in einer deutlichen Distanz zu ihr aufgewachsen ist, bedurfte es nach 1945 keiner antifaschistischen Operation, um von irgendwelchen „faschistischen Eierschalen" freigemacht zu werden. Es musste für ihn vielmehr die Frage sein, was die in der „Antifaschistischen Schule" verkündete Botschaft im Positiven bedeuten konnte. Musste aus dem Nein zu Hitler ein Ja zu Stalin werden? Zu dieser Wendung bin ich von Anfang an nicht bereit gewesen. Es blieb für mich die große offene Frage, was für eine Geschichte da 1945 zu Ende gegangen ist und in was für eine andere Geschichte ich da zwei Jahre lang mit hineingezogen gewesen bin und für sie gewonnen werden sollte. Wie Nietzsche einst gemeint hatte, die Christen müssten „erlöster aussehen", so konnte man jetzt sagen, die Verkünder der „Neuen Welt" des Sozialismus müssten einen *befreiteren* Eindruck machen – und auch nicht mehr Maß nehmen an ihrem Antipoden. In einer weltgeschichtlichen Perspektive erscheinen Sowjetsozialismus und Nationalsozialismus gleichermaßen und auf verschiedenen Bahnen als Ausgeburten der Weltkriegsepoche des 20. Jahrhunderts.

Wie wenig die Antifaschule auch dazu angetan war, die Geschichte begreiflich zu machen, zu der sie selbst gehörte, hatte es doch seine Meriten, wenn sie das Erkenntnisinteresse überhaupt in die Koordinaten *einer Geschichte* einweist und nicht in den Prinzipien-Kanon einer Lehre und eines Programms. Die Geschichte ist das Feld der Handlungen und Interaktionen von jeweils bestimmt-interessierten und -befähigten Menschen (von denen ich selber einer bin). Die Schule war für mich ein ergiebiges Bildungserlebnis und hat mich dazu angestoßen, die erlebte Geschichte auf einen mehr wirklichkeitsgerechten Begriff zu bringen als sie von sich selbst hatte.

3. Wieder daheim – mit einem stattlichen Pensum für die Nacharbeit

Nach meiner Entlassung in die fränkische Heimat im Juni 1947 bin ich erst an meine Bayreuther Schule zurückgekehrt, um das letzte Schuljahr mit dem Abitur hinter mich zu bringen. Schon gleich im Bayreuther Schuljahr begann ich, mir die deutsche Situation, wie sie sich nach der Hitlerzeit und dem Krieg unter der amerikanischen Vormundschaft und in einer nahen Nachbarschaft zur sowjetischen Besatzungszone gefügt hat, in meiner eigensinnigen Art durch den Kopf gehen zu lassen. Nicht nur pflichtgemäß, sondern auch aus eigenem Antrieb interessierte es mich, mit was für einem politisch-geistigen Profil die neugegründete (und noch nicht wieder verbotene) westdeutsche KPD sich nunmehr darstellte, und ich fand mich einige Male zum Gespräch mit ihrem örtlichen Kreissekretär ein. Als ich dabei auch auf meine kritischen Fragen zur Sowjetgeschichte zu sprechen kam, mit denen ich an der Antifaschule so schroff abgewiesen worden war, sagte mir der linientreue Parteimann zu meiner allergrößten Überraschung, dass es in Bayreuth zwei Oppositionelle aus der Vor-Hitler-Zeit gebe, einen „Luxemburgisten" und einen „Trotzkisten", der politisch bei den SPD-Jungsozialisten arbeitet. Diesen suchte ich sogleich auf. Sein Name war Georg Jungclas. Er war im letzten Kriegsjahr als politischer Emigrant in Dänemark verhaftet worden und saß mit einem Todesurteil im Bayreuther Zuchthaus, als der Krieg zu Ende ging. Er erwies sich nicht nur als eine politische Schlüsselfigur, sondern auch als eine überreiche Quelle für wichtige Texte, an die ich damals nicht so leicht gekommen wäre: Er versorgte mich ausgiebig mit Schriften von Trotzki, den die Stalinisten 1940 in Mexiko ermordet hatten. Zur Lektüre gehörten die Selbstbiographie, die zweibändige Geschichte der Russischen Revolution und die Kommentare zu den Moskauer Prozessen. Ohne alle Formalien einer Mitgliedschaft war ich sozusagen als ein wohl gesonnener Hospitant für längere Zeit mit dieser kleinen Gruppe verbunden, um mich insbesondere mit der vielstimmigen und kontroversen Diskussion über die „Russische Frage" vertraut zu machen. Von Trotzki selbst gibt es ein „klassisches" Buch von 1936, das unter dem plakativen Titel „Die Verratene Revolution"[8] in die Welt

---

[8] Den Titel hat der französische Verleger 1936 eingesetzt, und in späteren Ausgaben hat man ihn übernommen. Eine neue deutsche Ausgabe hat 1957 der Veritas Verlag

gegangen ist, dessen Manuskript der Verfasser jedoch schlicht so überschrieben hatte: „Was ist die UdSSR und wohin geht sie?"[9] Für Trotzki
war sie eine „Übergangsgesellschaft" zwischen Kapitalismus und Sozialismus, die unter den widrigen Bedingungen der Weltkriegszeit im
Regiment eines bürokratisch „degenerierten Arbeiterstaates" stecken
geblieben ist. Darin konnte ich von Anfang an nicht das „letzte Wort"
sehen und nahm mit Eifer die aktuellen Diskussionstexte auf, die in der
Sowjetgesellschaft entweder eine „staatskapitalistische" oder eine neu-
artige „bürokratisch-kollektivistische" Klassengesellschaft sahen. Es war
für mich eine aufregende Lektüre, und ich selbst habe in Diskussions-
papieren erst der einen, dann der anderen Deutung beigepflichtet.

Danach und damit ging es an die Universität Erlangen zum Studium.
Zum Eingewöhnen wählte ich eine gängige Lehramt-Kombination, zu
der unbedingt auch die Neuere Geschichte gehören musste. Nach dem
ersten Semester fand ich es nicht unbillig, vor die Geschichte (und die
Psychologie) als das Hauptfach die *Philosophie* zu setzen, die im Verbund mit der Geschichte als dem Feld des Besonderen für das Allgemeine und „Umgreifende" steht. Es traf sich gut, dass in Erlangen auch
die osteuropäische Geschichte durch einen Lehrbeauftragten Hochschullehrer vertreten war, durch Hans von Rimscha, Mann aus dem bal-
tischen Adel; er hat auch die internationale Zeitgeschichte sehr kenntnis-
reich und lebendig betreut.

Ein Kapitel für sich war, nach der Initiation in der sowjetischen Antifaschule, naturgemäß auch eine Sondierung des politischen Feldes in der
amerikanischen Zone der westlich-deutschen Nachkriegsgesellschaft.
Im Jahr 1947 wurde es üblich, im Blick auf das Ost-West-Verhältnis vom
„Kalten Krieg" zu sprechen.

Im Sommer 1948 kam nach Bayern ein deutsch-jüdisch-tschechischer
Publizist aus Prag, der sich unter dem kommunistischen Machtmonopol
nicht mehr halten konnte. Es war der 1908 geborene Wolf Salus, der als
Zwanzigjähriger einmal eine Zeitlang als einer der Sekretäre bei Trotzki
gearbeitet hatte und den dann auch die Nazis in ein Lager gesperrt hatten. Als ich ihn kennenlernte, war das für mich der Anfang einer mehr-
jährigen Freundschaft und politisch-geistigen Vertrautheit mit ihm, die

---

Zürich vorgelegt, 1988 kam der Nachdruck in Band 1/2 der Trotzki-Werkausgabe von
H. Dahmer hinzu.
[9] Ein Faksimile des russischen Manuskripts ist vor vielen Jahren ohne Jahresangabe im
Druck erschienen.

mit seinem plötzlichen Tod im März 1953 ein Ende fand. Ich habe bei seiner Bestattung in München die Traueransprache gehalten und erfuhr es erst Jahrzehnte später, dass er dem Giftmordanschlag eines SED- und NKWD-Agenten zum Opfer gefallen war.

Mit Wolf Salus hatte ich auch hinsichtlich der aktuellen Politica und Historica den denkbar engsten Gedankenaustausch. Als der Bruch zwischen Moskau und Tito-Jugoslawien ruchbar wurde, gingen wir zusammen in das Münchner jugoslawische Konsulat und bekamen auf die Frage nach Textmaterialien zu der aufgebrochenen Kontroverse die völlig deplazierte Ausweich-Antwort, dass da gar nichts Besonderes vorgefallen sei. Als ich etwas später in Aschaffenburg mit Georg Jungclas eine Besprechung hatte, waren auch Abgesandte eines „Gründungsausschusses" dazugekommen, der in Absprache mit den Jugoslawen eine „Unabhängige Arbeiterpartei" ins Leben rufen wollte. Ich wurde als Kontaktmann dazu delegiert und war bei einigen Sitzungen mit dabei. Da machte ich auch die Bekanntschaft mit Wolfgang Leonhard, der zu dem Unternehmen der Parteigründung aus Belgrad übersiedelt war und mit dem zusammen ich den Entwurf für ein Parteiprogramm zu erarbeiten hatte. Über die Formulierungen gab es jedoch so erhebliche Meinungsunterschiede, dass ich schließlich meinte, Leonhard solle seinen eigenen Text vorlegen. Ostern 1950 hat dann in Worms der Gründungsparteitag stattgefunden, bei dem ich (natürlich in Absprache und mit dem Mandat meines engeren Freundeskreises) für einen Sitz im Vorstand kandidierte. Ich wurde nach meinem Referat mit höchster Stimmenzahl gewählt, doch am Abend nach dem Abschluss des Parteitags saßen mehrere von uns – auch Wolf Salus und Wolfgang Leonhard waren dabei – in einem Nebenzimmer zu einem informellen Gespräch beisammen, und haben uns so gründlich verstritten, dass es zum Bruch kam und buchstäblich „nichts mehr ging". Die Parteizeitung, die „Freie Tribüne", veröffentlichte eine Erklärung unter dem rhetorischen Titel „Bruch mit dem Trotzkismus", und nicht lange danach war das Unternehmen UAP an seinem Ende. An ein Ende war ich damit auch auf meiner „Versuchsstrecke" in Sachen einer Erneuerung des Partei-Sozialismus.

Jahre danach musste ich mich vor Ort davon überzeugen, dass auch bei den jugoslawischen „Paten" der deutschen Kommunismus-Reformer kein kräftigerer und tiefer gegründeter reformatorischer Zug am Werke war. Ich reiste nach 1965 einige Male auf die jugoslawische Insel Korčula, wo die Gruppe um die Zeitschrift „Praxis" ihre internationale

Sommerschule abhielt. Mit mehreren der Zagreber und Belgrader Initiatoren[10] bin ich persönlich bekannt gewesen. Ernst Bloch, Herbert Marcuse und Jürgen Habermas waren dort gefeierte Gäste, manche aus dem Nachwuchs kamen als hoffnungsfrohe Pilger. Im Gespräch hat einer der jugoslawischen Kollegen einmal recht treffend eine gewisse Tragikomik dieser west-östlichen Kommunikation charakterisiert, in der jeder vom anderen ein Mehr an politischer Ermutigung erhoffte. Ich selbst war eher als ein kritisch-anteilnehmender Beobachter und nicht als ein engagierter Mitstreiter mit dabei. Einen Plenarvortrag habe ich nie beigesteuert.[11]

Der Ausgang des UAP-Versuchs und der jugoslawischen „Praxis"-Initiative war für mich ein endgültiger Schlusspunkt; und die Achtundsechziger Studentenbewegung, die ich in Berlin miterlebte, konnte mich ebenso wenig politisch animieren. Mir war klar geworden, dass die „Politik als Beruf" unter den gegenwärtigen Konditionen für jemanden auf meiner intellektuellen Anspruchsstufe bis auf weiteres keine sinnvolle Wahl war. Namentlich hatte ein deutliches Empfinden dafür, was in der Hitlerzeit mit der deutschen libertären Öffentlichkeit passiert war und wie viel danach zu einem beherzten neuen Anfang gefehlt hat. Eine definitive Erfahrung war es insbesondere, dass eine *populistische* Politik nach Art der traditionellen Massenbewegungen nicht mein Metier sein konnte. Ich hatte mich auf meine „wohltemperierte" Art, also nicht emotional über-engagiert, also „mit beschränkter Haftung" auf eine „Anprobe" im öffentlichen Politik-Feld eingelassen, und ich erachtete es auch nachher für einen Gewinn an Einsicht, dieses Feld der „politischen Kommunikation" aus der Nähe erlebt zu haben. Bloße Textlektüren hätten das kaum hergegeben. Es dauerte danach noch einige Zeit, bis ich einen Text schreiben konnte, der überschrieben war „Der Arbeitersozialismus in seiner Epoche, die nicht die seine geworden ist". Mein abschließendes Fazit lautete, dass Kapitalismus und Sozialismus überhaupt Fetischbegriffe eines verspannten Epochenbewusstseins sind. Wenn es um kardinale Charaktere neuzeitlicher Gesellschaften geht, dürfte die Polarität von imperialer und ziviler Weise ihrer Vergesellschaftung sein.

Das Fazit dieser Recherchen: Nicht nur in Deutschland, sondern auch sonst wo in Europa dürfte es bis auf weiteres keine reformatorische

---

[10] Ich nenne nur Gajo Petrovic, Rudi Supek, Predrag Vranicki und Svetozar Stojanovic.
[11] In *Praxis* 1-2/1970 ist meine Berliner Antrittsvorlesung „Authentische und problematische Formen des sozialistischen Humanismus" veröffentlicht.

Politik-Initiative geben. Ich zog ich mich zu gründlichen historisch-theoretischen und geschichtsphilosophischen Studien in das Gehäuse der Wissenskultur zurück.

Nach dieser Zwischen-Inventur im aktuell-geschichtlichen Feld war der Blick für die „großen Linien" der geschichtlichen Epoche frei, und dies – verständlicherweise zuerst in der *Retrospektive*: *Was war dieser Sozialismus der Weltkriegsepoche*, dessen Spätzeit ich da miterlebt habe und von dem keine Fortbildung zu erwarten war? Wie ist damit das „Marx-Feld" und das der diversen Marxismen verbunden gewesen? Erst nach diesen Inspektionen konnte ich der weiterführenden Frage nachgehen, wie ich mit einem Geschichtsdenken, das aus der Erfahrung des 20. Jahrhunderts erwachsen ist, die disziplinären Grundlinien einer *Historik* für die Geschichte dieses Jahrhunderts gewinnen kann – und wie sich dieses Geschichtsdenken mit dem Konzept einer philosophischen *Ethik* verbindet, die entschieden geschichtlich denkt.

Im nun folgenden zweiten Teil dieses Lebens- und Arbeitsberichts werde ich einige Hauptstücke meiner philosophischen Theorie-Arbeit besprechen und zum Schluss einen Reihe von darauf abgestimmten Aufsätzen folgen lassen.

II. Weiterdenken nach der Weltkriegsepoche

Die Zeitspannen von Krieg und Nachkrieg, die schon in der Hauptüberschrift angesetzt sind, also die zwei Jahre im letzten Aufgebot des Hitlerkrieges und die zwei Jahre in Stalins GULag auf dem sowjetisch-deutschen „Sonderweg" durch die Antifaschule, waren im Rückblick nur ein kurzer Anlauf vor dem reichlichen Halbjahrhundert einer gedanklichen Nacharbeit, die mir bei meiner Veranlagung zur Nachdenklichkeit auferlegt war. Die westlich-deutsche Nachkriegswelt hat mir zunehmend reichliche Gelegenheit geboten, mich dieser Nacharbeit voll und ganz zu widmen und zu publizieren, was ich davon mitzuteilen hatte.

Die ebenso eifrig aus der Nähe wie auch mit kritischer Distanz unternommenen Inspektionen im Felde der westlich-deutschen Nachkriegspolitik konnten mich allesamt nicht dazu ermutigen, hier weiterreichende Erwartungen und eigene Kräfte anzusetzen. Es blieb bis zur Jahrhundertwende wesentlich bei einem Weiterbedenken der geschehenen Geschichte, also der Weltkriegsepoche des zwanzigsten Jahrhunderts und der „Russischen Frage", und daran schloss sich ein Mitbedenken des gegenwärtigen und des weiteren Fortgangs dieser Geschichte. In diese Denkbewegung möchte ich im Folgenden einen kursorischen Einblick vermitteln, indem ich einige der exemplarischen Abhandlungen vorlege. Meine Leitfrage war es schon früh, in *was für eine Geschichte* ich da hineingeboren und teils hineingewachsen, teils hineingenötigt worden bin; und wie ich mir inmitten einer vielstimmigen Debatte einen eigenen Begriff von diesen Geschichten machen wollte. Deren Gegenwart war bis gegen Ende des Jahrhunderts die Nachgeschichte der Weltkriegsepoche. „Krieg und Nachkrieg" lautete das Thema des ersten kurzen Zeitungstexts, mit dem ich die Reihe beginne. ...

Nun war der disziplinäre Rahmen für diese Unternehmungen bei mir zwar von Anfang die Philosophie – allerdings in der spezifischen Sinnbestimmung, die Hegel einmal angeschrieben hatte: Philosophie sei „ihre Zeit in Gedanken erfasst". Das dürften freilich nur die wenigsten Philosophie-Nachbarn so verbindlich nehmen wie ich. Meine Disziplin bezeichne ich als ein *philosophisches Geschichtsdenken.* Weil die Philosophie nur zu oft als eine „Lehre" auftritt, halte zu ihrer akademischen Daseinsweise einige kritische Distanz; von ihrem Erbe huldige ich am meisten dem, was das Wort „Reflexionskultur" im genauen Sinne besagt: ein Mitbedenken der Sinnvermittlungen im Horizont des eigenen Selbst. Das brachte mich früh auf eine Gedankenspur bei Kant, zu dem Memento, das mir für mein philosophisches Selbstverständnis sehr wichtig geworden ist. In der Einleitung, die er für die zweite Ausgabe der *Kritik der reinen Vernunft* (1787) geschrieben hat, findet sich eine sehr behutsam formulierte Überlegung, die lautet: „... es könnte wohl sein, dass selbst unsere Erfahrungserkenntnis ein Zusammengesetztes aus dem sei, das wir durch Eindrücke empfangen, und dem, was unser eigenes Erkenntnisvermögen (durch sinnliche Eindrücke bloß veranlasst) aus sich selbst hergibt".[12] Kant hat diese allgemeine Eröffnung – sozusagen im Nachgang – vor eine schon in der Erstausgabe entwickelte Ausführung gesetzt, die einem besonderen und viel enger gefassten Segment des „Erkenntnisvermögens" gilt, den Anschauungsformen und den Kategorien für die Wahrnehmung natürlicher Gegenstände. Mir war es entschieden mehr darum zu tun, die Bahnen jener „ungegenständlichen" Erkenntnisleistungen zu erkunden, mit denen wir uns die Angelegenheiten unserer Menschenwelt und unseres Wirkens in ihr vergegenwärtigen. Wo das nicht gebührend kultiviert ist, wird es zu einem heillosen Problem, wenn man (zum Beispiel) mit der Naturkategorie der „Kausalität" das Feld menschlichen Handelns traktieren möchte. (In meinem Textstück über die Willensfreiheit komme ich darauf zu sprechen.)

Für eine theoretische Analytik des geschichtlichen Lebensprozesses der Menschen dieses Zeitalters war mir der thematische Raum von Kants Analytik elementarer Erkenntnisakte zu eng; später werde ich darauf zurückkommen und auch den Rahmen von Kants „praktischer Philosophie" zu eng gezogen finden. Die Verengung beginnt schon damit, dass die angeführte Stelle aus der zweiten Einleitung zur *Kritik der reinen Vernunft* lediglich vom *Erkenntnisvermögen* handelt und nicht auch den Blick auf das *Handlungsleben der Menschen* richtet, dem die Erkenntnisleistungen doch wohl eingeschrieben sind. Er bewegte sich zwischen 1780 und 1789 f. eben noch diesseits der grandiosen Auf- und Ausbrüche des danach kommenden Zeitalters von Revolution und Völkerkrieg. In ein solches Zeitalter von noch heftigerer Dramatik war ich im Ausgang meiner Jugend- und Bildungsjahre geraten, und mein Philoso-

---

[12] In der Werkausgabe von Weischedel, Bd. 3, S. 45.

phieren lebte daraus. Doch weder bei Martin Heidegger noch bei Karl Jaspers (oder später bei Hans Jonas) habe ich Denkmittel gefunden – im Schulmarxismus natürlich auch nicht –, die mir dabei hätten helfen können, diese Zeit „in Gedanken zu erfassen"

So wurde es mir im weiteren zum vordringlichen Thema, die Erkenntnismittel daraufhin zu prüfen, wie weit sie die Geschichte des 20. Jahrhunderts aufschließen helfen. Wenigstens eine der wichtigen gedanklichen Vorleistungen fand ich in den hoffnungsvollen Anfängen jener Emanzipationsbewegung, deren Niedergang und Ende ich in meiner Geschichtszeit miterlebt habe. Es waren die Marxschen Anfänge einer Philosophie der Praxis: „Alles gesellschaftliche Leben ist wesentlich praktisch. Alle Mysterien, welche die Theorie zum Mystizismus veranlassen, finden ihre rationelle Lösung in der Praxis und in dem Begreifen dieser Praxis."[13] Das und einiges weitere konnte ich in den Kanon meiner Voraussetzungen aufnehmen.

Die Bildungsgeschichte des Gesellschafts- und Geschichtsdenkens war seit dem Zeitalter der Aufklärung auf ihrer europäischen Hauptlinie erkennbar in die Gesellschaftsgeschichte der Bildungsschicht selbst eingelagert. Deren nie ganz behobene Schwierigkeit war es, unter den Herrschafts- und Dominanzverhältnissen ihrer jeweiligen Zeitlagen zu einer eigenen Autonomie- und Souveränitätsposition zu gelangen. Zugewinne auf dieser Bahn, die im 19. Jahrhundert erzielt wurden, sind in den Kämpfen des imperialen Zeitalters und der Weltkriegsepoche unter stärkste Anfechtungen und in ärgste Bedrängnisse geraten. Als ich 1947 von Sowjetrussland nach Deutschland zurückkehrte, litt dieses weithin sehr noch an den geistig-kulturellen Vorbelastungen aus der Hitlerzeit. Die Weltkriegsepoche hatte das tradierte Ordnungs- und Institutionendenken gründlich durcheinander gebracht. Zur Problemlast der Kriegs- und Nachkriegsjahre kam dann die des „kalten Krieges" in dem ich nicht Partei ergreifen mochte.. Alles in allem fand ich, dass im daniederliegenden und lange geteilten Deutschland noch immer ein intellektuelles Souveränitäts-Defizit bestand. Gewiss hat es da so manche philosophische Themen und Problembestände gegeben, die von alledem wenig berührt waren. Anders verhielt es sich mit der Arbeitslinie, auf der jemand die Philosophie als „ihre Zeit in Gedanken erfasst" aktivieren wollte. Schon die Entscheidung, sich an dieser Problemfront zu engagie-

---

[13] In den Thesen zu Feuerbach (1845), MEW Bd. 3, S. 7.

ren, versetzte den Betreffenden zu meiner Zeit in ein merkliches Abseits. Als ich im Osteuropa-Institut meine kritischen Studien zur Sowjetphilosophie betrieb, sagte mir einer der Philosophie-Senioren, er bedauere jeden, der sich mit diesem Unsinn befasst.

Vorprägungen für das Weiterdenken

Wie schon eingangs berichtet, bin ich aufgewachsen in einer bürgerlich-kulturell geprägten Familie in einem nicht herrisch-autoritär dirigierten, auf Anregung und Förderung bedachten evangelischen Pfarrhaus, das dem 1933 angetretenen Herrschaftsstaat mit allem Argwohn gegenüberstand. Von 1938 an automatisch in die Hitlerjugend eingegliedert, war ich bei meiner sichtlichen Unlust nicht einmal für den geringsten Führungsrang geeignet. In der Flakhelfer-Formation genoss ich ein höheres Ansehen und wurde dann Ende 1944 noch ein Kriegsoffiziersbewerber für diese Waffengattung, die ich wählte, weil ich in den verlorenen Krieg hier voraussichtlich nicht in eine militärisch exponierte Lage geraten würde. Durch eine besondere Fügung meines Nachkriegsschicksals bekam ich nach der Kapitulation noch einen zweijährigen „Studienaufenthalt" im Reich von Stalins Sowjetsozialismus unter der Regie der „Hauptverwaltung Lager" (GULag) verordnet.

Aus dieser Vorgeschichte bin ich in die Nachkriegswelt gekommen, und mein Fall war wohl so, dass mich die Geschichte danach nicht wieder losließ. Von einiger Wichtigkeit wird es gewesen sein, dass es ein Stück praktischer Kriegserfahrung „von unten" gewesen ist. Das dürfte einen Anteil daran haben, dass ich später einen besonderen Sensor dafür hatte, die Geschichte nicht nur als Geschick, sondern zuvor schon als *Praxis* wahrzunehmen, aus einem Aufgebot von unterschiedlichen Praxisformationen.

Nach so viel Ungunst war es dann die besondere Gunst meiner Nachkriegsgeschichte, dass ich mich so ausgiebig dem Weiterdenken widmen konnte, dass daraus für mich ein eigenes Stück Nachgeschichte geworden ist. Aus deren Textdokumenten ist die folgende Auswahl zusammengestellt, und ihren gedanklichen Sinnzusammenhang möchte ich mit einigen Leitgedanken erläutern.

1. Philosophisches Geschichtsdenken in lebensweltlicher Perspektive

Die höhere Wissenskultur hat sich mit den Wortbildungen, die ihren analytischen Differenzierungen und ihren synthetischen Verknüpfungen folgten, nicht nur hoch über das Alltagsdenken erhoben, sie hat dieses auch tief unter sich gelassen und sich darüber hinweggesetzt. Sie hat kaum noch wahrgenommen, dass sie auf demselben Fundus an elementaren Voraussetzungen und Einsichten wie dieses aufbaut. Der „Geist der Wissenschaft" amtierte als eine Art von Wissenschaftsgeistlichkeit. Doch hatte ich nicht im Sinn, dagegen anzugehen, meiner Art entsprach es eher, deren Kanon mit der Kultivierung eines Praxisdenkens zu „unterlaufen".

Nachdem ich meine frühen, aus meiner Vorgeschichte stammenden Obligationen in den Osteuropa-Instituten erfüllt hatte – veröffentlichen mochte ich die als Habilitationsschrift entstandene Studie über die Ontologie im dialektischen Materialismus nicht –, war es mir zwar weiterhin in vielen Texten auch um die Sozialismusgeschichte zu tun, aber vor allem im Kontext der anderen Epochengeschichte des 20. Jahrhunderts, die darüber hinweggegangen ist und sich den einen Sozialismus assimiliert hat, der aus jener Hauptgeschichte, aus der Weltkriegsepoche des 20. Jahrhunderts erwachsen war.

Was für eine Geschichte ist das gewesen, deren katastrophischen Ausgang ich 1945 miterlebt habe? Ich war sehr interessiert, in einem interdisziplinären kooperativen Verbund mit Historikerkollegen weiterzuarbeiten, und einer von ihnen führte mich in einen Arbeitskreis ein, der sich den Theorieproblemen der Geschichte widmen wollte. Von besonderem Interesse war es für mich, dass die zwei Kollegen Hans Michael Baumgartner und Jörn Rüsen gerade einen Sammelband zur Thematik „Geschichte und Theorie" veröffentlicht hatten, der das einst von Droysen markierte Arbeitsgebiet einer „Historik" erneuern wollte. Das sollte auch für mich das enzyklopädische Stichwort werden, unter dem ich ein betont nicht-enzyklopädisches, sondern aktuelles Stück Historik für die Geschichte des 20. Jahrhunderts in Arbeit genommen habe. In den siebziger Jahren habe ich eine Zeitlang in diesem Kreis mitgearbeitet und zu den ersten drei Publikationen beigetragen. Einen Darmstädter Historikerkollegen konnte ich dafür nicht interessieren, weil er von Theorie im Blick auf die Geschichte absolut nichts hielt.

Es dauerte jedoch sehr lang, bis ich auf das Historik-Vorhaben zurückkam, und dies nicht mit einer eigenen Monographie, sondern in einer von mir mit herausgegebenen Festschrift zum 80. Geburtstag von Ernst Nolte, die im Januar 2003 unter dem Titel *Das 20. Jahrhundert. Zeitalter der tragischen* Verkehrungen herauskam. Von mir veröffentlichte ich darin zwei Abhandlungen, eine über „Geschichtsdenken" allgemein und die andere, längere mit dem Titel „Zu einer Historik für die Geschichte des 20. Jahrhunderts. Präliminarien, Perspektiven, Paradigmen"[14]. Dabei beließ ich es dann auch. Danach habe ich – angesichts der bestehenden „Diskussionslage" – keine neuerliche Behandlung der Thematik in Arbeit genommen.

Ein philosophisches Geschichtsdenken in einer „lebensweltlichen" Perspektive entfalten – was sollte das bedeuten? Die Rede von der „Lebenswelt", die nach E. Husserl geläufig wurde, verrät freilich schon etwas von der Angestrengtheit, mit der sich ein schulphilosophisch geprägtes Denken den Rückgang auf etwas so Vorphilosophisches und Vorwissenschaftliches wie den „wirklichen Lebensprozess" der geschichtlichen Welt erschließen möchte. Ein schwieriges Unterfangen ist das auch heute noch, wenn ich sehe, wie ein Kollege in meiner nächsten Nachbarschaft (im selben Textband) in einem kurzen Rechenschaftsbericht seinen Denkweg markiert. Es ist der wenige Jahre ältere Fachkollege Heinrich Rombach, der entsprechend früher als ich in den Kriegsdienst eingespannt war und nach einer Verwundung zum Studium beurlaubt wurde. In seinem Kurzbericht referierte er: „Das wissenschaftliche Denken beginnt mit dem Übergang vom Substanz- in das Systemdenken; es entwickelt sich im Maße der Radikalisierung und Universalisierung des Systemgedankens, aber es bricht schließlich in das dynamisiertere und organischere Strukturdenken um ..." So findet Rombach, das „entscheidende Ereignis unserer Geschichtszeit" sei dieser „Umbruch von System in Struktur", der sich jetzt in der Wissenschaft, in der Technik, in der Politik, in den Religionen und wo auch immer vollzieht".[15]

So kann man, wie man sieht, philosophisch zu einem *Denken in Strukturen* gelangen, doch mein Weg – auf anderen Bahnen verlaufen – hat in ein *philosophisches Praxisdenken* geführt. Das *Ceterum* censeo

---

[14] Im Herbig Verlag München 2003.
[15] In dem von Ch. Und M. Hauskeller herausgegebenem Band „... was die Welt im Innersten zusammenhält" (S. 34 f.), der auch meinen Arbeitsbericht „Erlebte Geschichte philosophisch zu bedenken" enthält.

über „die Praxis und das Begreifen dieser Praxis" habe ich weiter oben bereits rezitiert. Aus demselben ideologiekritischen Arbeitsgang stammt diese andere Formel, in der die Praxis als der „wirkliche Lebensprozess" aufgeschlüsselt und auf der philosophisch-begrifflichen Hochebene des „Seins" angesetzt ist: „Das Bewusstsein kann nie etwas Andres sein als das bewusste Sein, und das Sein der Menschen ist ihr wirklicher Lebensprozess."[16]. Damit ist auch ausdrücklich eine weitere philosophische Generaldisposition von höchster Wichtigkeit getroffen: Die (von Engels stammende) Manuskript-Formulierung lässt das sogenannte Bewusstsein nicht als einen eigenen substantiellen „Faktor" neben das „Sein" treten, sondern gliedert es diesem als das (funktionelle) „Attribut" organisch ein. In der marxistischen Nachgeschichte, die ein Konzept der „Wechselwirkung" zwischen Sein und Bewusstsein „kultiviert" hat, gingen diese begriffs-hermeneutischen Feinheiten wieder verloren. Ich habe mich nach Kräften bemüht, sie in Erinnerung und interpretativ in Ansatz zu bringen, wo immer Gedankenbildungen im Kontext von praktisch-existentiellen Befindlichkeiten der betreffenden Menschen zur Sprache kommen – und das ergibt sich im Gesellschafts- und Geschichtsdenken auf Schritt und Tritt. Meine Kurzformel für das, was positiv die Integration der Denkgeschichte in ihre Praxisgeschichte ausmacht, ist negativ die „Aufhebung der Bewusstseins-Abstraktion".

Die „Praxis" ist nicht nur ein Feldbegriff, sondern zuvor schon eine Orts- und Funktionsbestimmung des eigenen Selbst. Das Praxisdenken erfüllt sich in einer *Reflexionskultur*. Alle Benennungen von Menschlich-Gesellschaftlichem und das durch sie Benannte hat seine erste Präsenz und Evidenz darin, wie wir uns als Individuen in unserer Welt wahrnehmen. Im Rückblick auf Kant heißt das: Das weiter gefasste Ganze, in welchem das „Erkenntnisvermögen" ein Vektor oder „Aktor" ist, erweist sich beim weiteren Eindringen als eingeordnete Funktion, besteht in der Wirklichkeit menschlicher Aktivpersonen. Dem Wort „Ursache" sieht man es nicht an, dass sein Quellgebiet die Wirkkraft von Menschen sein könnte. Eher schon der Kategorie „Möglichkeit", deren Benennung etwas mit dem Mögen und dem Vermögen als Können zu tun hat. Umgekehrt kann man es der Kantischen Rede von den „Bedingungen der Möglichkeit" ansehen, dass sie in der Analytik des Erfahrungsgeschehens nicht so recht am Platz ist. Entschieden zu eng wäre es, nur an

---

[16] Der erste Text steht in MEW Bd. 3, S. 7, und der andere aus dem Marx-Engels-Manuskript (1845/46) zur Kritik der deutschen Ideologie, MEW Bd. 3, S. 26.

Signaturen der Wahrnehmung von *Gegenständlichem* zu denken. Einen Primat hat der Verbund von Personen- und Selbstwahrnehmung.

Triftig ist und bleibt Kants so übervorsichtig angesetzte Überlegung, dass in der menschlichen Umfeld-Erfahrung etwas am Werk ist, das uns Menschen selbst angehört, ein über die Rezeptivität hinausgreifendes Akquisit unserer *Handlungs-Spontaneität* ist. Doch nichts spricht dafür, dass es in einem kleinen Katalog von gattungs-allgemeinen Kategorien und Anschauungsformen bestehen könnte. Vielmehr spricht alles dafür, dass wir es mit einem weitläufigen und reich gegliederten, geschichtlich herangewachsenen und nach Kultivierungsstufen differenzierten Reper-toire von Leistungsfähigkeiten im Umgang mit Personen und Sachen zu tun haben und an denen wir Individuen in je eigenen Maßen teilhaben – Dimensionen der Praxis und des Praxisfeldes.

2. Denken in Personen-, Handlungs-, Kräfte- und Kommunikationsbegriffen

Wo von Geschichte, Gesellschaft und Praxis die Rede ist, müssen nicht alle Aussagen von Personen handeln. Das praxisanalytische Desiderat ist nur, dass all dies *seinen primären Ort* in einem Personenverbund hat und in seinen Bedeutungen auf diesen hin (re)aktualisiert werden kann. Wenigstens ebenso wichtig ist die Überlegung, dass von den Personen meistens nicht in solcher Allgemeinheit als Personen oder Menschen die Rede sein muss, sondern von ihnen in einer jeweiligen näheren Be-stimmtheit. Das *ens realissimum* ist die Person *als bestimmtes Individu-um* (im Singular oder als Glied in einer Pluralität). In den meisten lebens-praktisch wichtigen Dingen kommen die Menschen indessen in je be-stimmten Eigenschaften in Betracht: Als Angehörige einer bestimmten Kollektivität (Nation/Rasse, Klasse, Stand, Schichtlage, Beschäftigungs-art, Qualifikationsstufe, Typus) oder in ihrer Geschlechtszugehörigkeit, ihrer Altersstufe oder ihren sonstigen vitalen oder situativen Qualitäten. Gesellschaften sind stände-, kulturell-, klassen- oder schichtengeteilte und vielfältig arbeitsteilige Ensembles. Was davon geschichtlich artbe-stimmte Profilierungen und Beziehungsqualitäten sind, unterlag bis jetzt immer unterschiedlichen Gewichtungen und Taxierungen auf der Skala zwischen Eminenz und Inferiorität.

Mit der heraufkommenden bürgerlichen Gesellschaft verband sich schon im ausgehenden 18. Jahrhundert die Erwartung, sie werde in eine *weltbürgerliche* Vereinigung einmünden. Der große „Rest der Welt" war zum größten Teil von einigen Avantgardisten der modernen Zivilisation zum Kolonialgebiet gemacht oder existierte in einer „ungeschichtlichen" Archaik. Indessen hat sich in der zweiten Hälfte des 19. Jahrhunderts auf dem Weg der politischen Formierung von Volkskräften eine Spaltung und Polarisierung nach nationalen und klassenpolitischen Lagern vollzogen, die auf beiden Seiten von einer Hoch-Aktivierung begleitet war. Die Nationalität hat sich zur Imperialität gesteigert, der Sozialreformismus zum Sozialrevolutionarismus, der einen neuen hoch und weit gespannten Erwartungshorizont eröffnete, den einer klassenlos vereinigten Weltgesellschaft. Eine idealistische Prospektion konnte das zum normativen Prinzip erheben und deklarieren: „Es ist die Bestimmung unseres Geschlechts, sich zu einem einigen, in allen seinen Theilen durchgängig mit sich selbst bekannten, und allenthalben auf die gleiche Weise ausgebildeten Körper zu vereinigen. Die Natur, und selbst die Leidenschaften und Laster der Menschen haben von Anfang an gegen dieses Ziel hingetrieben, und es ist schon ein großer Theil des Weges zu ihm zurückgelegt, und es lässt sich sicher darauf rechnen, dass dasselbe ... zu seiner Zeit erreicht sein werde." So Johann Gottlieb Fichte Anno 1800.[17] Aktualisiert hat sich dieser Prospekt im 19./20. Jahrhundert unter ganz außerordentlichen geschichtlichen Umständen, auf die ich im folgenden Abschnitt über die Sozialmobilisationen besonders zu sprechen komme.

Zuvor wäre noch die Frage aufzunehmen, die im 20. Jahrhundert immer wieder kontrovers erörtert wurde: Was ist bürgerlich? Die „modern bürgerliche Gesellschaft" ist eine eigenartige Mixtur aus dem alt-neuzeitlichen Stadtbürgertum und dem Kapital-Unternehmertum, für das der französische Titel „Bourgeoisie" steht, und in diesem Verbund formierte sich im Raum der Warenwirtschaft eine Skala von mittel-, klein- und kleinstbürgerlichen Existenzen, und parallel dazu eine Sphäre von privatwirtschaftlich Angestellten und öffentlich Bediensteten in Verwaltung, Informationswesen und Wissenskultur. Etwas abseits dieser funktionalen Klassifikation hat sich ein klassenpolitischer Begriff des „Bürgerlichen" gebildet, an dem sich eine anti-bürgerliche Gegenposition festgemacht hat. Er ist im Spät-Revolutionarismus der linken Studentenbewe-

---

[17] In der Schrift „Die Bestimmung des Menschen", in: *Fichtes Werke* (Facsimile-Nachdruck 1971) Bd. 2, S. 271 f.

gung konfessionell fixiert gewesen, und ich wollte mit einem Gegen-Votum zu einem ruhigen Nachdenken anregen: „Weit davon entfernt, dass die ‚modern bürgerliche Gesellschaft' zur geschichtlichen Ablösung anstünde, könnte es vielmehr darauf ankommen, sie zuallererst als bürgerliche, das heißt durch und durch zivile Gesellschaft zu etablieren."[18] Im Negativen kann man sich ohne viel Argumentation darauf verstehen, dass ein Begriff oder Unbegriff „des Kapitalismus" für theoretische Belange kein brauchbarer Nenner ist. Doch besteht einige Verlegenheit im Positiven. „Bürgerliche Gesellschaft" ist kein Ganzes, sondern ein Charakter-Segment von Vergesellschaftung. So entspricht es eben der geschichtlich-wirklichen Sachlage, und das kann genügen. Nach der anderen Seite steht es geschichtlich-prospektiv dahin, welche Elemente der kapitalistischen Produktionsweise mit der Produktivität der Produktivkräfte vereinbar bleiben (was nicht heißen muss: optimal) oder nicht. Mein *Ceterum censeo* ist schon lange, dass Kapitalismus und Sozialismus die „Fetischbegriffe eines verspannten Epochenbewusstseins" sind.[19] Geschichte ist ja überhaupt nicht das Medium für Systemtitel. Da Gesellschaften noch immer als *Regionalgesellschaften* existieren, halte ich (wie Arnold Toynbee und andere) den weiter gespannten Begriffstitel *Zivilisationen* für passabel.

Nach den brutalen Ernüchterungen des 20. Jahrhunderts könnte man auch genug daran finden, anstelle von Fichtes Maxima die *hinreichenden Voraussetzungen* dafür anzuvisieren, dass „die *gesellschaftlichen Evolutionen* aufhören, *politische Revolutionen* zu sein".[20] Die große offene Frage war es, ob und wie die Voraussetzungen dafür auch in einem teil-regionalen Rahmen entstehen können oder ob nur „das Ganze das Wahre" sein kann.

3. Die moderne sozial-zivilisatorische Mobilisationsdynamik

Bevor ich etwas von einer „Geschichtsauffassung" hörte, bin ich ab 1943 von einem Stück *wirklicher Geschichte* erfasst gewesen. Etwas von dieser lebenspraktischen *Geschichtserfahrung* ist in alles mit eingeflossen

---

[18] Kommune 2/1987.
[19] Epochenphänomen Marxismus, S. 167.
[20] So K. Marx 1847 im Schlusssatz seiner Proudhon-Kritik „Das Elend der Philosophie", MEW Bd. 2, S. 182.

in das, was ich weiterhin über Geschichte reden hörte und geschrieben fand. Aus meinem lebendigen Erinnern weiß ich, auf wie verschiedene Weise die Menschen in einem dienstverpflichteten Volks-Aufgebot an einem modernen Krieg innerlich beteiligt sein können.[21] Es zeigte sich, dass die Menschen nicht nur nach Standes- oder Klassenpositionen und nach kulturellen Bildungsstufen voneinander unterschieden sind, sondern zudem nach „Typen" ihres personalen Profils, nach ihren Verhaltens- und Umgangsweisen, die herrisch-offensiv oder kooperativ, selbstsicher oder unselbständig sein können. Diese und andere Distinktionen übertrugen sich bei mir fortan auf das Gesamt der sozialen Grundgliederung und des geschichtlichen Prospekts, also auch der Profilierung von Erwartungshorizonten. Es begründete einen Argwohn gegen totalisierende Systemtitel und eine Präferenz für partikulare Prozesstitel. Großgesellschaften sind „Gemengelagen"

Weil ich im Raum der makrohistorischen Begriffsbildung – auf dem Umweg über den Sowjetmarxismus – zuerst auf das Denken von Marx gestoßen bin, habe ich mein eigenes geschichtliches Prozessdenken in einem thematischen Bezug auf diesen Vordenker ausgebildet, teils ihm beipflichtend und teils mit einem Einspruch. Positiv wichtig wurde namentlich die schwierige Bemühung um ein *integrales* Verständnis, das die ideellen Motive organisch mit den praktischen Motivationen, Interessen und Befähigungen verbindet. Ein früher und weithin überdeckt gebliebener Nenner dafür ist der Satz aus dem Manuskript von 1845/46 zur *Kritik der deutschen Ideologie*: „Das Bewußtsein kann nie etwas Andres sein als das bewußte Sein, und das Sein der Menschen ist ihr wirklicher Lebensprozeß."[22] Ins Methodische gewendet bedeutet das ein obligates *Zusammendenken* von Ideenbildungen und lebenspraktischen Befindlichkeiten der betreffenden Menschen. Wo das Ideelle nicht die entsprechende Benennung des Praktischen ist, wird es *„ideologisch"*. Diese ideologiekritische Einsicht bedeutete einen Wendepunkt im Horizont von Menschen, deren vordringliche oder sogar einzige Tätigkeit es bis dahin gewesen war, der Öffentlichkeit ihre Gedankenbildungen zu

---

[21] Es wirkt wie ein grimmiger Scherz, dass ich mich im Vorgefühl des bösen Endes – *freiwillig* zum Militärdienst gemeldet habe, und warum? Weil ich damit selber die Wahl der Waffengattung treffen konnte und nicht Gefahr lief, zur Waffen-SS eingezogen zu werden. Meine Wahl fiel auf die Flakartillerie, die voraussichtlich nicht zur „vordersten Linie" gehörte. Ich erwähnte bereits, dass man sich in unserem kleinen Trupp darin einig war, sich beim Weg an die Ostfront nicht zu eilen: „Geht alles vom Krieg ab".

[22] MEW Bd. 3, S. 26.

übermitteln – in der Überzeugung, dass sie hier eine praktische Wirksamkeit entfalten. Das wurde bei den Vordenkern Marx und Engels anders. Sie hatten ein Öffentlichkeits-Segment im Blick, von dem sie meinen (oder glauben) konnten, dass bei diesen Menschen die motivierenden Interessen, die Einsichten und die praktischen Ausrichtungen für ihr politisches Wirken genügend kräftig und klar ausgebildet sind. Mehr als einiges an Orientierungshilfe könnten intellektuelle Mitstreiter ihnen nicht voraushaben. In allen praktischen Angelegenheiten gilt, das Praktisches nur durch Praktisches erwirkt werden kann. Freilich war es in der Folgezeit überaus schwierig, sich auf die Dauer hierauf einzustimmen. Denn der eigene Praxis-Prospekt hatte etwas geschichtlich Prekäres.

Kurz vor der Niederschrift des „Kommunistischen Manifests" veröffentlichte Marx (in Französisch) seine Kritik an Proudhon. Darin schreibt er, dass in dem Maße, wie „der Kampf des Proletariats sich deutlicher abzeichnet" seine Theoretiker „nur noch sich Rechenschaft abzulegen" hätten „von dem, was sich vor ihren Augen abspielt, und sich zum Organ desselben zu machen"; Wissenschaft ist dann nicht mehr „doktrinär", sondern „revolutionär" geworden".[23] Der neue „archimedische" *feste* Punkt, der „Kampf des Proletariats", war zu dieser Zeit und blieb auch für die Folgezeit eine ganz unbekannte geschichtliche Größe und zeichnete sich eher undeutlich ab. Das nachfolgende „Manifest" ist mehr eine politische Projektion als ein gesellschaftlich-praktischer Prospekt. Und auch noch nach dem Probelauf der 1848er Revolutionen gewinnt der Prospekt kaum an Profil. Das Fazit aus der Revolutionserfahrung lautete im Herbst 1850: „Eine neue Revolution ist nur möglich im Gefolge einer neuen Krisis. Sie ist aber auch ebenso sicher wie diese."[24]

An den Texten, die vor 1848 entstanden sind, fällt es auf, dass sie ihr besonderes Augenmerk auf die *politischen* Aktivitäten richten. *Nach* dieser Erfahrung werden zusammen mit den theoretisch-analytischen Explorationen auch die *sozialstrukturellen* Begriffsbildungen zunehmend wichtig. Engels hatte zuvor schon mehr vom gesellschaftlichen Lebensprozess im Blick, und nun rückten bei Marx die ökonomischen Koordinaten dieses Lebensprozesses deutlich nach vorn. Es war Marxens Vorstudie *Zur Kritik der politischen Ökonomie*, von 1859, die ihm eine Gelegenheit bot, mehr vom Ganzen seiner theoretischen Optik anzuzeigen. Dazu gehörte auch ein weiter gespanntes geschichtliches *Prozess-*

---

[23] MEW Bd. 4, S. 143.
[24] MEW Bd. 7, S. 440.

denken, auf das ich mich hier beschränken möchte. Dieses Vorwort gilt als ein probates Resümee von Hauptsätzen der „materialistischen Geschichtsauffassung" Der Aktualität entsprechend, die dies für den Denker geschichtlicher Veränderung hatte, formuliert den besonderen Fall einer *sozial-zivilisatorischen Entwicklungsrevolution.* „In der gesellschaftlichen Produktion ihres Lebens gehen die Menschen bestimmte ... Verhältnisse ein, Produktionsverhältnisse, die einer bestimmten Entwicklungsstufe ihrer materiellen Produktivkräfte entsprechen. ... Auf einer gewissen Stufe ihrer Entwicklung geraten die materiellen Produktivkräfte in Widerspruch mit den vorhandenen Produktionsverhältnissen ... oder mit den Eigentumsverhältnissen, innerhalb deren sie sich bisher bewegt hatten. Aus Entwicklungsformen schlagen diese Verhältnisse in Fesseln derselben um. Es tritt dann eine Epoche sozialer Revolution ein."[25]

Wer in seinem Geschichtsdenken – so wie ich – eine Präferenz für *Praxisbegriffe* hat, dem fällt es auf, dass die Sprache der Marxschen Ökonomiekritik schon in diesem Vorwort einen Übergang von der menschlichen Handlungsebene zu einer „struktural-geschehenslogischen" Diktion vollführt. Es hätte die Deutlichkeit des Texts wohl befördert, wenn er damit fortgefahren wäre, wie sich die betreffenden *Menschen* „kraft" *ihrer* neu erworbenen Produktivkräfte bestimmte bisher hingenommene Verhaltenszumutungen „nicht mehr gefallen lassen". Sie können dies – vielleicht in wachsendem Umfang – als die „Inhaber" dieser Produktivkraft-Qualifikationen, die ihrem vitalen Interesse an *mehr Selbstbetätigung* gemäß sind.

Der geschichtliche Prototyp für diese Verlaufsweise – vielleicht ist diese ein geschichtliches Unikum gewesen –, sind die Jahrhunderte des Aufstiegs eines europäischen Stadtbürgertums. Daraus nährten sich dann auch die Projektionen für eine weitergehende, über die kapitalistische Produktionsweise hinausgehende „arbeits-bürgerliche" Transformation. Doch ließen die Begriffstitel des Marxschen Vorworts ihren Handlungssinn kaum noch erkennen: Weil auch ihre geschichtlich-praktische „Bewegungspotenz in der industriellen Arbeiterklasse nicht sich auszubilden im Begriffe war.

Entgegen den anfänglichen Erwartungen und Bestrebungen sind die Gesellschaften mit kapitalistischer Produktionsweise in der zweiten Hälfte des 19. Jahrhunderts nicht in eine solche Bewegung eingetreten, die

---

[25] Im Vorwort der Schrift „Zur Kritik der politischen Ökonomie" (1859), MEW Bd. 13, S. 8 f.

in einer sozialen Revolution kulminiert wäre. So wurde der soziale Gegensatz zwischen Bourgeoisie und Arbeiterklasse nur zu einem recht untergeordneten Bewegungsmoment. Die geschichtliche Hauptbewegung des Zeitalters kam aus einer ganz anderen Konfiguration. Marx hat es in seinen Anfängen nach 1870 ja noch erlebt (Engels noch um einiges länger), in welchem Metier sich die Hauptbewegung ereignet hat. Diese Hauptbewegung – das Andere zum Prospekt einer sozialen Revolution – war die *imperiale Mobilmachung* der nicht-oppositionellen Volkskräfte, die 1914 in den Weltkrieg führte, der sich 1939 noch einmal fortgesetzt hat. Eine Kurzformel dafür lautet: „Im Zuge der steigenden industriellen Reichtumsproduktion können sich in manchen Gesellschaftsteilen die Ansprüche auf ein gutes, ansehnliches Leben so sehr steigern, dass sie das Maß der reellen Reichtumsproduktion und eines billigen Anteils an ihren Segnungen sprengen. Es tritt dann eine Epoche *imperialer Übermobilisation* ein."[26]

Diese Übermobilisation kann sowohl in herrschaftlichen als auch in subalternen Schichtlagen auftreten, episodisch oder epidemisch. Sie wird ein Massenphänomen in einer sich industrialisierenden Gesellschaft, die immer neue Betätigungszweige, -stufen und -profile ausbildet und so den Raum für eine ausgreifende Aufstiegsmobilisation eröffnet. Sie begünstigt den Auftrieb zu Statusverbesserungen, die sie zu einem Teil befriedigen kann, zu einem anderen Teil jedoch nicht.

Es war wiederum eine ganz singuläre Geschichte, dass der Krieg von 1914 eine Wiederbelebung der weit zurückgedrängten antikapitalistischen Bewegung begünstigte. Namentlich in Russland, wo die Industrialisierung im ausgehenden 19. Jahrhundert noch so manche „frühkapitalistischen" Härten aufwies und viel elementaren Sozialprotest herausforderte. Das Land war nach der Jahrhundertwende von seinem ebenso „vormodernen" Zarenregiment in einen Imperialkrieg gegen Japan gestürzt worden, der seine zivilisatorische Schwäche bloßlegte und die sozialistische Opposition zu einem Aufstand herausforderte. Die ebenso mutwillige Beteiligung am Krieg von 1914 legte erneut die zivilisatorische Schwäche bloß und gab 1917 den Anstoß zu einer neuerlichen Volksrevolution, in der die radikal-sozialistische Arbeiterfraktion den Sieg errang. In seinen letzten Lebensmonaten nahm der Revolutionsführer

---

[26] Im Aufsatz „Sozialmobilisationen und Krisenprospekte", der 1995 in dem von H. Eidam und W.-D. Schmied-Kowarzik herausgegebenen Sammelband „Krisenprospekte und Sozialmobilisationen" erschienen ist. Die angeführte Textstelle steht auf S. 230.

Lenin das gegnerische Argument auf, dass das Land für eine sozialistische Revolution nicht reif (gewesen) sei: und er erwidert darauf: „Wie aber, wenn die völlige Aussichtslosigkeit seiner Lage, die Kräfte der Arbeiter und Bauern verzehnfachend, uns die Möglichkeit eröffnete, auf einem anderen Wege daranzugehen, die grundlegenden Voraussetzungen der Zivilisation zu schaffen, als in den übrigen westeuropäischen Staaten? Hat sich denn dadurch die allgemeine Linie der Entwicklung der Weltgeschichte verändert?"[27] Auf was für eine „allgemeine Linie" konnte man sich da berufen? Es ist wohl so, dass eine *überhaupt andere Geschichte* alle vormaligen Erwartungen durchkreuzt hat.

Weil ich nach Ende des 2. Weltkriegs für zwei Jahre in den Sowjetsozialismus eingewiesen wurde, war es für mich vom denkbar höchsten Interesse, es nach meiner Rückkehr 1947 mit der Problematik dieser außerplanmäßigen Revolution aufzunehmen und sie mir „in Gedanken erfasst" zu vergegenwärtigen. Wie diese Problematik sich mir schließlich dargestellt hat, ist unter anderem in einem Aufsatz 1989 resümiert. Mit seiner Überschrift „Zur Historisierung des Sowjetsozialismus" knüpft dieser Text an das „Plädoyer für eine Historisierung des Nationalsozialismus" an, das der Zeithistoriker Martin Broszat zum 40. Jahrestag des Kriegsendes von 1945 vorgetragen hat. „Historisierung" heißt nicht, etwas in eine geschichtliche Vergangenheit „abzuschieben" und damit für „inaktuell" erklären. Es heißt nur, davon einen *historischen Begriff* zu erarbeiten und es als Sache einer Geschichte zu bedenken. Auf Broszat, der zu meiner großen Betrübnis 1989 gestorben ist, komme ich in den Texten meiner Auswahl wiederholt zu sprechen.

Die Historisierung einer Geschichte bedeutete für mich auch die Absage an ihre *Ideologisierung*.

4. Ideologie – das heißt: Ideenrede

Eine meiner theoretisch-begrifflichen Hauptarbeiten galt der Rückgewinnung eines analytisch geklärten und deutlich eingegrenzten Inbegriffs von der Ideologie oder dem „ideologischen Bewusstsein", von dem ich mich verabschieden und über das ich arbeitspraktisch hinwegkommen wollte: Dazu erst einmal eine lexikalische Vorverständigung. Ideologie ließe sich als eine „Bewusstseinsform" bezeichnen, wenn nicht die

---

[27] Werke Bd. 33, S. 376, Ausgewählte Werke (1947) Bd. II, S. 998.

Signierung als „Form" zu unspezifisch wirkte und nicht auch das Wort „Bewusstsein" seine Tücken hätte. Bekräftigen möchte ich gleichwohl, dass Ideologie als eine besondere (fast schon allgemein übliche) *Weise des gedanklich-sprachlichen Bewusstmachens* zu bezeichnen ist. So liegt es ja schon im Wortsinn von „Ideologie" = „Ideenrede" – und damit auch, dass etwas vom ideologischen Denken erst in der Art des *Redens* (oder Benennens) zum Ausdruck kommt. Das eigentlich Konstitutive oder Charakteristische von Ideologie ist jedoch der Urgrund in einer radikalen *Abstraktion* oder *Ablösung* des ideologisch Vergegenwärtigten vom Totum des Wahrgenommenen, die Herauslösung eines Sinngehalts aus einem Sinnganzen, in dem alles Qualitäts- und Ortsbestimmende „zusammengewachsen" ist – so ist es der Wortsinn des lateinische *concretum*. Wieder etwas vergröbernd kann man sagen: Ideologisch ist das Charakterisieren eines Sach- oder Handlungsgehalts im Bann der „Bewusstseins-Abstraktion". Alle „Ismen" gründen in einer solchen Abstraktion, so auch die Rede vom „internationalen Terrorismus". Ideologisches Reden ist ein Reden in Signalen anstelle eines diskursiven Aufschließens. Die Kehrseite der ideologischen Abstraktion ist, dass „die Ideologie" auch als eine substantiell gedachte Einheit figurieren kann, als eine eigene „Institution". Dem „attributiven" Aussagesinn des Ideologischen entsprechend setze ich den Titel als Qualifizierung lieber adjektivisch ein.

Nun ist Ideologie zwar schon an ihrer Sprechweise als Sache einer begriffssprachlichen Abstraktion zu erkennen, lässt sich jedoch ganz und gar nicht als ein Sprachproblem angehen. Die schwierige Problematik liegt nicht in der Art des Sprechens, sondern in der Weise des *Wahrnehmens*; und weiter noch am praktisch-kommunikativen Kontext, in dem der Sprechende auf den betreffenden praktischen *Tatbestand* eingestimmt ist. Ideologie ist ein Phänomen der sozialen Kommunikationsweise. Die ideative Abstraktion, die in der ideologischen Rede über praktisch interessierende Tatbestände waltet, bedeutet ein *Absehen von Mitverbundenem* oder ein *interessiertes Ausblenden* (wenn nicht gar ein Verdrängen) von Störendem oder Unsicherem. Ideologisch reduziert redet man über das, was nicht scharf im Blick ist, weil man praktisch nichts daran ausrichten kann. Es ist (wie so vieles) eine Frage der zureichenden oder mangelhaften *Kräfte*. Das hat sich in den begleitenden Rhetoriken von Kommunismus und Faschismus, der Weltkriegsepoche, des kalten Krieges und in den neuen Kollisionen rund um den „Terrorismus" auf vielfältige Weise offenbart. – Die nicht-ideologische Sprache bewegt sich auf einer Stufe des bemessenen Könnens, das um seine Grenzen weiß, und vermittelt ihre Kritik-Anlässe kommunikativ als *Rechenschaftslegung.*

5. Eine „Ethik ohne Imperativ"

Nach der Weltkriegsepoche des 20. Jahrhunderts mit ihren schweren ethischen Anfechtungen kann ein philosophisches Geschichtsdenken schwerlich zu Werke gehen, ohne es mit den Fragen unserer neuzeitlich-modernen Gesittungskultur aufzunehmen. Es kann sie nicht an die vermeintlich dafür zuständige Disziplin weiterverweisen, an die Ethik, die ihnen ohne eine Erschließung des geschichtlichen Horizonts auch gar nicht gewachsen wäre. Bei mir war beides im zeitgeschichtlichen Erleben miteinander verbunden, und ich musste mir überlegen, wie dies auch im Gedankenraum der Begrifflichkeit zu leisten ist: Eine ethische Erschließung des Geschichtlichen und eine „Historisierung des Ethischen". Meinen ersten Beitrag zum „Historikerstreit" setzte ich programmatisch unter den Titel „Die Moral der Geschichte", und in einem benachbarten Text diskutierte ich die Doppelproblematik „Moralisierung der Geschichte – Historisierung des Moralischen".[28] Dabei war mir klar, dass ich mit dieser Arbeit einen schwierigen „Sonderweg" beschreite, der auch philosophisch erst noch zu erproben ist. Ich hatte dem inzwischen mit einer Ethik-Studie vorgearbeitet, die schon im Druck war, als der zweite dieser Aufsätze erschien. Hier kann ich nur kurz resümieren, wie mein gedanklicher „Sonderweg" verläuft, und im Dokumentationsteil vorführen, wie ich das delikate Problem der ethischen Willensfreiheit praxisanalytisch angehe.

Meine begriffliche Umdisposition beginnt damit, dass ich für die besagte „Historisierung des Moralischen" für dieses „Moralische" den älteren und nicht ganz ungebräuchlich gewordenen Titel des „Ethos" einsetze. Darunter verstehe ich strikt die praktisch „gelebte" Gesittungskultur von Personen und Gesellschaften. Sittlich bedeutsames und bewertbares Handeln, so lautet eine der kürzesten Formeln, ist ein „Handeln an

---

[28] Der erste, in der „Nürnberger Zeitung" veröffentlichte Aufsatz wurde in die Dokumentation des Piper-Verlags aufgenommen, der andere erschien in Heft 12/1986 der „Universitas".

Personen; genauer: ein Schalten mit Dingen in Bezug auf Personen, die davon betroffen werden"[29]. Der „Sonderweg" beginnt dann mit der Frage, wie und worauf diese Gesittungskultur sich gründet. Als eine Ethik der Moralität führt dies die vorherrschende Lehre auf eine Verfügung zurück, die sich im „moralischen Bewusstsein" und im Blick auf eine schlechthin vorgegebene Norm (ein Gesetz oder Prinzip) des sittlichen Sollens vollzieht, so wie es der bei Kant formulierte „kategorische Imperativ" anzeigt.[30] Dieses „Sittengesetz" geht als ein schlechthin geltendes jeder menschlichen Gesetzgebung voraus und hat keinen innergeschichtlichen Ort. Während das Wort „Ethos" bei uns keinen gängigen Plural hat, das Ethos aber in einer Pluralität von geschichtlich-kulturellen Ausformungen vorgekommen ist und weiterhin vorkommt, tendiert die neuzeitliche Moralkultur dazu, die Moral strikt als die Eine und Universale zu kultivieren. Davon abweichend rechne ich mit einer *Mehrzahl von Ethoskulturen* (oder Ethosformationen) – eine überaus wichtige konzeptionelle Differenz, um die es in der Diskussion immer wieder Verwirrung gibt, so auch in einer Rezension zu meinem Ethikbuch.[31]

Der Unterschied liegt darin, dass in der Sicht der vorherrschenden Moralkultur das *Moralbewusstsein* eine Schlüsselstellung einnimmt, dass es als die Eingangspforte zum moralischen Verhalten gilt. In der Sicht (m)einer Ethik des Ethos erwachsen die ethisch relevanten Handlungen nicht aus „moralischen Überzeugungen", sondern aus einem *personal-praktischen Fundus* von „Potenzen der Ethos-Formierung"; so ist der Abschnitt im ersten Kapitel der „Messungen im Felde des Ethos" überschrieben. Als die erste dieser praktischen Befähigungen sind die „Potenzen von Selbstsein und Selbstzweckhaftigkeit" besprochen. An nächster Stelle kommen die mehr problemträchtigen „Potenzen der Selbststeigerung, des Überbietens, des Übergreifens" zur Sprache. Doch von „Überzeugungen", die ein Requisit der Kultur des moralischen Bewusstseins sind, ist in meinem Paradigma nicht mehr die Rede, weil dafür eben jene *Befähigungen* des praktischen Verhaltens und Um-

---

[29] Diese Formel von N. Hartmann, die ich auf S. 36 anführe, steht in der postum 1963 veröffentlichten „Ästhetik".

[30] Er lautet in seiner eingängigsten Formulierung: „Handle so, dass du die Menschheit, sowohl in deiner Person, als in der Person eines jeden andern, jederzeit zugleich als Zweck, niemals bloß als Mittel brauchest." (In: Werke, Ausg. Weischedel Bd. 6, S. 61)

[31] Martin Gehlen, „Kritik am moralischen Bewusstsein", in: „Die Neue Ärztliche 15.04.1987". Man nehme nur den Satz „Im Ethos einer Gesellschaft spielen erworbene moralische Überzeugungen einzelner Personen oder ethische Argumentationen keine Rolle".

gangs stehen. Die Ethik des Ethos ist eben eine Analytik des praktizierten Ethos. Dieses bildet sich nicht aus Vorstellungen von einem moralisch richtigen Verhalten, sondern aus einem Gesamtprozess von ebenso praktisch-interaktiven Qualifizierungen. Nicht ein Kanon von moralischen Normen, sondern eine Dynamik solcher personal-interaktiver Bildungsprozesse ist das formativ Primäre.

Ich konstruiere damit nicht ein neues Verfahren, sondern „rekonstruiere" lediglich, wie es auch in der moralkulturellen Kommunikation „praktisch-untergründig" nicht anders verläuft. Was kommunikativ *wirksam wird*, sind nicht die Begleitrhetoriken, sondern die *personalen Potenzen* der Beteiligten. So suche ich auch etwas von meinem eigenen Bildungsgang zu verstehen. An ihm hatte die moralische Indoktrination kaum einen nennenswerten Anteil, weil sie (in der Hitlerzeit) wesentlich in der Konfrontation mit einem widerwärtigen Ethos verlaufen ist. Das eigene Ethos hat sich in meiner familiären Genesis mit meiner existentiellen Opposition zu jenem fremden Ethos ausgebildet. Ich stehe dafür ein, kann es aber und muss es auch nicht „argumentativ" bekräftigen. Personal-diagnostisch schreibe ich mich in das Segment von Besonderungen ein, die ich als solche des „Typus" signiere. Die „Ethik ohne Imperativ" ist im Blick auf ein spezifisch anderes soziopersonal-kommunikatives Umfeld gemünzt, das sich nicht mehr in den Kanon der traditionellen Moralkultur fügt und für sich keine Propaganda macht.

Etwas mehr von dieser praxisanalytischen Sicht auf die Modalitäten der ethischen Kommunikation bringe ich zur Sprache, wenn ich mit einem Auszug aus dem Ethikbuch die Überlegungen zum Problem der „Willensfreiheit" erörtere.

6. Zu einer geschichtlichen Ortsbestimmung der Gegenwart

Als man 1985 den vierzigsten Jahrestag des Kriegsendes beging, drängte es mich dazu, den Rückblick mit dem Versuch zu einem Vorblick zu verbinden. In dem kurzen Zeitungsaufsatz, mit dem ich die anschließende Textdokumentation beginne, richtete ich den Vorblick schon nicht mehr auf die Staatenwelt, die sich zu dieser Zeit ja noch im „kalten Krieg" befand, sondern auf die „moderne Zivilisation" und ihre Dynamik. Ich schaute darauf, wie sich in der Welt ein „Gedränge zum besseren Leben" (unter anderem) in einer „kleinen Völkerwanderung" auswirkt, und darauf, dass die „Entwicklung der Unterentwickelten" zu einem „Nest schwierigster Probleme" geworden ist. Der kalte Krieg, heißt es weiter, dreht sich eigentlich nicht mehr um die Art der Gesellschaftsordnung, sondern geht darum, wie frei jeder der beiden Super-Nationalstaaten „über unbestimmt viele Hilfsquellen in der Welt verfügen kann, um das Zivilisationsgleichgewicht zu wahren oder erst zu erreichen". Und schließlich bekommen wir hier in unserem „Zivilisationstreibhaus" zu spüren, dass die „Bewegung des sozialen Aufstiegs" nicht unbegrenzt weitergeht. Der Schluss lautet: „Der Krieg ist entschieden ... Der Frieden ist aber noch nicht gewonnen. Auf der nicht ‚höchsten', sondern tiefsten und breitesten Ebene ist er nach meinem Dafürhalten eine Frage das aktiv herzustellenden Zivilisationsgleichgewichts."

Noch konnte man annehmen, der weltweite Zivilisationsprozess verlaufe so, dass die „unterentwickelten" Länder ihren Rückstand nach und nach, auch mit Hilfe der entwickelten Länder aufholen würden. Inzwischen hat sich die Lage, wie in der Geschichte üblich, mehrfach kompliziert. Wie in der westlichen Imperialgeschichte kommen auch hier nicht nur die zivilisatorisch produktiven, sondern auch aggressiv-antagonistische Kraftkontingente nach vorn und werden für ihre Region oder auch regionen-übergreifend bestimmend. Im Blick haben konnte man es vorher schon, doch eklatant wurde es mit dem Groß-Attentat von New York am 11. September 2001. Es war auch ein Anstoß für das Geschichtsdenken, und ich schrieb noch im selben Jahr für eine der Zeitschriften meiner Wahl einen Kommentar, der in der folgenden Dokumentation nachgedruckt ist. Um den Casus auf einer höheren geschichtlich-theoretischen Stufe zu behandeln überschrieb ich den Aufsatz mit der Signatur „Politikum Zivilisation" und stellte es gleich mit dem Untertitel in Frage, dass man nun einen „Weltkampf gegen den Terrorismus" ausruft. Ich richtete sogleich einen Blick darauf, wie ein solches neues Welträtsel neue Ideologisierungen hervorzutreiben pflegt, die eine ideative Überhöhung der eigenen und eine plakative Reduktion der fremden Sache verfügen. Als diese Reduktion schied ich die Parole „Internationaler Terrorismus von vornherein aus der ernsten theoretisch-geschichtlichen Betrachtung aus und bekräftigte meine Entschiedenheit, eine „Maßeinheit" für die historische Betrachtung in Ansatz zu bringen: den in der Überschrift angesetzten Titel „Zivilisation".

Was für mich in den zurückliegenden Jahrzehnten westlicher wie auch und östlicher Situationswahrnehmung zum Focus der geschichtlichen Optik geworden ist, wurde danach in den Studienjahren wirksam bekräftigt durch die Beschäftigung mit dem Geschichtsdenken von Arnold Toynbee, über das ich mein erstes historisches Seminarreferat hielt. Toynbee hat die *Zivilisationen* als angemessene *unit of historical study* deklariert, wie auch andere zeitgenössische Autoren (so Norbert Elias oder Darcy Ribeiro) den „Prozess der Zivilisation" ins Zentrum gerückt haben. Ich möchte dem Rechnung tragen, indem ich (wie weiter oben angezeigt) in einer noch etwas erweiterten Lesart die *„sozial-zivilisatorische Mobilisationsdynamik"* zur Leitlinie für ein Verständnis des modern-imperialen Zeitalters mache. Im Blick darauf habe ich auch die Prozessformel der „materialistischen Geschichtsauffassung" revidiert. Deren positive Formel lautet ja: „Auf einer gewissen Stufe ihrer Entwicklung geraten die materiellen Produktivkräfte des Gesellschaft in Widerspruch mit den vorhandenen Produktionsverhältnissen ..., innerhalb deren sie sich bisher bewegt hatten. Aus Entwicklungsformen der Produktivkräfte schlagen diese Verhältnisse in Fesseln derselben um. Es tritt dann eine Epoche sozialer Revolution ein."[32] Die – kürzeste und erweiterungsfähige – Gegenformel für den regressiven Parallelfall könnte dann lauten: „Wenn im Zuge der hochindustriellen Reichtumsproduktion in einem relevanten Volksteil Ansprüche auf ein besseres Leben wach und virulent werden, die das reelle Maß dieser Reichtumsproduktion und eines billigen Anteils an ihr übersteigen, tritt eine Phase der sozialen Übermobilisation ein, in der sich die akquisitiven (oder ,requisitiven') Mehr-Ambitionen politokratisch korporieren, militarisieren und in gewalttätige Kollisionen stürzen."[33]

Im Aufsatz von 2001 resümiere ich: „Die Weltkriegsepoche war ein Lehrstück über die Verspannungen und Brüche der modernen Industriezivilisation im Prozess ihrer weltweiten Ausbreitung. Das besondere Lehrstück, das uns Sowjetkommunisten und Nationalsozialisten in ihrem ,Kampf um die Zivilisation' vermittelt haben, dürfte sich als ein Präludium zu einigen Erfahrungen erweisen, die wir mit der weiter gehenden Ausbreitung der modernen Zivilisation in einigen ,Schwellenländern' erleben." Im Ethikbuch von 1987 hatte ich bereits gemeint, „dass nach Jahrzehnten einer fast ununterbrochenen Prosperität die Vorboten einer tiefer greifenden Zivilisationskrise zu erkennen" seien – „kaum weniger, aber nicht mehr". Ich zeigte an, was nach meinem Dafürhalten das kar-

---

[32] MEW Bd. 13, S. 9.
[33] Epochenphänomen Marxismus, S. 174.

dinale Defizit unseres Zivilisationsbetriebs ist: ein Defizit an „Kompetenzen einer kooperativen Koordination".[34] Da ich keine utopische Projektion kultiviere, geht der Prospekt über eine solche Ortsangabe und Artbestimmung nicht weit hinaus und begnügt sich mit wenigen „Analogien der Erfahrung" geschichtlicher Prozesse. Von den paar Texten aus dem neuen Jahrhundert ist der eine, der von den New Yorker Anschlägen ausgelöst und „Politikum Zivilisation" überschrieben ist, im Anhang nachgedruckt.

Nach den „abgewickelten" Fetischbegriffen aus der Zeit des kalten Krieges sah ich sogleich die Gefahr, dass die geflügelte Rede „internationale Terrorismus" die Nachfolge angetreten hat. Das ist ein Reflex von schwer Getroffenen, doch kein Aufschluss über den geschichtlichen Vorgang, dessen aggressiv-zerstörerische Spitze solche Kommandounternehmungen sind, die ja auch für ihre Akteure schwere Opfergänge sind. Eine mehr in die Tiefe und Breite gehende Überlegung dürfte ergeben: Der Hintersinn jenes scheinbaren Kampfes gegen die Zivilisation ist vielmehr in einem Kampf *um die Zivilisation* zu sehen. Es geht um ein Mehr von jener höheren Zivilisation, die der Westen den Nachdrängenden vor Augen führt. „Noch aber zeigt die westliche Zivilisation einigen Ländern das Bild einer Zukunft, die ihnen versperrt zu bleiben droht. Das Bild jener Zivilisation vor Augen kommen sie an ihrer überhohen Schwelle zu Fall."

In manchen vorausgegangenen Betrachtungen habe ich es beklagt, dass unsere Vorleistungen für das Sich-Zusammenfinden eines *zivilisationspolitischen* Forums oder Konsiliums noch kaum zu erkennen sind. Ich erinnere an einen 1984 erschienenen Aufsatz von Eugen Kogon, dessen Fazit lautet: „Unsere Zivilisation wird sich entweder ändern oder wir gehen an ihr zugrunde." In dem anvisierten Konsilium wäre unter anderem zu bedenken, mit welchen ihrer Attribute und Maßbestimmungen diese Zivilisation universell werden kann und mit welchen nicht. In einem Aufsatz, der hier nicht nachgedruckt ist, bemerke ich ironisch, dass solche Vorüberlegungen zur Lage der Zivilisation uns ein wenig von unseren hiesigen Verteilungskampf-Suppen weglenken könnten. Die Zivilisation ist ein Politikum, „doch gibt es bis jetzt kein Medium oder auch nur ein konzeptives Netzwerk einer integralen Zivilisationspolitik".

---

[34] Ethik ohne Imperativ, S. 226.

III. Anhang:
Ausgewählte Texte zu den Hauptarbeiten

Die meisten Texte sind den Schlüsselbegriffen meiner Hauptarbeiten zugeordnet: Dem Geschichtsdenken allgemein, dem deutschen Historikerstreit, der Sowjetgeschichte, der Historik, der Ethik und dem Verständnis der Gegenwart.

Einige Male fand ich es angebracht, den Texten eine Einleitung vorauszuschicken. So dem zweiten Textbeitrag zu den heftigen Geschichtsdebatten, die in jüngster Zeit bei uns ausgefochten worden sind, dem sogenannten Historikerstreit. Dessen nur annähernd vollständige Bibliographie verzeichnet für die Jahre 1987/88 nicht weniger als 1200 Titel. Davor steht jedoch ein 1985 zum 40. Jahrestag des Kriegsendes erschienener Zeitungsaufsatz mit der Titulatur „Krieg und Nachkrieg", mit dem ich meine Textfolge eröffnen möchte.

Erstes Thema:

Krieg und Nachkrieg

Fast ein Geschichtswunder – 40 Jahre ziviles Leben

Mit der Zukunft sind wir inzwischen etwas geduldiger geworden. Umso ungeduldiger anscheinend mit der Vergangenheit Es kann gar nicht genug kalendarische Erinnerungsanlässe für Retrospektiven geben. Ohne die runden fünfzig abzuwarten, hat sich schon von langer Hand eine bis ins Weltpolitische gehende Betriebsamkeit auf den 8. Mai 1985 hin entfaltet. Pessimisten mögen diese Faszination damit in Zusammenhang bringen, dass man sich schon wieder in einer Vor- oder Zwischenkriegszeit fühlen kann (was aber eher Anlass für eine Verdrängung dieses ominösen Rückblicks wäre). Möchte man nicht eher eine hohe Genugtuung darüber empfinden, dass wir – anders als nach dem ersten Krieg, als schon nach anderthalb Jahrzehnten der Kurs auf den zweiten festgelegt war und weitere fünf Jahre danach die militärischen Einmärsche begannen – nun schon so lange (sogar ohne einen Friedensvertrag und trotz der alten/neuen militärpolitischen Spannungen) uns eines friedlichen, zivilen Lebens erfreuen können – und was für eines Lebens noch dazu!

Nach dem deutsch-französischen Krieg von 1870/71, aus dem das neue, deutsche Kaiserreich hervorgegangen war, lebten unsere Altvorderen schon einmal in einem Wirtschaftswunderland, und für einen auserlesenen Teil war es kurz die *belle époque:* Nach vier Jahrzehnten stand man im Vorfeld des Weltkriegs, den vorausblickende Köpfe schon zu Beginn als höchstwahrscheinliche Konsequenz aus der Art des Friedensschlusses mit Frankreich hatten kommen sehen. Der Weltkrieg, der 1914 entbrannte, stellt sich uns im Rückblick wohl schon als ein einziger dreißigjähriger Krieg von 1914 bis 1945 dar, mit einer längeren Kampfpause zur Auffrischung-Umgruppierung der Kräfte. Auch hier hatte sich die Fortführungs-Konsequenz den Klarsehenden, und noch viel sinnfälliger als damals 1871, im Friedensschluss von 1919 offenbart. Unsere Nachkriegszeit bemisst sich mit ihren vier Jahrzehnten jetzt schon so, dass sich daneben die beiden Weltkriegsphasen mitsamt der Zwischenkriegszeit schon als eine deutlich kürzere Zeitstrecke ausnehmen. Eben das wirkt in einer Zeit, der man gern ihre „Schnellebigkeit". nachsagt, wie ein großes Geschichtswunder. Um so mehr, wenn man bedenkt, wie ungleich schwerer als im ersten Krieg die Menschenverluste, Zerstörungen, Gebietsverwerfungen und Vertreibungen des zweiten Krieges gewesen sind.

Wie das alles gewesen ist, davon haben uns Zeitzeugen und Historiker inzwischen ein riesenhaftes, nicht mehr zu bewältigendes Fakten- und Datenmaterial zusammengetragen. Kann man heute aber schon eine bündige Antwort auf die andere Frage geben: *was es eigentlich gewesen ist?*

Das mag noch immer vermessen erscheinen, gleichwohl möchte ich eine vorsichtige Annäherung versuchen und wenigstens eine zentrale Grundlinie nachzeichnen.

Der Weltkrieg des 20. Jahrhunderts, so möchte ich es als befremdliche These formulieren, war trotz Kaiser und Zar kein dynastischer Krieg, sondern einer, der von breiten und zuletzt noch breiterer Volkskräften getragen war, vom Bürgertum bis weit in die Schichtlage der „kleinen Leute" hinein. Der zweite Krieg wäre geradezu als ein Volkskrieg zu bezeichnen. Der Krieg entstand, indem eine breite Massenmobilisation von Volkskräften für ein besseres, reicheres und ansehnlicheres Leben – zur Sonne, zur Freiheit, zum Lichte empor, hin zu einem Platz an der Sonne – stellenweise (und am meisten in Europas Mitte) an eine Engstelle und in ein Gedränge geriet, in eine Reibungshitze höheren Grades. Die Zivilisations- und Sozialdynamik der Industrialisierung war es, zu der diese Massenmobilisation gehörte. Aus dem 19. Jahrhundert bewegten sich gleich zwei solcher Großkontingente von Hoch-Mobilisierten ins 20. Jahrhundert hinein: Die Sozialbewegung der Arbeiterklasse, die zunächst einen geradezu sozialrevolutionären Charakter anzunehmen schien, drängte in ihrem Streben *zur Sonne und Freiheit* gegen die besitzenden Klassen an, die es ihrerseits auch schon – und daraufhin noch mehr – drängte, und zwar hinaus in die weite Welt, zu den *Plätzen an der Sonne*, an denen sich jedoch viele andere bereits dicht drängten. Und zudem drängelten sich auch noch viele von weiter unten in diese Klasse der Besitzenden hinein.

Ganz soviel Sonne und Freiheit konnte die Industriezivilisation in dieser zweiten großen Wachstumsphase nicht gleich bereitstellen. In der Morgenröte des bürgerlichen Zeitalters hatten seine Vordenker noch gemeint, die Kriegsdynamik sei einzig eine Angelegenheit der über den Völkern thronenden Dynastien, nicht Sache der arbeitsamen Bürger. Republiken aus gleichberechtigten Bürgern könnten nicht auf die schiefe

Bahn kriegerischer Eroberungen geraten, weil Erfolg und Risiko in keinem Verhältnis zueinander stünden. Diese hoffnungsfrohe Erwartung hat das bürgerliche Zeitalter nach dem Aufkommen einer „großen Bourgeoisie" gründlich dementiert. Im gleichen Maße wie das Staatswesen hat sich auch die Kriegsdynamik demokratisiert. Selbst der „proletarische" Volksteil, der zunächst außerhalb der Bürgergesellschaft stand und im Klassenkampf gegen diese zur Sonne, zur Freiheit und zum Lichte empor zu gelangen trachtete, wurde zunehmend in die Selbstbehauptungs-Gemeinschaft der Nation hineingezogen. In dem demokratisierten Weltkrieg des 20. Jahrhunderts verknüpften zahllose Bürger auf allen Seiten ihren kämpferischen Einsatz unter Todesgefahr in den „Stahlgewittern" frohgemut oder verbissen mit den persönlichsten Ambitionen eines besseren, ansehnlicheren, bedeutungsvolleren Lebens. Das Dabeisein in einer solchen Epoche der Weltgeschichte hatte viele Facetten, ordinäre oder erhabene.

Unser historisches Geschick und Missgeschick lag bekanntlich darin beschlossen, dass die Nation der Deutschen verspätet in eine weite Welt hinausstrebte, in der andere (selbst viel kleinere) Nationen die Sonnenplätze mit ihren ausgedehnten Kolonialreichen schon bis auf kümmerliche Reste besetzt hatten. Große Kolonien zu haben galt vor hundert Jahren noch immer als ein Ausweis von Reichtum und Weltgeltung.

Nach dem Scheitern von 1918 fraßen sich die Leidenschaften bei uns in einer Weise fest, dass der Anlauf zu einer zivilen Gesellschaft nicht gegen die verbitterte Kriegergesellschaft aufkam.

Im Wirbelsturm der Wirtschaftskrise gab sich das Volk der „jungen Soldaten" (wie es sich in einem Kampflied besang) die neue, disziplinierte Formationsgestalt, in der es alsbald das Ringen erneut aufnahm und damit in die katastrophale Endrunde von 1945 geriet. Bevor die „nationale Revolution", die bekanntlich eine breite plebejische Basis hatte, zum Sturm auf die gesamte umliegende Staatenwelt antrat, focht sie noch einen inneren Bürgerkrieg aus, durch den sie die konkurrierende sozialreformerische und sozialrevolutionäre Volksbewegung zur Sonne und Freiheit, die sozialistische Arbeiterbewegung, gewaltsam aus dem Felde schlug und zudem auch den Volksteil jüdischer Abstammung. Ideologie hin und her, mittels dieses Ausscheidungskampfes waren für die Sieger recht zahlreiche Plätze an der Sonne neu zu besetzen, Amtsstuben wie Geschäftsetablissements.

In alledem kann man, der harten Substanz nach, die besonderen Komplikationen und Friktionen der Zivilisationsdynamik einer Industriegesellschaft sehen, deren Reichtumsproduktion längst nicht ausreicht, um allen ohne empfindliche Ausnahmen ein besseres Leben zu eröffnen. Das große Geschichtswunder, von dem ich eingangs sprach, besteht unter diesem Blickwinkel kurz darin, dass jetzt auf einmal alles, wonach man auf den Wegen der Machtrivalität, der Verdrängung von Konkurrenten, des Erwerbs von Kolonien und der Errichtung eines Großreiches durch Niederwerfung der näheren und ferneren Nachbarn trachtete, durch friedliche und eifrige Arbeit bei maßvoller Anstrengung zu haben war, und dazu noch vieles mehr. Alle Produktionsgüter der Welt sind jetzt, wenn man es richtig angestellt hat, für gutes Geld zu haben, auf dem heimischen Warenmarkt oder an Ort und Stelle. Eine riesige zivile „Mot-Einheit" aus Touristen schwärmt – statt mit dem SPW (Schützenpanzerwagen) – mit privatem PKW in aller Herren Länder. So wurde der Frieden zur Fortsetzung des Krieges mit anderen Mitteln.

Nach zwei Nachkriegsjahrzehnten konnte man aufatmend sagen: Es ist erreicht! Was der sterbende Faust zu sehen wünschte, „solch ein Gewimmel", ein freies Volk auf freiem Grunde – eine neue Massenbewegung des Eigenheimerwerbs hat auch ‚das in Erfüllung gehen lassen.

Eigenartigerweise sind wir aber nach eben diesen zwei Nachkriegsjahrzehnten, als man aus der Grundstimmung „Wir sind wieder wer" die Nachkriegszeit für beendet erklären wollte, dennoch nicht in einer entlasteten, sich selber selbstverständlich gewordenen Positivität des Daseins angelangt. Uns ist auf mehrfache Weise bewusst geworden, dass die „moderne Industriegesellschaft", wie sie sich in einigen Prototypen (wie auch im „Modell Deutschland") zur Schau stellt, auf eine alte und neue Weise „prekär" existiert. (Das lateinische Wort *precarius* besagt nach Langenscheidt: „bittweise, auf Widerruf gewährt, von der Gnade oder Willkür anderer abhängig, daher unsicher, unbeständig, vorübergehend".)

Was hat sich gezeigt?

• In anderen Weltgegenden kommt das heftige Gedränge zum besseren Leben jetzt erst richtig in Gang. (Etwas davon bekommen die Kolonial-Metropolen, und auch wir als die Betreiber einer neuen Arbeitskräfte-Kolonie, in Form einer kleinen Völkerwanderung ins eigene

Land.) Die Entwicklung der „Unterentwickelten" ist zu einem Nest schwierigster Probleme geworden.

- Der „Ost-West-Konflikt", der sich vielen anfänglich als ein „ideologischer" um die kapitalistische (unternehmer-marktwirtschaftliche plus mehrparteien-parlamentarische) oder sozialistische (staats-planwirtschaftliche und parteistaatliche) Ordnungsgestalt für die moderne Welt darstellte, offenbart jetzt mehr und mehr seinen Pudelkern: Nach dem Zusammenbruch der alteuropäischen Mittelstaaten-Imperialismen ringen jetzt die (wie auch immer strukturierten) Machteliten der Super-Nationalstaaten darum, wie frei jede über unbestimmt viele Hilfsquellen in der Welt verfügen kann, um ihr Zivilisationsgleichgewicht zu wahren oder erst zu erreichen, ihre innere Bewährungsbalance in Ordnung zu halten oder in Ordnung zu bringen: Halte, was du hast, und erlange, was dir noch fehlt. Hiroshima und Nagasaki hatten ihre besondere „Rationalität" nicht als besiegelnder Schlussakt, sondern als ein Voraussignal.
- Und endlich mussten wir erfahren, dass auch in unserem heimischen Zivilisationstreibhaus die Bäume nicht in den Himmel wachsen, sondern irgendwann an die Decke stoßen. Vom Wirtschaftswachstum lebt nicht nur die fortlaufende Aufbesserung der Einkommen, sondern zumal die massenhaft gewordene Bewegung des sozialen Aufstiegs. Einige Turbulenzen in dieser Bewegung wurden schon im Studentenprotest wirksam, und jetzt ist an vielen Stellen ein Rückstau eingetreten.

Das Nachspiel:

Die hedonistische Fortsetzung des heroischen Krieges ist sichtlich noch nicht der Weisheit letzter Schluss gewesen. Meine Betrachtung hat zu ihrem Leitfaden einen Inbegriff von *Zivilisationsdynamik,* also die Verläufe der Leistungs- und Güterströme mit ihren Effekten von Befriedungen und Beunruhigungen. Die Nachkriegszeit brachte eine Befriedung durch vielfältige Befriedigungen. Damit ist ein exemplarischer Nachweis dafür erbracht, dass so etwas prinzipiell nicht unmöglich ist. Noch nicht aber ist erwiesen, dass wir es in unserer jetzigen Lebensverfassung schon unwiderruflich erreicht hätten. Wie die moderne Welt von den fortgeschrittenen Zentren her zu einem regulierten Zivilisationsgleichgewicht mit hinreichenden, jedoch nicht überstrapazierten Toleranzen finden kann, ist die offene Frage. Dass unser Nachkriegs-Parteiensystem inzwischen einen inneren „Kontrapunkt" erhalten hat, ist zunächst vielleicht mehr etwas von der Krankheit, was sich schon für die Heilung hält, der Vorverweis auf das Fällige: auf eine kompetente zivilisationspolitische Öffentlichkeit, welche die Wege einer vernünftigen Selbstregulierung eines noch sehr seinen Automatismen überlassenen Zivilisationsprozesses erkundet und erprobt,

Der Krieg ist entschieden, und wir müssen nicht einmal sagen, wir hätten ihn auf die alte, gewöhnliche Art „verloren", wie noch 1918. Der Ausgang von 1945 hat uns auch vom Alpdruck eines ganzen eisernen Zeitalters befreit. Der Frieden ist aber noch nicht gewonnen. Auf der nicht „höchsten", sondern tiefsten und breitesten Ebene ist er nach meinem Dafürhalten eine Frage des aktiv herzustellenden Zivilisationsgleichgewichts.

Nürnberger Zeitung, 4. Mai 1985

Zweites Thema:

Den Nationalsozialismus historisch denken

Zur Einstimmung. Anders als so viele Zeit- und Altersgenossen hatte mich der Nationalsozialismus ideell und emotionell nicht in seinen Bann gezogen. Nur als Vier- bis Fünfjährigen haben mich im heimatlichen Flößerdorf an der Rodach vor 1933 die Aufmärsche der Braun-Uniformierten fasziniert. Als die Familie 1934 ins Bayreuther Land umzog, trat die eingangs geschilderte Konstellation ein, dass unser Pfarrhaus zum geistigen Gegenpol des Schulhauses mit seinem nationalsozialistischen Ortsgruppenleiter wurde und die ganze Familie das Hitler-Regiment innerlich ablehnte. Erst als ich 1938 nach Regensburg ins Gymnasium kam, war ich in meinem Schülerheim für Jungvolk und Hitlerjugend kaserniert und empfand diese Dienstverpflichtung als drückend, den bald beginnenden Eroberungskrieg als ein schreckliches Unheil. Zum Kriegshilfsdienst als Flakhelfer herangezogen, war ich von der überwältigenden Mächtigkeit der alliierten Luftflotte so fasziniert, dass ich in wenigen Urlaubszeiten gewissenhaft mit ihren Hoheitszeichen bemalte Holzmodelle der viermotorigen Bomber anfertigte, die noch erhalten sind. Als ich einmal im Flakfernrohr einen schon abfliegenden britischen Lancaster-Bomber betrachtete, der von den Flak-Scheinwerfern eingefangen seine Bahn zog, dachte ich, er habe es geschafft; doch plötzlich explodierte nahe seinem Rumpf eine Granate, und er stürzte steil in die Tiefe. Als er in einem Feuerball aufschlug, empfand ich eine Trauer um die Menschen, die es so ereilt hat. Ich erfüllte zwar alle mir auferlegten Pflichten, war aber innerlich nicht dabei und konnte einen deutschen Sieg nicht wünschen, und dem zu gewärtigenden Ende mit Schrecken und Strafe sah ich gefasst entgegen.

So gab es nach 1945 für mich nicht das Problem, über den Untergang der Reichs-Herrlichkeit hinwegzukommen. Es war nur ein geschichtsdenkerisches Problem, einen angemessenen *historischen Nenner* für den grandiosen Vorgang zu finden. Als zum 40. Jahrestag des Kriegsendes mein Kriegs-und-Nachkriegs-Text erschien, hatte zu demselben Anlass auch der namhafte Münchner Zeithistoriker Martin Broszat im *Merkur* sein „Plädoyer für eine Historisierung des Nationalsozialismus" veröffentlicht, das ich wie eine Offenbarung begrüßte. Ich schrieb ihm gleich, wie lebhaft ich seiner Sichtweise beipflichte – und dieselbe Historisierung ebenso für den Sowjetsozialismus an der Zeit fände. Gesagt und getan – ich setzte mich daran, den Vorsatz auszuführen und dem „Merkur" meinen Entwurf vorzulegen. Dort hatte man aber auf absehbare Zeit keinen Platz dafür, und erst nach längerer Zeit fragte mich ein Kollege, ob ich nicht für die *Universitas* etwas schreiben könnte. Ich schickte mein Manuskript „Zur Historisierung des Sowjetsozialismus" dorthin, und es erschien gedruckt gerade noch vor der Abdankung dieses Sozialismus im Juli-Heft 1989. In den Historikerstreit, wie ihn J. Habermas im Juni 1986 mit seinem „Zeit"-Aufsatz eröffnet hat, hätte sich meine Historisierung des Sowjetsozialismus ebenso wenig eingefügt wie Habermas die Intention des Plädoyers von Broszat teilt.

So habe ich es dann auch sehr bedauert, dass die angesagte „Großdiskussion" das Format der Problemstellung von Broszat bei weitem nicht erreichte, und ich referierte in meinem Diskussionstext mehrere von Broszats Hauptgedanken. Als es der Piper-Verlag schließlich übernahm, die Geschichtskontroverse zu dokumentieren, geschah dies mit einem äußerst einengenden Untertitel: „Die Dokumentation der Kontroverse um die Einzigartigkeit der nationalsozialistischen Judenvernichtung".

Als ich in der „Nürnberger Zeitung" meinen ersten Beitrag zu der Geschichtskontroverse vorlegte, setzte ich mit der Überschrift den Akzent auf die „Moral der Geschichte". Das war nicht eigentlich mein Hauptproblem, doch darauf hatte sich bei den Angreifern schon ein besonderer Eifer gerichtet. Ich dachte bereits daran, dass ich zu einer geschichtstheoretischen Hauptverhandlung ansetzen müsste, die den verborgenen „Hintersinn" solcher Kontroversen um die Vergangenheit zum Thema haben müsste. Dazu nahm ich später die Gelegenheit mit meinem Abschlusstext zum Historikerstreit, den ich an übernächster Stelle wiedergebe. In einem meiner Voten monierte ich es: „Wo öffentliche Dispute um die Vergangenheit entbrennen, haben sie immer eine ‚Stellvertreter'-Funktion für etwas Gegenwärtiges, für das noch kein deutlicher Nenner gefunden ist." Ich ironisierte den Streit mit der Überschrift „Ein Geisterkampf um Gut und Böse".[35] Doch so viel Sinn für das Hintersinnige hatten die Streitenden nicht. Mein Hintergrundproblem war und ist, wie der Versuchung zu kurzschlüssiger Moralisierung des Geschichtlichen eine weitläufige Historisierung des Moralischen entgegenwirken könne. Eine solche Sentenz konnte ich im Aufsatz natürlich nicht

---

[35] So in dem Magazin „PflasterStrand" Nr. 299 (13./26.10.1988).

breiter entwickeln. Das hatte ich inzwischen aber mit meiner *Ethik ohne Imperativ* unternommen, die 1987 veröffentlicht wurde. Ich weiß sehr wohl, dass die deutschen Bildung nach der Katastrophe von 1939/45 sehr entschieden zur moralischen Weltanschauung zurückgekehrt ist. An die Stelle einer Ethik des moralischen Bewusstseins eine nicht mehr moral-konfessionelle Ethik des Ethos treten zu lassen ist ein ideologie-dynamisch höchst gewagtes Unterfangen. Ich werde nur einige Aspekte dieses „Paradigmenwechsels" in dem Aufsatz „Reflexionen über politisches Ethos" zur Sprache bringen.

Auf den ersten Beitrag zum Historikerstreit lasse ich gleich ohne Erläuterungen die Kritik folgen, die ich rund zwei Jahre später an dem Vorgang geübt habe. Veröffentlicht ist sie in Nummer 40/41-88 der Beilage.

Aus Politik und Zeitgeschichte
der Wochenzeitung *Das Parlament.*

Erster Text:

Die Moral der Geschichte

Zum Disput über die Vergangenheit, die nicht vergehen will

Eine „Großdiskussion" nennt der Zeithistoriker K. D. Bracher den neubelebten Disput um die deutsche NS- Vergangenheit inzwischen schon. Die Frankfurter Römerberg-Gespräche im Juni hatten einen neuen Anstoß gegeben, indem sie eben diese Vergangenheit, die auch nach über 40 Jahren „nicht vergehen will", auf ihre Tagesordnung setzten. Der Disput gewann auch gleich volle Schärfe, als die Rede von Ernst Nolte, die dort „nicht gehalten werden konnte" als Aufsatz in der FAZ erschien. Um die gleiche Zeit erschien im Siedler Verlag ein Essay-Bändchen von Andreas Hillgruber über „*Zweierlei Untergang*": Über den militärischen Zusammenbruch des Deutschen Reiches 1944/45 und über den Mord an den europäischen Juden. Diese und noch ein paar andere Historiker-Äußerungen forderten den Sozialphilosophen Jürgen Habermas dazu heraus, in der „ZEIT" eine scharfe „Kampfansage" gegen „revisionistische Tendenzen" in der deutschen Zeitgeschichtsschreibung zu publizieren. Habermas argwöhnt, derartige „Revisionen" des

Geschichtsbildes verfolgten die Absicht, den Bundesdeutschen ein ruhiges geschichtliches Gewissen zu verschaffen, ihnen die moralische Hypothekenlast aus jener schrecklichen Vergangenheit von den Schultern zu nehmen, so dass sie wieder ungebrochen ja zur deutschen Geschichte sagen können – zu einer Geschichte, die sich von derjenigen anderer Nationen gar nicht so „grundsätzlich" unterscheidet. Ein neuerliches und abschließendes „Aufrechnen" also – mit dem Ergebnis: Nun sind wir aber quitt, einen Schlussstrich darunter, und mit neuer Unbefangenheit heran an die Aufgaben, vor die uns die Selbstbehauptung der westlichen Welt angesichts der handgreiflich-gegenwärtigen Bedrohungen von heute und morgen stellt? Ist das der Tenor der anstehenden Geschichtsrevision? „Eine Art Schadensabwicklung" – so hat Habermas seinen Aufsatz vom 11.07. überschrieben, und unter demselben Datum erschien in der FAZ bereits eine scharfe Replik. Die Kontroverse nahm ihren Lauf.

Worum geht es? Zunächst um einiges Vordergründige, allzu Vordergründige, das in den bisherigen Stellungnahmen unverhältnismäßig viel Raum in Anspruch nimmt: die Frage, ob die Untaten der NS/SS-Gewaltherrschaft nicht doch so „einzigartig" sind, dass sie „unvergleichbar" neben allen anderen Schrecklichkeiten der älteren und jüngeren Weltgeschichte dastehen. Wenn von „Einzigartigem" die Rede ist, richten sich alle Blicke auf den Massenmord an den europäischen Juden, für den oft das einzige Wort „Auschwitz" steht. Es gilt weithin als die Quintessenz der NS-Epoche im Ganzen. Doch der moralische Ernst dieses Gedenkens kann zweifelhaft werden, wenn Auschwitz für manch einen das einzige ist, das von alledem in der Erinnerung haften bleibt. (Und steckt nicht in dem Wort von der „Einmaligkeit" ungewollt das Beruhigende, dass etwas „Vergleichbares" dann auch nicht wiederkehren wird?) Sollte man nicht meinen, dass die Gewaltgeschichte unseres Jahrhunderts auch ohne Auschwitz schon furchtbar, genug war? – die Sowjetunion hat 20 Millionen Menschen verloren! E. Nolte jedenfalls dringt darauf, dass nicht nur das eine „Einzigartige", sondern das Ganze von Vernichtungspolitik in unserer Zeit zum Thema wird. Liegt darin die höhere Moralität im Verhältnis zur NS-Vergangenheit beschlossen, dass jemand von der Einzigartigkeit und Unvergleichbarkeit dieses eindeutigsten Kriegsverbrechens überzeugt ist?

Damit sind wir bei dem eigentlichen Problemkern, um den es geht: der Frage nach dem *moralischen* Urteil über die NS-Vergangenheit, und der nach der moralischen „Hypothek", die auf den Erben Hitlers und Himmlers lastet. J. Habermas macht sich zum Anwalt des Reiches der Moralität in der Provinz der Geschichte, darum besorgt, dass die dortigen Provinz-Statthalter dem höchsten Recht der Moral Abbruch tun könnten. Die eine Hauptkritik zielt auf den Historiker A. Hillgruber, der sich mit den ethischen Antinomien der „heillosen Situation" *1944/45* an der Ostfront vor Ostpreußen abmüht und ein wenigstens partikulares ethisches Recht für diejenigen geltend macht, die um des Überlebens der ostdeutschen Zivilbevölkerung willen die Ostfront noch ein wenig zu halten versucht haben. Die andere zielt auf E. Noltes Versuch, einen genealogischen Zusammenhang zwischen der früheren sozialen Vernichtungspolitik der bolschewistischen Revolution und der späteren, biologisch definierten Massenvernichtung der Nationalsozialisten plausibel zu machen, sogar durch die Person von Hitler hindurch. Damit, so Habermas, verlieren die Nazi-Verbrechen ihre Singularität, und sie erscheinen als Reaktion auf vorausgegangene Untaten derselben Art. „Auschwitz schrumpft auf das Format einer technischen Innovation und erklärt sich aus der ‚asiatischen' Bedrohung durch einen Feind, der immer noch vor unseren Toren steht." Darin erblickt Habermas die Quintessenz des „Revisionismus" eines Nolte und Hillgruber: dass sie sich „von dem Impuls leiten hassen, die Hypotheken einer glücklich entmoralisierten Vergangenheit abzuschütteln".

Wer hier in der Sache und Person gegen Person „recht hat", will ich nicht weiter verhandeln. Inzwischen hat in der FAZ Joachim Fest den Streit um die ominöse „Einzigartigkeit" mit einem Tatsachenaufgebot zu entscheiden gesucht. Die nahezu verabschiedete „Totalitarismus"-Theorie, die ja immer schon einen gemeinsamen Nenner für Kommunismus und Faschismus geboten hat, meldet sich mit K. D. Bracher neuerlich zu Wort. Doch alles, was auf eine „historische Komparatistik" der Menschenverachtung zielt, erreicht nach meinem Dafürhalten noch nicht das Terrain, auf dem neue Erschließungen für unser historisches Bewusstsein anstünden: das Terrain einer wirklichen „Historisierung" von Nationalsozialismus und Sowjetkommunismus, ihre Einordnung in die Gesamtgeschichte ihrer jeweiligen historischen Räume und die wechselseitigen Durchdringungen und Kollisionen zwischen ihnen. Darauf werden wir dann noch zu sprechen kommen. Dass der Disput sogleich zur Fehde zwischen Matadoren geraten ist, geht wohl auf die ungerechten Vergröberungen von Habermas zurück. Er mag damit „ins Schwarze" irgendwelcher Alte-Kameraden-Ressentiments treffen, mit Nolte und Hillgruber jedoch hat er die Adressaten verfehlt.

Nun war für die „Großdiskussion", die sich da entzündet hat, eigentlich schon von langer Hand ein weit größeres Format als das einer Fehde angesetzt: Martin Broszat, der Münchner Zeithistoriker, hat zum 8. Mai 1985 im „Merkur" (Heft 435) ein „Plädoyer für eine Historisierung des Nationalsozialismus" vorgetragen, das sich jeder Interessierte anhören sollte. Man wird Broszat wahrscheinlich zum „Obergutachter" bestellen müssen, wenn man in der Sache weiterkommen will. An den Aufsatz von Broszat schließt sich übrigens auch Habermas an, obwohl sich dabei die Linien schon wieder etwas verschieben.

„Das Besondere an unserer Situation", schreibt Broszat, „ist die Notwendigkeit und zugleich Schwierigkeit, den Nationalsozialismus in die deutsche Geschichte einzuordnen." (Das ist es, was mit „Historisierung" gemeint ist, nicht das Ablegen im historischen Archiv.) Noch größer aber dürfte dabei die andere Schwierigkeit sein, für das „moralische" Urteil über den Nationalsozialismus einen neuen Bezugsrahmen zu finden. „Das zur Stereotypie verflachte Diktum der 'nationalsozialistischen Gewaltherrschaft' kann wohl nur durch stärker differenzierende Einsicht auch moralisch neu erschlossen werden." Was dieses „Moralische" angeht, so konstatiert Broszat ganz nüchtern eine Sachlage, die im Lauf der vier Jahrzehnte entstanden ist. Der Nationalsozialismus hatte immer als Negativ-Maßstab der politischen Erziehung figuriert, als Gegenmodell von Recht, Freiheit und Friedensordnung. Jedoch: „Dem steht gegenüber, dass die Moralität der Betroffenheit von der NS-Vergangenheit sich mittlerweile stark erschöpft hat. Sie hat durch neue weltgeschichtliche Gewalt- und Katastrophenerfahrungen an Singularität eingebüßt und ist inzwischen vielfach zu einem etablierten Set ebenso risikoloser wie vager Gesinnungsbekenntnisse ohne moralische Kraft geworden." Der Name „Auschwitz" kommt in dem Aufsatz von Broszat kein einziges Mal vor, und dies gewiss nicht darum, weil es nicht wesentlich wäre. Doch Auschwitz ist nicht der Angelpunkt für die historisch-ethische Auseinandersetzung mit dem Phänomen Nationalsozialismus – es ist ein Gipfelpunkt der Menschenverachtung, den der nationale Egozentrismus in einem eng abgezirkelten Kreis der Führungsschicht (und gegen das übrige Volk sorgsam abgeschirmt) erreichte, als man sich in die ungewisse Ungeheuerlichkeit des Angriffs auf Sowjetrussland stürzte. Die Vernichtung der europäischen Juden ist etwas wie ein eisiger Gipfel, der herausragt aus einem Gebirgsmassiv, das sich über einem weiten Hochplateau erhebt. Es kostet wirklich das ernsteste Nachdenken, wo wir die Zentralfelder für so etwas wie die „ethische Urteilsbildung" über die NS-Epoche finden oder ansetzen.

Wie der Nationalsozialismus ein Gliedstück in unserer jüngeren Geschichte ist, das erschließt sich nicht „von oben nach unten", von einer Führungsideologie zu ihren wirklichen oder vermeintlichen Ausführungs-Konsequenzen hin, sondern umgekehrt „von unten nach oben". Es begann damit, dass aus dem 1. Weltkrieg heraus enorme soziale Schubkräfte in hochnervös politischer Gestalt sich durch die Nachkriegszeit hindurch bewegten und dann in der Wirtschaftskrise einen höchsten Massierungsgrad erreichten. Broszat verweist darauf, „wie unterschiedlich das politisch-soziale Profil der NSDAP von Fall zu Fall war ... und wie sehr der Führerwille von oben nur in Bewegung setzen konnte, was unten sehr konkret motiviert war durch Zum Teil schon lange aufgestaute, infolge der Wirtschaftskrise aber reizbarer, abrufbarer gewordener sozialer Ängste und Veränderungsungeduld." Von der „vagen populistischen Attraktivität des Nationalsozialismus" ist die Rede, und dann von den „tausendfachen kleinen und großen Führerpositionen", die das Dritte Reich zu vergeben hatte, Spielräume, „in denen ‚junge dynamische Kräfte aus dem Mittelstand sich im harten Konkurrenzkampf mit anderen „Führern" bewähren, ihre Energie durch Improvisationsfähigkeit erfolgreich einüben konnten". Den Bewegungskern freilich bildeten die harten Typen einer aus den „Stahlgewittern" heraus in ein Vakuum geratenen Kriegergesellschaft. Die Entschlossenheit zur Wiederaufnahme des abgebrochenen Krieges ist weit mehr als der ideologische Antisemitismus die Seele der NS-Bewegung. E. Nolte gab zu bedenken, dass der Antisemitismus auch ein Seitenzweig des Antikommunismus sein könnte.

Unter dem Blickwinkel der „Bewegung" erschließt sich der Nationalsozialismus weit eher als unter dem der ideologisch zementierten Gewaltherrschaft einer sozialgeschichtlichen Betrachtung.

In seinem Aufsatz nimmt J. Habermas ganz im Vorbeigehen darauf Bezug, dass sein anderer Kontrahent, Michael Stürmer, sich für die Frage interessiere, wieweit der 2. Weltkrieg der Krieg Hitlers gewesen sei, und wieweit ein Krieg des deutschen Volkes. Damit beschäftigt er sich nicht weiter, sondern kommt gleich auf A. Hillgrubers Prüfung der Verantwortlichkeiten für die „Endlösung" zu sprechen, wo sich ja wieder die Frage stellt, wieweit sie von Teilen der Nation mitgetragen war. Hillgruber spricht vom Führungsentschluss über die Ermordung von über fünf Millionen Juden, von denen, die zur Ausführung des Verbrechens dienstbereit waren, von der „Hinnahme des zumindest geahnten grauenhaften Geschehens durch die Masse der Bevölkerung". Dass unter zivilisatorischen Bedingungen des 20. Jahrhunderts so viele Menschen dafür zu gewinnen waren, andere Menschen nahezu teilnahmslos umzubringen, empfindet Hillgruber als das Beunruhigendste, und als das „am tiefsten Erschreckende" den Anteil humanistisch gebildeter Akademiker wie des Dr. Mengele am Vernichtungswerk. Nun aber nimmt Habermas Diskurs eine unglaubliche Wendung. Auf einer Nebenlinie moniert er, dass Hillgruber anthropologisch statt sozialwissenschaftlich nach Deutungen ausschaut. Auf der moralischen Hauptlinie der Verhandlung geht es bei Habermas aber so weiter: Er setzt an bei der Tatsache, dass die Masse der deutschen Bevölkerung stillgehalten hat; und nun zu dem, was Hillgruber damit macht: „Freilich wäre das Ziel der mühsamen Revision gefährdet, wenn dieses Phänomen am Ende doch noch einer moralischen Beurteilung ausgeliefert werden müsste. An dieser Stelle bricht deshalb der narrativ verfahrende Historiker ... ins Anthropologisch-Allgemeine aus." Das heißt klipp und klar: Hillgruber muss, um seiner revisionistischen Absicht willen, einer moralischen Stellungnahme ausweichen. Denn, so heißt es weiter unten, er ist (wie Nolte) von dem Impuls geleitet, „die Hypotheken einer glücklich entmoralisierten Vergangenheit abzuschütteln".

Moralisches Sondergericht

Hier offenbart sich eine Art Zwangsvorstellung des historischen Moralismus: Das Moralische kann für Habermas nur Sache eines Sondergerichts sein, dem die Beschuldigten in aller Form überstellt, „ausgeliefert" werden müssen. Dass sich die amoralische Verstocktheit eines Historikers ausgerechnet am eindeutigsten aller denkbaren Fälle, an dem der Judenvernichtung offenbaren könnte, ist „a priori" schon eine abenteuerliche Annahme. Und dann speziell A. Hillgruber. Er spricht von Mord, von Verbrechen, äußert sich beunruhigt und tief erschrocken. Muss man dann noch fragen, wo denn die moralische Beurteilung bleibt? Eine lebendige historische Darstellung hat, wenn sie, nicht einem soziologisch „restringierten Code" folgt, in ganz ausgezeichneter Weise die

Möglichkeit, zusammen mit dem Handlungs- und Leidensgeschehen auch das hohe, mittelmäßige oder gemeine Ethos der beteiligten Figuren und Formationen so eindringlich hervortreten zu lassen, dass Moralität und Humanität danach keinen eigenen Gerichtshof nebst besonderem Auslieferungsverfahren mehr nötig haben. Überhaupt hat Humanität ihren angemessenen Platz am ehesten unaufdringlich „zwischen den Zeilen" eines historischen Texts, der aus dem Ethos des betreffenden Historikers lebt. (Hillgrubers Abhandlung ist übrigens ein Referat von einer Fachtagung.)

Worauf will Habermas mit seinen moralistischen Monierungen hinaus? Er sieht (im Einklang mit M. Broszat) sehr wohl ein, dass eine „kurzatmig pädagogisierende Vereinnahmung einer kurzschlüssig moralisierten Vergangenheit" (jener von Vätern und Großvätern) nicht das Wahre sein kann. Es wäre „also eine schmale Zone zwischen dieser kurzschlüssigen Morallisierung und jener „Entmoralisierung" zu besetzen, die Habermas seinen Kontrahenten unterstellt. Darüber erfahren wir in dem Aufsatz nichts Hilfreiches. Vielleicht geht es gar nicht um eine Zwischenzone von moralischer Urteils-Gerichtsbarkeit, sondern um etwas ganz anderes?

M. Broszat fragte ja nach einer moralischen Neuerschließung durch differenzierende historische Einsicht („Einsicht" ist bekanntlich nicht nur Wissen und Rationalität); und er denkt an eine „Hinwendung zur Authentizität und Konkretheit des Moralischen auch in der Geschichte". Der Versuchung zu kurzschlüssiger Moralisierung des Geschichtlichen liefe dann eine weitläufige Historisierung des Moralischen entgegen. Moral und Geschichte, Moral und Politik – das ist immer schon eine schmerzlich-leidvolle Konjunktion gewesen. Die traditionelle Moralität stammt aus den sozialen Kleinräumen von Familie, Nachbarschaft, Freundschaft, und ihr Raum reicht allenfalls noch so weit wie eine staatlich-rechtlich geordnete Staats- und Staatengemeinschaft in Friedenszeiten. Das *factum brutum* des Krieges war und blieb ihre Grenze, an der sie ohnmächtig trauernd stehen bleiben musste. Nun sind wir mit unserer traditionellen Moralität geschichtlich in einer Grenzzone angelangt. Die Bildungskräfte einer zivilen Gesellschaft haben im 20. Jahrhundert noch einmal einen furchtbaren Rückschlag erlitten. Sie sind auch jetzt noch lange nicht „über den Berg". Doch es gibt inzwischen eine breite Basis, vielleicht schon eine tragfähige Mehrheitsbasis für ein *ziviles Ethos*, das sich vor dem Ethos der archaisch-modernen Kriegergesellschaft nicht mehr von vornherein geschlagen geben muss. Dieses lebendig-praktische Ethos – und nicht ein abstrakt-übergeschichtliches „Moralprinzip" zur Be- und Verurteilung vergangener Geschichten – ist der Bezugsrahmen für eine entschiedene Abstandnahme von der Gewaltgeschichte jener Vergangenheit, die in der Tat noch nicht vergangen, sondern noch Gegenwart ist.

Darin ist J. Habermas zuzustimmen, dass diejenigen Deutschen auf dem Weg zur zivilen Gesellschaft in unserem Land weitergekommen sind, die ein gebrochenes, depotenziertes Verhältnis zu ihrer angestammten nationalen Identität, zu ihrem „Deutschtum" gewonnen haben. Nur halte ich es für eine recht seltsame Umschreibung, wenn Habermas sagt, hier seien nationaler Stolz und kollektives Selbstwertgefühl „durch den Filter universalistischer Wertorientierungen hindurchgetrieben" worden. Ist dieser bescheidene Gewinn an „Weltbürgerlichkeit" damit historisch richtig eingeordnet, wenn man darin (mit Habermas) ein Anzeichen dafür sieht, dass „wir" also eine „Chance, die moralische Katastrophe auch bedeuten konnte, nicht ganz verspielt haben"? Erst nach – *und durch* Auschwitz, meint Habermas, habe sich in der Kulturnation der Deutschen eine „in Überzeugungen verankerte Bindung an universalistische Verfassungsprinzipien" bilden können. Die moralische Katastrophe als moralische Katharsis? Indessen, dass Auschwitz es erwirkt haben und noch weiter befördern könnte, die Nachkriegsdeutschen ehrbarer werden zu lassen als vordem die Kriegsdeutschen es waren, das wäre füglich zu bezweifeln. Es könnte sein, dass für ein „Weiterkommen" die anhaltende moralische Betroffenheit nicht mehr ausreicht, wenn sie nicht durch ein *historisches Begreifen* dessen eingeholt wird, was da in unserem Jahrhundert geschehen ist, zumal durch ein Begreifen der breit gelagerten „sozialen Schubkräfte", die durch die NS-Zeit hindurch bis in unsere Gegenwart wirken.

Quelle: Nürnberger Zeitung, 20. September 1986
Nachgedruckt in: *„Historikerstreit". Die Dokumentation der Kontroverse um die Einzigartigkeit der nationalsozialistischen Judenvernichtung.*
Piper, München Zürich, 1987.

Zweiter Text:

Zur Kritik des Historikerstreits

Schon die Benennung wurde für viele zum Stein des Anstoßes, und man fasste das Wort wie mit der Pinzette an, garnierte es mit den ominösen „Gänsefüßen": Der Disput von *1986/87* sei eigentlich gar kein Historikerstreit gewesen. Bei der Namengebung scheint der Wunsch der Vater des Gedankens gewesen zu sein: Lasst die Historiker einmal richtig über die „apologetischen Tendenzen" in ihren Reihen streiten! So trifft am ehesten vielleicht der Titel „ZEIT"-Historikerstreit zu.

Wenn man die Streitsache bedenkt – die „Vergangenheit, die nicht vergehen will"–, ist auch gar nicht so recht einzusehen, warum darüber partout in einem zünftigen Streit der *Historiker* verhandelt werden sollte. Denn die Historiker, so sagte ihr Verbandsvorsitzender Christian Meier, sind zwar für die Geschichte zuständig, nicht aber ebenso speziell und professionell für deren Gegenwärtigkeit.[36] Eben um diese Gegenwärtigkeit, die das Vergangene für die Nachwelt behalten hat, geht es in diesem jüngsten Streit um das deutsche Geschichtsbewusstsein.

Geschichtsbewusstsein ist mehr als nur Geschichtswissen und Geschichtsbild. Vielmehr geht es um bestimmte wesentliche Bedeutungsbezüge, die eine Gegenwart mit näheren oder ferneren Abschnitten ihrer Vorgeschichte verbinden. Die geschichtlichen Haupttatbestände sind dabei meistens in prägnante Formeln gefasst, in Schlüsselworte, die Schlüsselereignisse benennen sollen. So sind jetzt aufs neue die wesentlichen Bedeutungsgehalte, Folgelasten und Konsequenzen der deutschen NS-Vergangenheit zum Problem geworden. Schon vor dem Disput von 1986/87 war von verschiedenen Seiten geäußert worden, dass eine Neuorientierung in unseren historischen Begriffen von der

---

[36] H.-U. Wehler macht die Annahme, dass aus einer wissenschaftlichen Aufschließung vergangener Geschichte zusammen mit größerer Klarheit über unsere Herkunft auch mehr Klarheit in der Orientierung über den „Weg vor uns" kommt (Deutsche Gesellschaftsgeschichte, Bd. 1.5. 20). Kaum anders sieht es Hagen Schulze, wenn er einräumt. die Mitteilungen der Geschichtswissenschaft könnten „politische Konsequenzen haben", woraus die Frage nach der „politischen. Verantwortung des Historikers" erwächst: „Welche politischen Folgen ergeben sich aus den Konstruktionen und Interpretationen der Historiker, und welche Folgen darf man wollen?" (Historikerstreit, S. 147). K. Hildebrandt gibt der Sache mit einer Aufsatz-Überschrift gar eine dramatische Wendung: „Wer dem Abgrund entrinnen will, muss ihn aufs genaueste ausloten" (Historikerstreit, S. 281). 40 Jahre nach Auschwitz. Deutsche Geschichtserinnerung heute, München 1987 S. 11.

deutschen NS-Vergangenheit vonnöten sei. Der Zeithistoriker Martin Broszat plädierte dafür, das Verständnis des Nationalsozialismus zu „historisieren". Das bedeutet zum einen, dass wir von einer national- und monumentalgeschichtlichen Vergegenwärtigung des nationalsozialistischen Diktatur- und Kriegsstaates zu einer sozialgeschichtlichen Einordnung des Nationalsozialismus in einen weiter gefassten Epochenzusammenhang und zu einem tieferen Verständnis der „sozialen Schubkräfte" gelangen, die ihn zu einer breiten Volksbewegung hatten werden lassen: und zum anderen bedeutet es, den Schritt von einer demonstrativen Behandlung des Nationalsozialismus als (negativem) „Lehrstück" zu einem *historischen Begreifen* zu gehen.

Der Historikerstreit hat jedoch mit Jürgen Habermas „Kampfansage" in der „ZEIT" erst einmal eine ausgesprochen *unhistorische* Richtung eingeschlagen. Als Diskussionsvorlage diente ein recht zufälliges Arrangement aus aphoristischen Äußerungen von vier Autoren, die in diesem Arrangement noch mehr fragmentiert zu Wort kamen. Statt der „Ausschau nach dem Ganzen" wurde fortan ein Hantieren mit Bruchstücken charakteristisch für den Gang der Verhandlung. Statt um den geschichtlichen Ort und Inhalt des Nationalsozialismus ging es vordringlich um „zweierlei Untergang" und „zweierlei Vernichtungspolitik". An die Stelle eines Bemühens um Zusammenschau traten Exerzitien des Taxierens und Vergleichens. Kein Wunder, dass manche Historiker sich nur ungern oder überhaupt nicht in den Streit hineinziehen lassen mochten. Statt einer historischen Einstellung dominierte weithin eine sozusagen „geschichtsjuristische", justizielle Befassung mit Delikten und Verbrechen zu dem Behufe, Verursachungsanteile als Schuldanteile akkurat zurechnen zu können. Ein „negativer Nationalismus" hielt die Fragestellung in den Perspektiven nationaler Partikularität gefangen – ein neuerlicher ideologischer Sieg des Nationalstaates über das weltbürgerliche Geschichtsdenken. Ausgeblendet blieb bei all dem kriminalistischen Eifer ein Aspekt, unter dem sich eine aufgeklärte Sicht der geschichtlichen Dinge ganz besonders zu bewähren hätte: der Aspekt einer epochalen *Pathologie des Sozialen,* wie sie sich dem Blick des Psychoanalytikers erschließt.

Dabei wäre es im Zuge einer *sozialgeschichtlichen* Neuerschließung des Nationalsozialismus als Volksbewegung gerade eminent wichtig, nicht aufs neue nur die „Einzigartigkeit" der ungeheuerlichsten Gewaltverbrechen zu beschwören, sondern den fatalen Zusammenhang aufzudecken, der mehr indirekt und über mehrere Stufen vermittelt von etwas ganz Gewöhnlichem und nur graduell Besonderem zu dem Ungewöhnlichen, Unerhörten und Einzigartigen hingeführt hat. Letztlich war es ja ein massenhaftes und überaus impulsives Streben nach einem besseren, ansehnlicheren Leben, das da in mörderisch-zerstörende Gewalt umgeschlagen ist. Der vieldiskutierten „Dialektik der Aufklärung" wäre eine „Dialektik des guten Lebens" an die Seite zu stellen, als ein Stück „Selbstaufklärung der Moderne".

Weil der Historikerstreit von 1986/87 so sehr hinter die gestellte Aufgabe zurückfiel, hieß es dann, er sei wohl ein Ereignis gewesen, aber kein *geistiges*; neue Einsichten habe er nicht gebracht. Was für ein Ereignis war er? Zumindest eines in den Gefilden unserer „politischen Kultur, genauer: in der Kontakt- und Durchdringungszone, in der sich ideenpolitisch engagierte Wortführer der „politischen Klasse" mit politiknahen Wortführern des Wissenschaftsbetriebs begegnen, meistens säuberlich nach Fraktionen sortiert. Unter den Klimabedingungen, die jetzt allgemein in dieser Zone herrschen, hat der Streit jedoch ganz erheblich gelitten.

Weil er aber immerhin ein Ereignis war und neue Aufmerksamkeit auf seine unerledigte Aufgabe gelenkt hat, möchte ich im Rahmen einer Methodenkritik an diesem Historikerstreit einige Orientierungsfragen des Geschichtsbewusstseins aufnehmen und die Probe darauf machen, ob man ihre Diskussion nicht vielleicht in einer anderen Klimazone – im Raum einer kritisch-nachdenklichen Öffentlichkeit – und in einem anderen Stil fortführen könnte.

Meine Kritik – sie kommt aus der „Philosophen-Ecke" – wird nicht zuletzt zu monieren haben, dass der Historikerstreit so *unphilosophisch* und überhaupt *untheoretisch* ausgefochten wurde. Mit Grund hat wiederum Christian Meier (einen Gedanken von Joachim Fest fortführend) daran Anstoß genommen, wie eilfertig man bei uns Gedanken „grundsätzlich unter Vollstreckungsverdacht setzt. Man möchte mit Adorno-Horkheimer hinzufügen: als seien sie die Praxis unmittelbar. „Wir nehmen sie, schreibt Meier, „zu wenig intellektuell, dafür rasch moralisch."[37] Unter diesem „Fetischismus" und dieser Missdeutung hatten im Histo-

_____

[37] Ebd., S. 50. Theodor W. Adorno/Max Horkheimer: Dialektik der Aufklärung. Frankfurt 1986, S. 261. Fragment „Der Gedanke". Der Satz lautet: „Man wird für den Gedanken zur Rechenschaft gezogen, als sei er die Praxis unmittelbar."

rikerstreit zumal die reflexiv verschlungenen Gedanken von Ernst Nolte zu leiden.[38]

So wird es im folgenden darum zu tun sein, den Raum für eine sehr betont *theoretische* Vorverhandlung von Fragen des Umgangs mit der deutschen NS-Vergangenheit auszuloten. Das soll namentlich in diesen drei Arbeitsschritten geschehen: einem geschichtsphilosophisch-erkenntniskritischen, einem politikphilosophischen und einem moralphilosophischen.

Fällig ist jetzt also ein Plädoyer dafür, die öffentliche Geschichtsbild-Debatte zurück auf die Hauptlinie zu bringen – und möglichst auch an einen Verhandlungsort jenseits der Fronten des „Europäischen Bürgerkrieges (dessen Ende zu denken, nicht seine Fortsetzung mit anderen Mitteln zu planen, das Anliegen von E. Nolte ist). Auf die Hauptlinie – das heißt: auf den Weg eines *historischen Begreifens der epochalen Grundkräfte* unseres Jahrhunderts.

Bei der Rede von einer „Vergangenheit, die nicht vergehen will denkt man vor allem an das unheimliche Nachleben, das die Hitlerzeit in unserer geschichtlichen Erinnerung führt. Wenn es heißt, dass wir so oder so mit dieser Vergangenheit „umgehen", möchte man mehr daran denken, dass sie in uns und unter uns „umgeht". Indessen gibt es auch in der geschichtlichen Wirklichkeit das Weiterwirken einer Vergangenheit, die noch nicht vollends Vergangenheit geworden ist – also in unserer Nachkriegsepoche eine Fortsetzung von Dynamismen der Weltkriegsepoche „mit anderen Mitteln" und in anderen Medien. Der höhere Sinn einer neuerlichen geschichtlichen Besinnung könnte darin liegen, auf eine gebührend behutsame Weise diese „Dialektik" von Kontinuität und Bruch, von Bruch und Kontinuität zwischen unserer Herkunftsgeschichte und unserer Gegenwart zu bedenken und zu ergründen.

---

[38] E. Nolte hat es seinen Kritikern einigermaßen schwer gemacht, aber sie machten es sich daraufhin umso leichter. Ein Teil ihrer Verzeichnungen geht darauf zurück, dass sie Noltes Aussagen über bestimmte Bewusstseinslagen umstandslos in umfassend gemeinte Tatsachenbehauptungen umgedeutet haben. Eine andere Sinnverfehlung liegt darin, dass man verknüpfende Interpretationen als Rechtfertigungen aufnahm und moralisch qualifizierte: An Auschwitz sei, Nolte zufolge, Stalin schuld gewesen. Der von Nolte verwendete Begriff „kausaler Nexus kann niemals eine vollständige Hervorbringung meinen.

I. Verfassungsfragen des Geschichtsbewusstseins

Der „Historikerstreit" kann reichlich Anlass zu einer tieferen Besinnung darüber geben, was sich überhaupt im Raum eines „Geschichtsbewusstseins" abspielt, wie sich darin Elemente eines Wissens über Vergangenes mit dem gegenwärtigen Befinden und Treiben der Menschen verschränken, die da „geschichtsbewusst" mit der Vergangenheit „umgehen" (oder in denen die Vergangenheit „umgeht").

Die Kontrahenten des Streits selbst haben sich allerdings recht wenig auf Reflexionen dieser Art eingelassen. Michael Stürmer erneuerte mit leichter Hand die alte Ansicht, aus vergangener Geschichte ließen sich Lehren ziehen, ja die Geschichte verheiße darüber hinaus sogar einen Zuwachs an „Identität". Jürgen Habermas und andere argwöhnten, damit sei der Geschichte die Rolle eines „Religionsersatzes" zugedacht und die geschichtliche Erinnerung überhaupt „funktional" als eine Zweckveranstaltung installiert: „ein Geschichtsbild herausstellen, das dem nationalen Konsens förderlich ist".[39] Das hätte einer Klärung bedurft – die blieb jedoch aus, und Habermas setzte zu seinem Gegenzug an, ein Konzept für den, „öffentlichen Gebrauch der Historie" zu umreißen. Was zeigt aber schon die Rede von einem „Gebrauch" der Historie an? Was besagt die Versicherung, die NS-Periode werde sich nicht mehr als ein „Sperriegel querlegen", wenn wir sie als einen „Filter betrachten, durch den die kulturelle Substanz, soweit diese mit Willen und Bewusstsein übernommen wird, hindurch muss"?[40]

Was für „Funktionen" der historischen Erinnerung kommen bei solchem „öffentlichen Gebrauch" ins Spiel? Alles bei Habermas weist darauf hin, dass es moralisch-kathartische Wirkungen sein müssten. Es geht darum, wie wir einen „nationalen Lebenszusammenhang" fortbilden können. „Nach Auschwitz können wir nationales Selbstbewusstsein allein aus den besseren Traditionen unserer nicht unbesehen, sondern kritisch angeeigneten Geschichte schöpfen" – keine „Identifikation mit ungeprüften Vorbildern"![41] Ungeprüft bleibt hier jedoch, warum (und wem eigentlich) es heute so sehr darauf ankommen muss, aus Traditionen früherer Geschichte partout ein „nationales Selbstbewusstsein" her-

---

[39] „Historikerstreit". Die Dokumentation der Kontroverse um die Einzigartigkeit der nationalsozialistischen Judenvernichtung, München 1987, S. 63.
[40] Ebd., S. 249.
[41] Ebd., S. 248 f.

auszufiltern. Und hätte eine „Identifikation" mit „kritisch geprüften" Vorbildern einen höheren Sinn? Alles zusammen sieht wiederum sehr nach einem „funktionalen" Verständnis von Geschichtserinnerung als *Traditionsaneignung* aus – nur nicht als Religionsersatz installiert, sondern als „moralische Veranstaltung". Daraufhin wäre ganz grundsätzlich zu fragen: Was kann überhaupt die Zuwendung zu vergangener Geschichte bringen – an Einsicht, Identität. Humanität – und wo kommt es zur Überstrapazierung des historischen Bewusstseins?[42]

Geschichtliche Identität und historische Kommunikation

„Der Umgang mit Geschichte", schreibt Thomas Nipperdey, „hat Bedeutung für das Leben, er hat mit unserer Identität zu tun."[43] Nun wäre es aber wichtig, von welcher Art diese Identitäts-Bedeutung ist, wie die Verbindungslinien vom Leben her und zum Leben hin verlaufen. Nach all diesen neuerlichen Bemühungen, dem „Umgang" mit Geschichte einen (nur verschieden interpretierten und gewährleisteten) politisch-kulturellen „Gebrauchswert" nachzusagen und abzugewinnen, wäre doch einmal entschieden anzuzeigen, was *jeden* „öffentlichen Gebrauch der Historie" suspekt macht.

Der „identitätsbildnerische" und belehrende Umgang mit dem Vergangenen hat eine alte Tradition. Die Institutions-Pragmatiker, am *output* orientiert, haben mit der Geschichte schon immer weit mehr und sehr viel mehr Praktisches im Sinn gehabt als eine bloße symbolische Spiegelung des Vergangenen im Gegenwärtigen: etwas an volkspädagogisch nutzbarem *Know-how,* an Gefahrenerkennung und Orientierungssicherheit. Sie denken immer zuerst an die vermeintlichen Wirkungen und Folgen, die richtige (oder zweifelhafte) historische Anschauungen

---

[42] H.-U. Wehler macht die Annahme, dass aus einer wissenschaftlichen Aufschließung vergangener Geschichte zusammen mit größerer Klarheit über unsere Herkunft auch mehr Klarheit in der Orientierung über den „Weg vor uns" kommt (Deutsche Gesellschaftsgeschichte. Bd. 1.5. 20). Kaum anders sieht es Hagen Schulze, wenn er einräumt, die Mitteilungen der Geschichtswissenschaft könnten „politische Konsequenzen haben", woraus die Frage nach der „politischen Verantwortung des Historikers" erwächst: „Welche politischen Folgen ergeben sich aus den Konstruktionen und Interpretationen der Historiker, und welche Folgen darf man wollen?" (Historikerstreit, S.147). K. Hildebrandt gibt der Sache mit einer Aufsatz-Überschrift gar eine dramatische Wendung: „Wer dem Abgrund entrinnen will, muss ihn aufs genaueste ausloten" (Historikerstreit, S. 281).

[43] Historikerstreit, S. 217.

haben könnten. Doch auf einen mehr philosophischen Weg kommen wir eher mit der Frage, unter welchen *Voraussetzungen* die historische Kommunikation steht, was vom gegenwärtigen Leben der Menschen in sie einfließt und sich in ihr offenbart. Das Geschichtsbewusstsein ist ein symbolischer Raum, in dem sich an der Materiatur von Vergangenem auf eine oft nur sehr subtile (also nicht grob-sinnfällige) Weise zu erkennen gibt, zu welchem Stand sozialer Umgangskultur im Kleinen wie im Großen es die betreffenden Menschen in ihrer eigenen Lebens- und Bildungsgeschichte gebracht haben. Wenn es immer wieder heißt, die Menschen von heute könnten oder sollten aus der vergangenen Geschichte etwas lernen, so wird sich bei näherem Hinsehen doch erweisen, dass sie im Medium einer *anderen* Geschichte immer nur bekunden können, was sie in ihrer *eigenen,* selbst mitgemachten Geschichte an personalem und sozial-kommunikativem Vermögen erworben haben.

Man möchte gleich die Probe aufs Exempel machen und fragen, welche Besitzstände oder Notstände der politisch-kulturellen Identität sich im Historikerstreit offenbart haben könnten. Habermas hat mit seiner Kritik eine ganz enorme moralisch-praktische Differenz zwischen sich selbst und seinen Kontrahenten aufgerissen: Diese zielten darauf, die deutsche NS-Vergangenheit zu „entmoralisieren" und den altbösen Feind im Osten so nah, groß und gegenwärtig vor uns aufzubauen, dass dahinter jene Vergangenheit verschwindet. – Richten wir nur einen kurzen Blick auf Andreas Hillgruber. Bei ihm zeigt die historische Kommunikation, wie ich meine, in der Tat manche Verzerrung zwischen menschlicher Anteilnahme (die ja das A und O jeder Kommunikation ist) nach der einen Seite und gewissen Äußerungen, die wenig von einem tiefer eindringenden Verständnis erkennen lassen – so, wenn er ganz summarisch von „Racheorgien der Roten Armee" spricht. Für jene Exzesse gibt es einen anderen, mehr komplexen Nenner. Das bedürfte der Diskussion.

Auf welchem Stande historischer Kommunikation aber bewegt sich Hillgrubers scharfer Kritiker Hans-Ulrich Wehler? Wenn ich die Seiten durchsehe, auf denen Wehler die Dinge zurechtrücken will, erscheint die Kommunikation wiederum auf eine andere Weise verzerrt. Es geht um die Kampfsituation an der Ostfront in den letzten Kriegsmonaten 1944/45, und Hillgruber wirbt sichtlich um Verständnis und Anteilnahme für das Schicksal der ostdeutschen Bevölkerung und selbst für die Entscheidung solcher Militärs, die sich jetzt noch der Sowjetarmee entgegenstemmten. Statt von „Anteilnehmen" spricht Hillgruber allerdings von einem „Sich-identifizieren mit ...", was ihm mit Recht als ein unangemessener und unhistorischer Begriff angekreidet worden ist. Wehler macht triftig geltend: Lage, Motive und Handlungsspielräume *aller* Beteiligten (mitsamt überindividuellen Strukturen) seien verstehend zu erschließen, um über eine solche „heillose Lage" (Hillgruber) urteilen zu können.[44]

Wehler selbst führt nun den Fall auf einen Urteilsspruch hinaus, dem ich seinem Inhalt nach nicht widersprechen könnte, den ich aber gleichwohl – und weil es eben ein *Urteilsspruch* ist – als zu „juristisch", administrativ und nicht historisch-kommunikativ empfinde: „Es lag im objektiven Interesse nicht nur aller Insassen der Vernichtungs- und Konzentrationslager... vielmehr der Deutschen insgesamt und aller von ihnen jahrelang mit Krieg überzogenen europäischen Völker, dass dieser Krieg so bald wie möglich ein Ende fand ...: besser ein Ende mit Schrecken als ein weiterer Schrecken ohne Ende. Diese Einsicht mag für manchen Zeitgenossen jener Jahre ... noch immer schmerzlich sein. Aber wer sich gegen sie sträubt und sich mit dem ‚verzweifelten Abwehrkampf' der noch immer nicht zerschlagenen deutschen Kriegsmaschine zu identifizieren empfiehlt, den klagen Abermillionen Tote an ... Wenn schon Identifizierung, dann mit den ‚leidenden Menschen' aller Nationen, die auf ein möglichst frühes Kriegsende, auf den Frieden hofften."[45] Dieser Schluss scheint sich auf dem Höchststand einer weltbürgerlichen historischen Kommunikation zu bewegen – und doch schwingt hier ein Oberton von „Triumphalismus" mit, der noch zu sehr aus der traditionellen „Geschichtsschreibung der Sieger" nachhallt. Eine künftige völkerverbindend geschriebene Geschichte der Weltkriegsepoche wird anders klingen und sich überhaupt jenseits jeder *rechtenden* Historie bewegen. Sie wird nach allen Seiten anteilnehmend schlicht aufzeigen, innerhalb welcher geschichtlichen und ethischen Schranken die einen und die anderen sich bewegt haben. (Schließlich gehört zur historischen Kommunikation auch die Art von Historiker-Kommunikation, für die Wehler ein nicht gerade schönes Beispiel gibt.)

Alles spricht dafür, dass sich die moralisch-praktischen Divergenzen zwischen den streitenden Historikern und Sozialwissenschaftlern in ei-

---

[44] Entsorgung der deutschen Vergangenheit. Ein polemischer Essay zum „Historikerstreit", München 1988, S. 54.
[45] Ebd., S. 55 f.

ner viel engeren Spannweite bewegen als jemals zuvor in der Geschichte der deutschen Gelehrtenwelt.

Vom allzu bemühtem Gebrauch der Historie:
Notiz über forciertes Geschichtsbewusstsein

Ein Geschichtsbewusstsein, das auf den „öffentlichen Gebrauch der Historie" abgestellt ist, ist der Natur der Sache nach ein *forcietes* Geschichtsbewusstsein. Das zeigt sich schon in den Formen, in denen es öffentlich auftritt: als etwas absichtsvoll Veranstaltetes, und es zeigt sich nicht minder in der Manier, wie darin Geschichte als Arrangement von „Lehrstücken" zugerichtet und inszeniert ist. Die Geschichte der öffentlichen Darbietung von Geschichte ist ganz überwiegend eine Geschichte forcierten Geschichtsbewusstseins gewesen. Es ist sozusagen ein Geschichtsbewusstsein unter dem Primat des Nutzwertes und unter dem Druck eines Mangels, der in ihm jedoch nicht behoben, sondern nur ideologisch kompensiert wird. Geschichtskulte (wie jener der Französischen Revolution, des Bismarckreichs, der Hitlerzeit, des Sowjetstaates und der DDR) überkompensieren einen Mangel an gegenwärtiger gesellschaftspolitischer Integration und Konsensualität in dem betreffenden Gemeinwesen; es gibt dafür eine ganze Reihe typischer Konfigurationen. Was sich in solchen Auf- und Umtrieben mit Geschichte „eigentlich" abspielt, ist den beflissenen Veranstaltern stets verborgen – es ist jedenfalls etwas anderes als sie denken und möchten. Unter anderem kehrt sich dabei das Autoritätsverhältnis um: Die Heutigen wenden sich nicht lernend dem Früheren zu, sondern einige von ihnen verfügen oft recht herrisch darüber und traktieren damit die anderen. Lebendiges Geschichtsbewusstsein hingegen ist eine ganz und gar unaufdringliche Sache, etwas selbstverständlich Mitlaufendes. Es ist eine erweiterte, die Zeitgrenze überschreitende Kulturform mitmenschlicher Anteilnahme, so weit sie auf der betreffenden Kulturstufe des Humanen, Personalen und Sozialen eben reicht – und nichts weiter. Lebendig anteilnehmendes Geschichtsbewusstsein ist eine Errungenschaft bürgerlicher Sozial- und Reflexionskultur, Ergebnis ihrer Loslösung vom „Geschichtsgebrauch" der Adelsmonarchie. Mit dem Aufkommen von Nationalstaat, Wirtschaftsgesellschaft und modernem Imperialismus geriet das Geschichtsbewusstsein jedoch bald unter die Last neuer Dienstbarkeiten. Im Historikerstreit wirken diese Verstrickungen der Weltkriegsepoche nach.

Er ist ganz offenkundig eine neuerliche Anwandlung forcierten Geschichtsbewusstseins. So macht er aufs neue die Frage akut, wie und
wo in unserer politischen Kultur sich ein ziviles Geschichtsbewusstsein
nun auch aus den modernen Kollektivzwängen lösen könnte: Wie ist ein
lebendiges Geschichtsbewusstsein als eine universale Kultur erinnern-
der Anteilnahme möglich?[46]

II. Geschichte in der Politik – Politik mit der Geschichte

Dass der „Historikerstreit" im Kern ein Streit um gegenwärtige Politik im
Medium des politisch-historischen Bewusstseins ist, war schon in seiner
Vorgeschichte angelegt: Als ein neues Interesse für Geschichte aufkam,
besetzten einige prominente Politiker (wie F. J. Strauß und A. Dregger)
es sogleich mit markanten Direktiv-Parolen und gaben so zu verstehen,
dass sie mit der Geschichte ein Stück Politik voranbringen wollten. Die
Geschichte der Deutschen wurde unversehens im ganzen zu einem
Politikum, als die neue Regierung mit großen Museumsplänen aufwarte-
te. Ganz elementar folgte der Zeitgeist einem neuen „Trend", und schon
war der Verdacht einer „Ideologieplanung" zur Stelle, mit der man den
Trend „hegemonial" nutzen wolle. In das Zwielicht solcher Planspiele
rückte Jürgen Habermas eine Kollektion von Historiker-Äußerungen, und
der Historikerstreit nahm seinen Lauf in den Geleisen der „politischen
Kultur" des Parteienkampfes. Hans-Ulrich Wehler schildert ihn wie eine
militärisch-strategische Operation: Erst eine ideologische Offensive der
„Wendehistoriker", dann rücken (mit Verspätung) die Verteidiger an und
beweisen auf der ganzen Linie ihre Überlegenheit: Der Angriff ist abgeschlagen, das Bessere hat gesiegt, doch die Angreifer bleiben in unein-
nehmbare Machtpositionen verschanzt.

Es geht nach Wehler um einen ausgesprochen hohen Einsatz, um
nichts Geringeres als um die Verteidigung der Prinzipien demokratischer
Liberalität. rationaler Aufgeklärtheit und selbstkritischer Weltoffenheit auf
dem Felde des Geschichtsbewusstseins, wo die alten Unarten der deutschen Nationalhistorie noch sehr virulent sind. Das wäre nach der

---

[46] Den Raum eines „zweckfrei"-kommunikativen Geschichtsverhältnisses umreißt der
Theologe Jürgen Ebach: „Erinnerung gegen die Verwertung der Geschichte". in: Die
neue deutsche Ideologie. Einsprüche gegen die Entsorgung der Vergangenheit, Hrsg.
W. Eschenhagen, Neuwied-Darmstadt 1988.

„Fischer-Kontroverse" und anderen Episoden nicht verwunderlich – und gerade darum wäre jetzt ernstlich zu fragen: Ist das des Pudels Kern? Eine politische Grob-Interpretation, zu der Jürgen Habermas sich hinrei-ßen ließ, ist eindeutig unzutreffend: Ernst Nolte wolle die Nazi-Verbre-chen als Antwort auf (heute noch fortdauernde) bolschewistische Ver-nichtungsdrohungen verständlich machen und den Blick auf den Feind lenken, der immer noch vor unseren Toren stehe – eine Suggestion, die Noltes Sicht der Dinge genau zuwiderläuft.

Das erste wäre, dass man den Streitgegenstand sehr viel niedriger hängt, ihn im richtigen, kleineren Format sieht und ohne die Aufgeregt-heit des *Hannibal ante portas*. Sodann wäre der Anteil der Regierung an der angelaufenen Geschichts-Betriebsamkeit genauer zu orten und zu taxieren: Dabei dürfte herauskommen, dass diese Betriebsamkeit weni-ger mit einer sonderlichen Schwungkraft der Wende zu tun hat als viel-mehr mit ihren besonderen Schwierigkeiten, Verlegenheiten und Mög-lichkeitsgrenzen. Zum dritten wäre dann zu vermuten, dass die Heftig-keit der Reaktionen von Habermas bis Wehler nicht zuletzt davon her-rührt, dass sich das links-reformerische Lager seit langem selber in einem innerlich kritischen Zustand befindet und an einer Perspektiv-schwäche („Neue Unübersichtlichkeit") leidet. Nur eine arg konstitutions-schwach gewordene Linke konnte von den Diskussionsvorlagen des Historikerstreits fast in Panik versetzt werden. Wenn der Historikerstreit also nicht die Größenordnung eines Kampfes um das politische Be-wusstsein des Bundesbürger (Wehler) erreichen konnte, so ist er in sei-nem kleineren Format doch wenigstens ein aufschlussreiches Moment im „Streit der Fakultäten" – wo er eigentlich hingehört. So wie er thema-tisch inszeniert war, geriet er zu einer notorischen „Stellvertreterdiskus-sion" oder zu einem „Stellvertreterkrieg" (H. Mommsen).

Historikerstreit als Stellvertreterdiskussion

Aus etwas größerer Distanz lässt sich im Politikgehalt des Historiker-streits etwas von der Symptomatik einer Doppelkrise in unseren *beiden* gesellschaftspolitischen Hauptlagern erkennen. Die Schwierigkeit liegt wesentlich darin, wie sich eine aufstiegsgewohnte Gesellschaft unter den Konditionen einer „Begrenzungskrise" (K. Biedenkopf), die inzwi-schen zutage getreten ist, neu orientieren müsste, dabei aber recht schwer tut. Die Geschichte ist wohl darum zu einem Gegenwarts-Politikum geworden, weil man sich nun eingestehen muss: Sie hat uns wieder, wir sind dem Zug des Geschichtlichen nicht entronnen. sind nicht in dem „Verweile doch!" eines progressiven Zustandes angelangt, wo es nur noch „Entwicklung" gäbe. Der Historikerstreit ist symptomatisch für eine Kollision unserer politischen Klasse mit der neu andrängenden Wirklichkeit einer weiter treibenden Geschichte, die sich den eingeübten Methoden von Erfolgs- und Krisenmanagement nicht so recht fügen will.

Das ist das Triftige an Michael Stürmers Botschaft, dass uns eine neue Einstimmung in die Dynamismen von Geschichte abverlangt sei. Indessen, wie er den Geist der Geschichte, die uns erfasst hat, mit Hilfe der Geister vergangener Geschichte zu bannen sucht, hat etwas von Geisterbeschwörung an sich. Symptomatisch dürfte endlich sein, dass der Geschichtsstreit, sofern er eben wesentlich ein Wissenschaftler-Streit ist, seinen gesellschaftlichen Ort in jenem institutionellen Großkomplex hat, der am empfindlichsten unter der neuen Lage der Dinge leidet, darunter, dass der besagte progressive Entwicklungszustand einer „modernen Industriegesellschaft" wieder den Wechselfällen der Geschichte ausgesetzt ist. In den sechziger Jahren war es ja zu einer einzigartigen Durchdringung von Gesellschafts- und (Aus-)Bildungspolitik gekommen, als die Terrassenlandschaft des Bildungssystems zum Aufmarschraum einer auf sozialen Aufstieg zielenden Großmobilisation wurde. Inzwischen ist nahezu alles an Staustufen geraten.

„Die Unklarheit über die Deutschen in der NS-Zeit", bemerkt Christian Meier, „ist zugleich die Unklarheit über uns selber."[47] Und zwar dürfte der Unklarheit über die *Gegenwart* hier die Priorität zukommen. Die neue Irritation des Geschichtlichen, die sich in der Kontaktzone zwischen politischer Klasse und Wissenschaftsbetrieb fühlbar macht, käme dann daher, dass die Wortführer und Vordenker der apparativ-plebiszitären Politik (für die ja immer „alles klar" sein und für ein „weiter so!" sprechen muss) sich die Schwäche einer tieferen geschichtlichen Nachdenklichkeit an den Grenzen bisherigen Wachstums schwerlich leisten können. Kritische Publizisten haben es als die Anwälte der denkenden Öffentlichkeit immer wieder beklagt, wie die Wahlkampagnen der Parteien „an den großen Epochenfragen vorbei" geführt worden sind (Robert Leicht).

---

[47] Nach Auschwitz (s. Anm. 36), S. 84.

Der „Wende" war es beschieden, weiter an der Krankheit laborieren zu müssen, deren Heilung sie sein wollte. Ihr „ordnungspolitischer" Effekt bewegt sich ganz innerhalb der Grenzen des bloßen Verteilungskampfes, der seit langem das A und O unserer Gesellschaftspolitik ist. Nun sollte zur Abwechslung einmal die Probe darauf gemacht werden, was es – nach Jahren einer überproportionalen Begünstigung von Arbeitnehmern und öffentlichem Dienst – bringen könnte, wenn sich größere Handlungsspielräume (Erwerbsmöglichkeiten) für die unternehmerisch Tätigen auftun: Sozialstaat – nun aber auch für Scharen von prospektiven Unternehmensgründern! In „geistig-moralischer" Absicht war unter solchen Klientel-Verhältnissen nicht viel zu bestellen.

Das sozialstaatliche Gegenlager, wieder in die Oppositionsrolle zurückgedrängt, steht, was die geschichtliche Perspektivik angeht, nicht minder prekär da. Es war an die Grenzen einer Reformpolitik gelangt, die nur von den Überschüssen einer florierenden Marktwirtschaft zehrt. Peter von Oertzen hat das recht klar zu Protokoll gegeben: „Mit dem Beginn der Strukturkrise des kapitalistischen Weltwirtschaftssystems ab 1974 sind die ökonomischen und in der Folge auch die gesellschaftlichen und politischen Grundlagen der Reformpolitik zusammengebrochen. ... Zum Gesamtkonzept der Wachstums-, Umverteilungs- und Wohlfahrtspolitik im traditionellen SPD-Stil führt jedoch kein Weg zurück." [48]

Es gehört zu den Merkwürdigkeiten unserer viel beredeten „politischen Kultur", dass in diesem „Reizklima" nicht der große Neubesinnungs-Diskurs an Raum gewinnt, von dem die bessere Publizistik immer wieder träumt und für den sie selber manches gute Beispiel gibt: dafür, wie sich Nachdenkliche aus allen politischen Lagern um eine nüchtern-unbefangene geschichtliche Ortsbestimmung bemühen. Statt dessen entbrennt vielmehr dieser gereizte und gespreizte Historikerstreit, der ganz offenkundig eine Eruption forcierten Geschichtsbewusstseins ist. Eine *Stellvertreterdiskussion* ist der Streit insofern, als durch ihn eine andere Debatte substituiert wird, zu der die politische Klasse mitsamt ihrem wissenschaftlichen Umfeld bis jetzt in geistig-praktischer Hinsicht anscheinend noch nicht hinreichend disponiert ist.

So gehört das Faktum des Geschichtsstreits zu den bedingten Reflexen von Kalamitäten, mit denen sich die politischen Hauptlager von

---

[48] DIE ZEIT, 20.03.1987. S. 8.

Regierungskoalition und Opposition im Spannungsfeld Marktökonomie-Sozialstaat unter dem Druck der „Begrenzungskrise" abzumühen haben. Mit seinen forcierten Stilisierungen und Stückwerk-Montagen ist der Historikerstreit selber ein Dokument der Begrenzungskrise, der Begrenztheit geschichtlicher Situationswahrnehmung.

Streit der Fakultäten und die Begrenzungskrise im
Wissenschaftsbetrieb

Die anhaltende Mittelknappheit trifft einen Institutionenkomplex, der seit den sechziger Jahren auf Stellenexpansion programmiert war; kaum ein anderes Segment der sozialen Aufstiegsmobilisation ist auf einen so großen Zuwachs an selbstdefinierten Positionen (unter ermäßigten Zugangsbedingungen) abgestellt gewesen. Es war abzusehen, dass über kurz oder lang eine heftige Konkurrenz um das Wenige entbrennen und dabei politische Parteiungen bedeutsam werden würden. H.-U. Wehler macht einiges aus diesem Kleinkrieg um wissenschaftspolitische Schlüsselpositionen und aus dem Stellungskampf um die Stellen publik – Stichwort: „neokonservative Machtpolitik". Doch was die Positionsgewinne und -verluste der einzelnen Wissenschaftsfraktionen für den Stand der geistigen und politischen Kultur bedeuten, das lässt sich kaum allgemein, sondern nur uneinheitlich von Fall zu Fall ermessen. Auf die Formel eines Ringens zwischen Fortschritt und Reaktion ist die Affäre schwerlich zu bringen.

In diesem „Streit der Fakultäten" lässt sich namentlich ein Kampf der Geschichte mit den „systematischen Sozialwissenschaften" ausmachen, der in die Historiker-Fakultät selbst hineinreicht; Kurt Sontheimer, Hans und Wolfgang Mommsen haben dazu aufschlussreiche Betrachtungen angestellt.[49] Die geschichtlich nachdenkliche Öffentlichkeit wird es vor allem interessieren, was die historisch-sozialwissenschaftlichen Schulen heute zur Neuorientierung des öffentlichen Geschichtsbewusstseins beizutragen haben, zur geschichtlichen Ortsbestimmung unserer Gegenwart (mit einem langen Blick auf unsere Vorgeschichte im Nationalsozialismus). In der grellen Beleuchtung des Historikerstreits haben die Hauptbeteiligten zuerst einmal ganz vorwiegend die Schwächen und

---

[49] Die Beiträge von H. Mommsen und K. Sontheimer in: Historikerstreit. W. Mommsen bespricht die Orientierungsprobleme der deutschen Geschichtswissenschaft nach 1945 in Heft 5/1987 der Zeitschrift „Liberal".

Unzulänglichkeiten ihres geschichtlichen Orientierungsvermögens offenbart (oder, so gut es ging, verdeckt). Fast möchte man sagen, dass jede Partei in der anderen auch ihren eigenen Mangel bekämpft.

So wäre als ein Fazit festzuhalten, dass die Krise des geschichtlichen Bewusstseins auch im Raum der Wissenschaft eine Parallelkrise ist, von der nicht minder auch die linksliberale Fraktion innerlich (und nicht nur nach Art einer Bedrängnis und Anfechtung von außen) miterfasst ist. Wer gar noch höhere Erwartungen in die („linke") „kritische Sozialwissenschaft" gesetzt hat, wird deren historisches Unvermögen entsprechend strenger beurteilen. Man kann nur sagen: Zum Glück für die neudeutsche Linke steht *nicht* Hannibal *ante portas* – sie stünde ihm so hilflos gegenüber wie einst die alte Linke dem aufsteigenden Nationalsozialismus, den die neue Linke auch heute nicht angemessen in seiner Bedeutsamkeit als populistische Massenbewegung zu begreifen vermag.

Vielleicht stoßen wir hier auf einen tieferen Grund für die Schwierigkeit, historisch mit der Geschichte des Nationalsozialismus umzugehen. Der Grund könnte in einer Befangenheit gegenüber der Massenbasis des Nationalsozialismus liegen, die ja doch notgedrungen auch die Massenbasis der nachfaschistischen Demokratie werden musste. Wie die „Totalitarismus"-Doktrin nach 1945 (nach der treffenden Bemerkung von Christian Meier) den Nationalsozialismus kurzerhand „auf die andere Seite" transportieren und neben dem Kommunismus postieren konnte, so konnten überzeugte Volks- und andere Demokraten ihn als „Eliten"-Phänomen in eine höhere soziale Schichtlage „hinauftransportieren", zwischen Villa Hügel und Wilhelmstraße. Das Irritierende bleibt der Nationalsozialismus als Volksbewegung. Wer hier rechts- oder linkspopulistische Berührungsängste hat, wird weiterhin einen negativen Kult um das absolut Böse in der Vergangenheit treiben, statt das Problematische in der „Verwirrung der Gegenwart" für ein historisches Bewusstsein zu erschließen.[50]

---

[50] Dieses Moment von „Stellvertretung" hat E. Nolte schon in seinem umstrittenen Aufsatz vom Juni 1986 vermutet (Historikerstreit, S. 40).

III. Moralität der Geschichte – Moralität des Erinnerns

Der Historikerstreit bekam seine äußerste Schärfe sogleich damit, dass Jürgen Habermas die historischen Streitfragen ins Moralische wendete. So gewann der Disput etwas vom Pathos einer „moralischen Kampagne" der Einsichtigen wider die Verstockten und Rückfälligen. Die Massivität des Vorwurfs – die Kontrahenten betrieben eine „glückliche Entmoralisierung" der deutschen NS-Vergangenheit – blockierte die durchaus nötige Diskussion über moralphilosophisch unangemessene Positionsbestimmungen (wie Hillgrubers Entgegensetzung von „Gesinnungsethik" und „Verantwortungsethik" oder die Rede von einem „Sich-Identifizieren" der Heutigen mit Handelnden und Opfern von damals); sie verhinderte auch ein tieferes Eindringen in die wirklichen *ethischen Antinomien* bestimmter geschichtlicher Situationen. (Ebenso wenig wie A. Hillgruber kann sein unerbittlicher Kritiker H.-U. Wehler für die Einsätze von 1944/ 45 eine „moralisch saubere" Verhaltenslinie nachkonstruieren.) Abgeschnitten war vorerst überhaupt jede theoretische Auseinandersetzung darüber, welche ethischen, moralischen oder auch moralistischen Positionen zum Nationalsozialismus heute in Ansatz kommen können.

Die moralischen und moralistischen Aufgebote des Historikerstreits machen es überaus dringlich, einige Grundfragen ethischer Theorie, Pragmatik und Diagnostik in ihrem diffizilen Bezug auf die Gewaltgeschichte des 20. Jahrhunderts mit aller theoretischen Strenge neu zu erörtern. Mit Martin Broszat teile ich den Argwohn, dass vieles, allzu vieles an der moralischen Erziehungs-, Trauer- und Sühnearbeit im Blick auf die Groß-Untaten der deutschen NS-Vergangenheit ein kraftloses Ritual darstellt. Es ist schwer zu ermessen, was an wirklicher ethisch-praktischer Kraft jeweils dahinter steht. Gewiss bekundet sich die praktische Moralität auch darin, wie heute jemand mit der geschichtlichen Erinnerung an die Hitlerzeit umgeht. Doch nur sehr selten lässt es sich schon im Groben irgendwelcher historischer Thesen und Gegenthesen dingfest machen, wes Geistes Kind einer ist, der entweder die Einzigartigkeit von Auschwitz bekräftigt oder sie in Frage stellt. Im Historikerstreit gab es nicht wenig an kurzschlüssiger Moralisierung der Streitfragen. Allzu unbedenklich haben die Moralisten eine scheinhafte ‚Gleit-Automatik' von Erklären – Verstehen – Verständlich-finden – Verzeihen – Rechtfertigen in Betrieb gesetzt.

Welche Hauptarbeiten einer ethischen Auseinandersetzung mit der deutschen NS-Vergangenheit kann man heute vor Augen haben? Manche sagen, dass die ethisch-praktische Auseinandersetzung selbst, das moralische Urteil über das Verbrecherisch-Widermoralische des Nationalsozialismus, schon Hauptarbeit genug sei: die ständige moralische Gewissensprüfung der Nach-Hitler-Deutschen, als praktische Voraussetzung dafür, dass sie nicht rückfällig werden. Hängt aber nicht der praktische Sinn dieser Übung zuvor davon ab, wie überhaupt der Ort des Nationalsozialismus in der neuzeitlichen und modernen „Genealogie der Moral" diagnostisch-analytisch zu bestimmen ist – weder zu weit und vage noch zu eng? Beide Mängel kommen zusammen, wenn man allzu direkt nach einem „deutschen Lebenszusammenhang, in dem Auschwitz möglich war", fragt und alles auf den Antisemitismus konzentriert. Die Anfrage ließe sich vielleicht so fassen: Was hat sich im politischen Ethos der europäischen Hauptnationen und insbesondere in dem der Deutschen ereignet, als sie sich zu Beginn unseres Jahrhunderts in eine Weltkriegsepoche stürzten? Und wie haben sich nach dem Krieg von 1914/18 die Energien einer militant-imperialen „Selbstbehauptung" in der deutschen Reichsnation dermaßen aufgeladen, dass der Nationalsozialismus den Weltkrieg auf einer ungleich stärkeren Massenbasis als 1914 wiederaufnehmen und ihn zu einem schrankenlosen Raub- und Vernichtungskrieg steigern konnte? Und wie hat sich das alles zu einem vielfältig gestuften *Ermöglichungszusammenhang* aufgebaut, in dem ein „Staat im Staate", der SS-Staat, seinen besonderen „Vernichtungskrieg im Vernichtungskrieg" führen konnte?

Der Historikerstreit hat die ganze Epochen-Problematik in dem „Einzigartigen" des Ereignisses Auschwitz konzentriert, als könnte sich an dieser stärksten moralischen Herausforderung auch die stärkste Abwehrkraft herausbilden. Darin liegt jedoch manche Fragwürdigkeit, ja sogar eine fragwürdige Art von moralischer Entlastung, so paradox das klingt. Denn gerade hier sind selbst die meisten Hitler-Deutschen nicht wirklich mit dabei gewesen, auch nicht mit ihrer Gesinnung. So vollzieht sich die innerliche Entlastung von Auschwitz leichter als die Entlastung von den „ganz gewöhnlichen", nicht-singulären und massenhaften Rohheiten der kriegführenden Nation. Unterhalb dieses Gewalt-Gipfels erstreckte sich das breite Massiv einer ganz alltäglichen Herrenvolk-Rücksichtslosigkeit der Hitler-Deutschen (waren es drei Viertel, zwei Drittel oder nur gut die Hälfte der Nation?). Sie ist als etwas, was geschichtlich in einer modernen Nation möglich ist, für sich schon Problem genug. Der vielfach gestufte, indirekt-vermittelte Ermöglichungszusammenhang vom Nicht-Einzigartigen zum Einzigartig-Ungeheuerlichen hin gibt womöglich schwierigere Fragen zu bedenken als das äußerste Ungeheuerliche selbst, das der Auswuchs einer Sonder-Pathologie ist.

Moralische Auseinandersetzung mit der Hitlerzeit

Martin Broszat konstatiert es zunächst einfach als einen Tatsachenbefund, dass es in der Nachwelt von heute im Blick auf die Hitlerzeit „kein sehr großes Bedürfnis mehr nach Anklage und Verurteilung" gebe – weil kaum noch einer von den Verantwortlichen unter den Lebenden sei und die damaligen Frontlinien heute nicht mehr bestünden. „Um so stärker geworden ist, zumal bei den Jüngeren, das Begreifenwollen dieser Vergangenheit, mit der auch sie immer wieder konfrontiert werden, als mit einer besonderen, für sie aber nur noch intellektuell und geschichtlich erfahrbaren Hypothek." Broszat fügt sogleich hinzu, dass natürlich die moralische Verurteilung des Nationalsozialismus unveränderte Geltung behalte.[51] – Hier ließe sich indessen noch weiter nachfragen, ob die Form einer „moralischen Verurteilung" denn der geschichtlichen Größenordnung des Ereignisses wirklich angemessen ist: Ob die Begrifflichkeit ziviler Moralität und Strafrechtslehre überhaupt solche epochalen ethischen Brüche wie den Rückfall einer modernen Staatsnation in ein archaisches Krieger-Ethos zu fassen vermag.[52]

Zwei ethische Verbindungslinien sind es, die vom Kulminationspunkt des Vernichtungskrieges 1939-1941-1945 in unsere Gegenwart führen: Eine ganz direkte Verbindungslinie in der Erinnerung und im moralischen Bewusstsein – und eine sehr indirekte in der Wirklichkeit des gelebten politischen Ethos der Hitler- und Nach-Hitler-Deutschen. Wie sind die beiden historischen Stränge miteinander vernetzt? Hat die Antwort

---

[51] Vierteljahrshefte für Zeitgeschichte, 2/1988, S. 342.

[52] Ich verweise auf meinen Aufsatz „Moralisierung der Geschichte – Historisierung des Moralischen" (in: Universitas 12/1986) und auf die mehr ins Systematische gehende Entwicklung in meiner Studie „Ethik ohne Imperativ. Zur Kritik des moralischen Bewusstseins", Frankfurt 1987. Anders als die Tradition der auch M. Broszat folgt (Anm. 16, S. 351), halte ich es nicht für obligat, das Ethische unter die Begrifflichkeit von Gut und Böse zu bringen.

des Gewissens auf die moralische „Herausforderung" von Auschwitz einen entscheidenden Anteil an der praktischen Höherbildung der politischen Moralität in unserem Volk gehabt (wie J. Habermas annimmt), und kann sie weiterhin eine solche Bedeutung haben? Und wie lässt sich überhaupt der tatsächliche Befund, die inzwischen erreichte „ethische Kondition" der Deutschen nach Hitler, diagnostisch bestimmen?

Eine Nation ist natürlich niemals ein einheitliches moralisches Subjekt. Das waren auch die Deutschen unter Hitler nicht. Vielmehr hat eine bedrohliche Übermacht von Hitler-Deutschen und Reichs-Fanatikern die allzu schwachen Bildungskräfte einer „Zivilgesellschaft" in unserem Lande „ausgeschaltet" und dann in den Ausnahmezustand der kämpfenden Nation mit hineingezwungen. An der neuerlichen Freisetzung, Weiterentwicklung und Fortpflanzung der Nicht-Hitler-Deutschen hing nach 1945 alles Entscheidende (und einiges hing auch an der schwierigen Problematik von Faschismus und Antifaschismus, Kommunismus und Antikommunismus).

Es ist jetzt wieder vielfach beklagt worden, dass keine tiefe Wandlung durch innere Umkehr die einstigen Hitler-Deutschen ergriffen hat. So etwas dürfte überhaupt nicht im Bereich des Möglichen gelegen haben. Stattdessen trat etwas Profaneres ein. Veränderungen im politischen Ethos eines Gemeinwesens erwachsen in der Hauptmasse nicht aus einem Anders-Werden der „einen", sondern aus ihrer Ablösung durch *andere* – Veränderung ist hier Wechsel in der Konstellation und in den Kräfteverhältnissen, in denen die „sozio-personale Auslese" erfolgt. In der Konstellation liegt es beschlossen, welche Dispositive des politischen Sozialcharakters in einem Volk freigesetzt oder herausgereizt werden und welche anderen latent bleiben, umgelenkt oder zurückgedrängt sind. Eine der wichtigen Nacharbeiten zum Historikerstreit könnte es sein, die vielen Haupt-, Neben- und Schleichwege aufzuspüren, auf denen sich das politische Ethos der Nach-Hitler-Deutschen zu seiner jetzigen profanen Betriebsform umgebildet hat.

Seit gut vierzig Jahren erbringt die Gesellschaft der Bundesrepublik mancherlei Normalleistungen der Zivilität, die ein hohes Maß an innerem sozialen Frieden und Verträglichkeit gegenüber den Nachbarn gewährleisten. Der einstige überschäumende Imperial-Nationalismus ist zu einem zähen Wirtschafts- und Sozial-Nationalismus zurückgebildet. Das ist nicht wenig. Doch das Maß des Zureichenden wird nicht schon darin liegen, dass so etwas wie Auschwitz sich nicht wiederholen kann. Nach

Auschwitz sind wir erst einmal zu stillen Teilhabern von Hiroshima geworden. Auf welche Bewährungen und Bewährungsmaße es künftig ankommen wird, wissen wir noch nicht. Sehr wahrscheinlich sind es solche einer aktiven Zivilität, die noch um einiges höher ist als diejenige, die wir bis jetzt erreicht haben.

Die Frage bleibt, was sich auf jener anderen Verbindungslinie zwischen heute und damals abspielen kann – auf jener, die unser moralisches Bewusstsein immer wieder auf „Auschwitz" zurückverweist. Hat wirklich die „moralische Herausforderung" von Auschwitz bei den Deutschen die entscheidende Läuterung bewirkt und bilden sich daran auch bei Nachgeborenen die moralischen Kräfte, die unser Volk auf einer höheren Stufe seiner öffentlich-politischen Gesittung festhalten und weitertragen?

Das Hauptvotum von Jürgen Habermas weist in eben diese Richtung. Er statuiert eine „historische Haftung für die Lebensform ..., in der Auschwitz möglich war", und er fragt weiter: „Läßt sich nicht allgemein sagen: Je weniger Gemeinsamkeit ein kollektiver Lebenszusammenhang im Inneren gewährt hat, je mehr er sich nach außen durch Usurpation und Zerstörung fremden Lebens erhalten hat, um so größer ist die Versöhnungslast, die der Trauerarbeit und der selbstkritischen Prüfung der nachfolgenden Generationen auferlegt ist."[53]

Aus der Sicht einer historisch-realistischen Ethik wären hier nicht nur skeptische Einwände hinsichtlich der Wirkkraft solcher Obligationen vorzubringen. Zu prüfen wäre von Grund auf, wie sich im Raum des historischen Erinnerns die (positive oder negative) moralische Qualität des jeweils Erinnerten mit der (gegenwärtigen und der zukünftigen) Moralität der Menschen vermittelt, die sich das Erinnerte vergegenwärtigen. Es ist füglich zu bezweifeln, dass aus dem Erinnern an Auschwitz bei den Nachgeborenen ein Zuwachs an moralischem Vermögen erwachsen könnte. Erst recht zweifelhaft ist, dass man dergleichen durch absichtsvoll erzieherische Veranstaltungen bewirken könnte, gar noch bei Widerstrebenden. Zu bezweifeln ist, dass eine höhere Gesittung sich am ehesten an ihren größtmöglichen Herausforderungen ausbildet (und nicht viel eher aus der Summe der alltäglichen, kleineren Anforderungen).

---

[53] Historikerstreit, S. 251.

Über solche abschlägigen Bescheide hinaus wäre aber vor allem positiv geltend zu machen, dass sich sittliche Vermögen bei heranwachsenden Menschen weit verlässlicher als durch jede moralische Indoktrination auf unmittelbar praktische Art ausbilden und festigen und auf jeden Fall an ihren je gegenwärtigen Anlässen und Gelegenheiten zur Bewährung. Dabei geht es letztlich um die ganz allgemeinen sozialen Grundfähigkeiten des qualifizierten Selbstseins („Ichstärke"), der mitmenschlichen Kooperativität und Solidaritätsbereitschaft.

Wo solche Fähigkeiten sich ausgebildet haben, da finden sie einen durchaus wesentlichen Ausdruck in der Arbeit geschichtlichen Erinnerns. Diese gewinnt indessen nicht den Sinn, an moralischen „Herausforderungen" unter dem Druck einer „Versöhnungslast" eine geschuldete „Trauerarbeit" abzuleisten, um daraus moralische Kraft zu schöpfen. Von moralischer Authentizität ist im Raum des Erinnerns und der historischen Trauer nur, was aus ganz freien Stücken in der größten humanen Selbstverständlichkeit auf das Erinnerte antwortet. Alles andere ist zwanghaftes, wenn nicht gar unredliches Ritual. Im historischen Erinnern bekundet sich nur eine Moralität, zu der das betreffende Individuum in seiner praktischen Lebens- und Beziehungsgeschichte bis dahin gediehen ist. Geschichte als Lehrveranstaltung kann nur die Gelegenheit dazu schaffen.

Monumentalgeschichtliche Zentralperspektive
und sozialgeschichtliche Gesamtperspektive

Jene Diskussionsvorlagen, in denen es um „zweierlei Untergang" und „zweierlei Vernichtungspolitik" ging, wurden im Historikerstreit zu den härtesten Streitsachen. Ein anderer Text, M. Broszats „Plädoyer für eine Historisierung des Nationalsozialismus" aus dem Mai 1985, wäre wohl besser als Diskussionsvorlage geeignet gewesen. Broszat wollte ihn aber erklärtermaßen nicht in den Sog des Historikerstreits geraten lassen. An diesen Aufsatz hat sich dann das erste wichtige Stück einer Diskussion *nach* dem Streit angeschlossen. In einem der Sammelbände zum Historikerstreit hatte der israelische Historiker Saul Friedländer eine Kritik an Broszats Historisierungskonzept vorgebracht.[54] Broszat nahm

---

[54] S. Friedländer, „Überlegungen zur Historisierung des Nationalsozialismus, in: D. Diner (Hrsg.), Ist der Nationalsozialismus Geschichte? Zu Historisierung und Historikerstreit, Frankfurt 1987.

die Diskussion mit dem Kritiker in der Form eines öffentlichen Briefwechsels in den „Vierteljahrsheften für Zeitgeschichte" auf (Heft 2, April 1988).

Friedländer hält das Historisierungs-Unternehmen von Broszat für einen problematischen, bedenklichen Balanceakt, sofern sich dabei die Gewichte der historischen Aufmerksamkeit merklich verlagern. Indem der Nationalsozialismus mit denselben normalen historischen Methoden wie jede andere Geschichte bearbeitet wird (etwa wie die französische des 16. Jahrhunderts), kann er unversehens als eine „normale Geschichte" wie jede andere erscheinen. Zumal wenn diese Geschichte als Sozial- und Alltagsgeschichte betrachtet wird, verschieben sich die Gewichte, wie Friedländer meint, von dem Einzigartigen und Hochpolitischen, Unnormalen und Verbrecherischen weg zu all dem halbwegs normal Erscheinenden oder scheinhaft Normalen, das sonst noch zum Alltag der Hitlerzeit gehört. Die Bedenklichkeit einer Historisierung sieht Friedländer darin, dass man sie für eine Relativierung und Banalisierung der Nazivergangenheit missbrauchen kann, „letztlich dafür, jene Verbrechen aus dem Gedächtnis der Menschen auszulöschen".[55] Das genaue Gegenteil dürfte jedoch sehr viel mehr plausibel sein. In diesem Felde historischen Erinnerns gibt es eine ganz eigenartige „Dialektik" der Gegenläufigkeit. Die Dialektik einer monumentalgeschichtlichen Erinnerungspflege könnte gerade darin bestehen, dass die als negativer Mythos erinnerte Geschichte der Hitlerzeit den Nachgeborenen zu etwas ganz Unwirklichem und unendlich Fernem wird. Sie können sie so nicht als eine Geschichte empfinden, die zu ihnen hinführt. Die Sozialgeschichte hingegen, worin der Nationalsozialismus *als Volksbewegung* seinen Ort hat, ist unserer Gegenwart viel eher als ein Stück Vorgeschichte zuzuordnen. Möglicherweise bleibt auch Auschwitz fester in einer verbindlichen, nicht nur rituellen Erinnerung verankert, wenn es nicht monumental isoliert in seiner „Unvergleichbarkeit" dasteht und wenn man begreifen lernt, wie Aktivkerne einer modernen Nation im Konfliktfeld eines modernen Krieges dazu kommen können, mit zunehmender Unbedenklichkeit auf willkürlich designierte Opfer die „Furie des Verschwindens" (Hegel) loszulassen.

Mit einer solchen „Verlagerung des Focus" rückt die NS-Vergangenheit nicht in ein milderes Licht. Ihre Problematik vertieft und erweitert sich vielmehr. Der Nationalsozialismus als Diktatur- und Kriegsstaat ist

---

[55] Ebd., S. 50.

tot. Doch der Nationalsozialismus als Volksbewegung gehört dem sozialgeschichtlichen Kraftfeld einer ungestümen und verbissenen Aufwärts-Mobilisation an, das sich schon vor ihm aufgebaut hatte und nach ihm bis in unsere bundesrepublikanische Gegenwart wirksam geblieben ist.

Das Verfängliche für die historische Auffassung liegt (für Friedländer wie auch für Habermas) in jener „Doppelbödigkeit" von System-Kriminalität im ganzen und dem Anschein von Normalität in weiten Bereichen des NS-Alltags. Das ist im Plädoyer von Broszat ein wichtiger Aspekt: „Die Schwierigkeit der Historisierung der nationalsozialistischen Zeit besteht vor allem, immer noch, darin, dies zusammenzusehen und gleichzeitig auseinanderzuhalten: das Nebeneinander und die Interdependenz von Erfolgsfähigkeit und krimineller Energie, von Leistungsmobilisation und Destruktion, von Partizipation und Diktatur."[56] Broszat will in seiner sozial- und alltagsgeschichtlich orientierten Betrachtung deutlich machen, welche enormen Volkskräfte in die Machtentfaltung des Nationalsozialismus eingegangen sind. Doch von einer unschuldigen Normalität zivilen Lebens „unterhalb" der politischen System-Hierarchie kann bei ihm nicht die Rede sein. Vielmehr sagt er ganz unmissverständlich, von welcher Art die „sozialen Schubkräfte" des Nationalsozialismus als Volksbewegung gewesen sind: „Vor allem muss eine periodenübergreifende Betrachtung des ganzen neuzeitlichen deutschen Geschichtsraums entwickelt werden, in dem sich auch der Nationalsozialismus abgespielt hat. In solcher erweiterten Perspektive wird in mancher Hinsicht der Ort des Nationalsozialismus in der deutschen Geschichte neu zu bestimmen sein. Es werden schon lange vorher angelegte problematische Modernisierungstendenzen und Sozialpathologien sichtbar, die, im Nationalsozialismus legitimiert und zusammengerafft, in äußerste Gewalt umschlugen. Mit solchem Blick wird es aber auch möglich sein, manche der bislang tabuisierten historischen Nachwirkungen der NS-Zeit in der gesellschaftlichen und rechtlichen Verfassung der Bundesrepublik kritisch, aber ohne pauschale Denunziation in den Blick zu nehmen."[57] Die „Normalität" der imperialen Nation ist demnach selber eine durch und durch problematische, pathologisch durchwirkte.[58]

---

[56] M. Broszat, Nach Hitler. Der schwierige Umgang mit unserer Geschichte, Hrsg. H. Graml u. K.-D. Henke, München 1986. S. 166.

[57] Ebd., S. 172.

[58] Detlev J K. Peukert, „Alltag und Barbarei. Zur Normalität des Dritten Reiches", in dem von D. Diner herausgegebenen Band (Anm. 54). Der Verfasser beschließt seinen erhellenden Aufsatz mit diesen suggestiven Fragen: „Wie dünn ist eigentlich das Eis der

Eines wird auf der Linie von Broszat allerdings unausweichlich: dass nämlich „Auschwitz" (der Gesamtkomplex einer planmäßigen Massenvernichtung von Menschen) gewiss in der moralischen Bilanz der NS-Epoche das „Zentralereignis" bleibt. Gleichwohl kann Auschwitz nicht den „Angelpunkt des gesamten faktischen Geschehens der NS-Zeit" (und ihres historischen Verständnisses) bilden.[59] Wo sich nun der ganze Historikerstreit um die Singularität des Ereignisses Auschwitz gedreht hat, konnte es kaum ausbleiben, dass etwas von der Glut dieses Streits auf das Historisierungsprojekt überspringen würde. Inzwischen haben Kritiker aus dem Lager der „Kritischen Theorie" befunden, dass bei Broszat ein noch gefährlicherer Verdrängungsmechanismus am Werke sei als bei E. Nolte. Wolfgang Kraushaar meint sogar, die sozialgeschichtliche Historisierung laufe bei Broszat auf eine Normalisierung, ja auf eine „moralische Entlastung der Nazi-Politik" und auf eine positive Würdigung der „Verdienste und Errungenschaften des Nazi-Systems" hinaus. Broszat könne es auf seiner Historisierungslinie nicht „wagen", von der Vernichtung der Juden zu sprechen: „Im gesamten Text kommt das Wort Auschwitz nicht vor."[60] Und worin soll das Verdienst des Nationalsozialismus liegen? In seiner „sozialen Dynamisierungsfunktion" und in seinem „Modernisierungs"-Effekt. Nun steht bei Broszat jedoch klipp und klar, im Nationalsozialismus seien „problematische Modernisierungstendenzen und Sozialpathologien ... in äußerste Gewaltsamkeit umgeschlagen". Das sollte jedem kompetenten Leser genug sagen. Nur die ganz Naiven des Modernen und der sozialen Mobilität können über die Problemtiefen des Broszat-Plädoyers hinwegsehen.

Das Problematische und Pathologische moderner Sozialmobilisation in der Bürger- und Kleinbürgerweit lag und liegt vor allem darin, dass sie

---

modernen Zivilisation? Wie sicher können wir sein, nicht erneut in die Barbarei einzubrechen? Können wir überhaupt sicher sein. dass solche Barbarei nicht ein untergrundiger Bestandteil des Zivilisationsprozesses ist? Vor 50 Jahren wie heute? In Deutschland oder anderswo?" (S. 61).

[59] s. Anm. 56, S. 353. Ähnlich mein eigenes Votum in: Historikerstreit, S. 126 f.

[60] „Der blinde Fleck in der modernistischen Historisierungsvariante", in: Die neue deutsche Ideologie (Anm. 46). S. 34. In seinem inquisitorischen Eifer unterlaufen diesem Kritiker sogar direkte Textverfälschungen. Er schreibt Broszat zu, er wolle „kritisch, aber ohne pauschale Denunziation ... die Verdienste und Errungenschaften des Nazi-Systems ... würdigen". Von Verdiensten und Errungenschaften des Nazisystems ist jedoch überhaupt nicht die Rede, und die Devise „ohne pauschale Denunziation" bezieht sich, wie man aus dem oben wiedergegebenen Zitat ersieht, ausdrücklich nicht auf das Nazi-System, sondern auf das Weiterwirken bestimmter sozialer Basisprozesse über die NS-Zeit hinaus in der Gesellschaft der Bundesrepublik.

auf einer breiten populistischen Basis *imperial überschießend* werden kann. Sie gewinnt ihre Schwungkraft aus der enormen industriellen Reichtumsproduktion, überflügelt jedoch mit ihren Ambitionen deren reales Maß noch um ein Beträchtliches, wird maßlos, missgünstig und neidvoll, greift auf fremde Reichtumsquellen über. Das konnte ein gesellschaftsgeschichtlicher Nenner für das historische Begreifen des modernen Imperialismus und seiner deutschen Extremform sein. Was José Ortega y Gasset den „Aufstand der Massen" genannt hat, war vor allem der mächtige Auftrieb in der Kleinbürgerwelt und in sie hinein, so sehr, dass man nach dem 19. Jahrhundert, dem des Bürgertums, das 20. Jahrhundert das des Kleinbürgertums nennen möchte.

Das Fatale und Bedrückende an alledem ist, dass hier eben nicht ein radikal und absolut Böses in die moderne Normalität eingebrochen ist. Es beginnt vielmehr mit einer „Banalität des Bösen" (Hannah Arendt), das nur die Kehrseite eines allzu banalen „Guten" ist, eines allzu stürmischen, unbekümmerten und rücksichtslosen Dranges nach dem guten, ansehnlichen Leben. Aus der imperialen Bündelung und Forcierung dieses massenhaften, weite Teile des Volkes erfassenden Dranges konnte und kann auch weiterhin ein Äußerstes an Gewaltsamkeit erwachsen.

Aus Politik und Zeitgeschichte. Beilage zur Wochenzeitung *Das Parlament.* B 40-41/88, 30. September 1988, S. 3-14.

Drittes Thema:

Den Sowjetsozialismus historisch denken

Man kann in den Sinnraum der Sowjetrevolution „von oben" eintreten, aus ihrer ideellen Programmatik, oder auch „von unten" aus einer Wahrnehmung ihres „wirklichen Lebensprozesses", aus ihrer sozial-zivilisatorischen Praxis. Ich selbst bin 1945 auf diesem profanen Weg ins Reich des Stalinschen Sowjetsozialismus gekommen und wurde dann 1846/47 in die Sphäre seiner höheren Sinnbestimmungen eingewiesen worden. Danach ist jene Revolution und ihr Sowjetsozialismus als die „Verwirklichung" einer „Idee" oder als die Konsequenz aus einer Theorie zu verstehen. Die Vorväter jener geschichtlichen Bewegung hingegen hatten sich von einer anfänglichen Ideengläubigkeit entschieden abgewandt, darüber aufgeklärt und verständigt, dass die Menschen in ihrem „wirklichen Lebensprozess" gemäß ihren vitalen Interessen nach dem Maß ihrer produktiven Handlungsvermögen geschichtlich tätig werden.

Der folgende Aufsatz ist, wie der Text gleich zu erkennen gibt, auf die Anregung des Zeithistorikers Martin Broszat zurück, der 1985 zum vierzigsten Jahrestag des Kriegsendes sein „Plädoyer zur Historisierung des Nationalsozialismus" vorgetragen hat. Ich wollte in derselben Zeitschrift *MERKUR* meine Überlegungen zur Historisierung des (noch) „real existierenden" Sowjetsozialismus anschließen, doch hatte die Zeitschrift zu dieser Zeit keinen Platz dafür. So blieb mein Text vorerst liegen, bis ein Kollege mich anregte, ihn in der *UNIVERSITAS* zu veröffentlichen. Das geschah dann im Sommer 1989, gerade als die Welt des Sowjetsozialismus in den Wirbel ihrer geschichtlichen Endzeit geriet.

Im Blick auf den Sowjetsozialismus bedeutet die Historisierung außer den anderen Sinnbestimmungen (wie Einordnung in einen geschichtlichen Kontext und Zurücktreten der pädagogisch-belehrenden Absicht) vor allem ein Ende der *Ideologisierung,* die nicht nur das Selbstverständnis, sondern weithin auch die Außenwahrnehmung der Sowjetwelt durchwirkt und umhüllt hat. In der Überschau meiner gedanklichen Hauptarbeiten habe ich bereits angezeigt, was der entschiedene Abschied vom ideologischen Bewusstsein für das Geschichtsdenken bedeutet. Natürlich war das sowjetideologische Geschichtsdenken für mich das Quellgebiet meiner Überlegungen.

Text:

Zur Historisierung des Sowjetsozialismus

Eine Geschichte auch wirklich als Geschichte zu verstehen und zu be-
greifen – das ist nicht nur für die Zeitgenossen, sondern auch für die
Nachgeborenen eine sehr voraussetzungsreiche, gar nicht einfache
Sache; zumal wenn es eine Geschichte von solcher Dramatik und
Zerstörungskraft ist wie die Weltkriegsepoche des 20. Jahrhunderts, die
Epoche des Faschismus und der kommunistischen Revolution. Als der
Zeithistoriker Martin Broszat vierzig Jahre nach dem Untergang des
Hitlerreiches sein „Plädoyer für eine Historisierung des Nationalsozialis-
mus"[61] vortrug konnte er nicht etwa schon einen vollzogenen Wandel in
unserem historischen Bewusstsein ratifizieren. Es war vorerst ein Plä-
doyer am Beginn eines solchen Wandels, und der alsbald entbrennende
„Historikerstreit" war prompt die Probe darauf, wie viel noch zu einem
historischen Bewusstsein von dieser Geschichtsepoche fehlt. An das
Wort „Historisierung" hefteten sich sogleich manche Befürchtungen und
Verdächte: Archivierung, Verdrängung, Relativierung, Normalisierung,
Entmoralisierung.

Broszat hatte namentlich zwei Gründe herausgestellt, die eine Revision unseres öffentlichen Geschichtsbewusstseins geboten erscheinen
lassen. Zum einen ändert sich im Wechsel der Generationen die Funktion oder Sinnrichtung, die einer Befassung und „Auseinandersetzung"
mit der zurückliegenden Geschichte bei den Nachgeborenen zukommt.
Selbst eine Geschichte wie die der Hitlerzeit ist dann nicht mehr so vordringlich ein warnendes Beispiel, das den Späteren zur heilsamen Lehre
dienen möge. Broszat beruft sich auf den besten Teil der lernenden,
studierenden und politisch engagierten Jugend, die das Geschehen der
NS-Epoche tiefer begreifen möchte, wo man es bisher nur (und inzwischen mehr rituell und kraftlos) verurteilt hat. Zum anderen bringt es der
Drang zum Begreifen mit sich, dass auch das Bild von jener furchtbaren
Geschichte nicht mehr genügt. Es genügt nicht mehr, den Blick gebannt
auf die Erscheinung des „SS-Staates" und auf die Untaten seiner Gewaltherrschaft zu richten. Nicht dass etwas davon wegzulassen, auszu-
blenden oder auch nur schwächer zu belichten wäre. Doch an diesem
Bild fehlt einfach zu viel, es vermittelt keine lebendige Vorstellung

---

[61] In: Merkur 435 (Mai 1985), Nachdruck in: Graml, H. (Hrsg.): Nach Hitler, München 1986.

davon, wie ein solches Gewaltregiment aus dem Leben einer modernen Kultur- und Industrienation erwachsen konnte; es mangelt an der sozialgeschichtlichen Einsicht in die Essenz des Nationalsozialismus als einer breit gelagerten Volksbewegung, in der mächtige soziale Schubkräfte von epochaler Bedeutung wirksam gewesen sind.

Das andere Lehrstück

Richten wir den Blick nun in den östlichen Geschichtsraum, der sich zum Kriegsende 1945 bis an die Elbe ausgedehnt hat und die deutsche Hauptstadt umschließt: Könnte eine solche „Historisierung" nicht auch für unsere Sicht auf den Sowjetsozialismus fällig sein? Man muss eigentlich nur die Namen auswechseln – alle Überlegungen in Broszats Plädoyer haben auch für ihn die gleiche Triftigkeit. Auch er fungiert im historisch-politischen Bewusstsein „als Negativ-Maßstab der politischen Erziehung, als Gegenmodell von Recht, Freiheit und Friedensordnung", und ihn in dieser Eigenschaft vor Augen zu haben „scheint unverzichtbar für die Orientierung und Begriffswelt der Gegenwart". Nehmen wir an Broszats Text den Namentausch vor, dann liest er sich so: „Statt der pauschalen moralischen Absperrung des Kommunismus ist eine Entschlackung unseres eingefahrenen Begriffs- und auch Sprachinstrumentariums vonnöten, eine historische Befreiung auch mancher ereignis- und personengeschichtlichen Perspektiven aus dem Zwangskorsett der Vorstellung von einer alles erfassenden Gewaltherrschaft. Vor allem muss eine periodenübergreifenden Betrachtung des ganzen neuzeitlichen Osteuropäisch-eurasischen Geschichtsraums entwickelt werden, in dem sich auch die Sowjetrevolution abgespielt hat. In solcher erweiterten Perspektive wird in mancher Hinsicht der Ort des Sowjetsozialismus in der jüngsten Geschichte neu zu bestimmen sein. Es werden schon lange vorher angelegte problematische Modernisierungstendenzen und Sozialpathologien sichtbar werden, die, im Bolschewismus legitimiert und zusammengerafft, in äußerste Gewaltsamkeit umschlugen." Es versteht sich, dass das Wesentlichste am Sowjetsozialismus mit dem übergreifenden Systemtitel „totalitäre Herrschaft" nicht erfasst ist; vielmehr kommt es darauf an, ihn in seiner Vitalität als breit gelagerte und in sich heterogene Massenbewegung für ein sozialgeschichtliches Verständnis zu erschließen.

Die Historisierung ist also nach der einen Seite eine „Ent-Pädagogisierung" des Umgangs mit einem Stück Geschichte, und nach der anderen Seite ist sie eine „Ent-Fetischisierung" der Sichtweise, die dann nicht mehr nur auf herausragende Schlüsselfiguren und -ereignisse fixiert ist. (Man sollte vielleicht deutlicher von einer sozialgeschichtlichen Historisierung sprechen.) Im Fall des Sowjetsozialismus hat das Wort „Historisierung" vor allem weiteren schon den elementaren Sinn, dass es erst einmal gilt, dieses scheinbar erstarrte „System" wieder als den Ort einer Geschichte vor Augen zu haben. Das „Sowjetsystem", hieß es so oft, ist keine „offene Gesellschaft" mit einer offenen Geschichte mehr. Sie ist als eine programmierte Gesellschaft nach einem neuartigen „Bewegungsgesetz" angetreten – jedoch nicht als eine „geprägte Form, die lebend sich entwickelt", sondern als *Circulus vitiosus*, aus dem es kein Entrinnen gibt. Die beachtliche Dauer des Sowjetsystems (neben der sich die des Nationalsozialismus fast wie eine Episode ausnimmt) scheint das zu bestätigen. Zum anderen scheint diese „Ultrastabilität" darin beschlossen zu liegen, dass hier die Prägekraft einer „Ideologie" wirksam ist, als deren Hervorbringung und Verwirklichung die Geschichtsformation des Sowjetsozialismus weithin gilt.

Inzwischen hat die sowjetische denkende Öffentlichkeit selbst mit der größten Leidenschaftlichkeit begonnen, die historische Dimension der Sowjetgesellschaft neu zu eröffnen und – erster Akt einer neuen Denkfreiheit – den Text einer verlorenen Historie zurückzufordern, den man ihr buchstäblich entrissen hatte. Hunderttausende und Millionen von Handelnden und vor allem Leidenden, Zugrundegerichteten und aus dem Gedächtnis Ausgelöschten „erleben" jetzt ihre „Rückkehr aus dem Nichtsein". Das aber ist nur der historische Bewusstseinsnenner dafür, dass sich in der Wirklichkeit dieser Gesellschaft ein neues Stück aktiver Geschichte neu eröffnet hat. Man konnte freilich schon immer der Ansicht sein, dass die Starre des „Systems" in Wahrheit nur der Aggregatzustand einer zurückgestauten geschichtlichen Bewegungsenergie gewesen ist.

Der entscheidende „Historisierungs-Schritt in der Sicht auf die Sowjetgeschichte dürfte indessen eine Ent-Ideologisierung des Verständnisses dieser Geschichtsformation sein.

Der Sowjetsozialismus hat eine Fülle von historischen Deutungen herausgefordert, von denen sich allerdings manche als recht unhistorisch
(oder allenfalls als halb-historisch) erweisen. Als eklatant unhistorisch
kritisiere ich im folgenden die weit verbreitete Sichtweise, in der jener
geschichtliche Komplex sich „im Lichte" der marxistischen und leninistischen Ideologie als deren Werk und „Verwirklichung" darstellt. So präsentiert es uns allen voran die offizielle sowjetmarxistische Selbstdeu-
tung, die weithin auch die Gegner und Kritiker in ihren Bann gezogen
hat.

Als „historisch" möchte ich ein Herangehen gelten lassen, das die
Gestaltwerdung der sowjetischen Welt aus der Wirksamkeit der lebendigen Kräfte zu begreifen sucht, die im zivilisations- und sozialdynami-
schen Feld des Russland von 1917 zusammengekommen und zusam-
mengestoßen sind, nachdem sie zuvor, um die Jahrhundertwende, in
einen stürmischen Entwicklungsauftrieb und dann in den Feuersturm
des Weltkriegs geraten waren. Nur wenn man diese Menschenensemb-
les in ihrer geschichtlich-situativen Bestimmtheit vor Augen hat, wird
man verstehen können, wie daraufhin ein solches Ideenarsenal wie der
von Lenin umgeprägte Marxismus für revolutionierte Gesellschaftsteile –
so recht und schlecht, wohl mehr schlecht als recht – zum Gedanken-
ausdruck und Nenner für ihre Situationswahrnehmung und für ihre
Bestrebungen werden konnte. Die „halbhistorischen" Deutungen können
wir nur am Rande streifen.[62]

Ideologie – Kanon und Korporation

Bis auf den heutigen Tag ist es unsicher und strittig, wie man den Anteil
zu veranschlagen hat, den der Marxismus-Leninismus mit seinem Aufgebot von Fernzielen, Prinzipien und „nächsten Aufgaben" am wirkli-

---

[62] Als „halbhistorisch" möchte ich solche Deutungen bezeichnen, in denen entweder die
vorrevolutionäre Vergangenheit, das „alte Russland", ein Übergewicht über die Gegenwart des revolutionierten Russland von 1917 zugeschrieben erhält, oder nach der anderen Seite eine Deutung, die diese Gegenwart allzu sehr „im Lichte" einer Zukunft
sieht, die vermeintlich den Handelnden ihre „Aufgaben" zugewiesen hat. „Historisch" denken heißt, jede Gegenwart unmittelbar zu sich selbst sehen, also auch ihr Ererbtes
ebenso wie ihr Antizipatives (als „prospektive Potenz") in ihrer konkreten Gegenwärtigkeit.

chen, praktischen Prozess der Sowjetgeschichte gehabt hat oder sogar noch weiterhin haben mag. Schon der bloße Augenschein spricht für eine außerordentliche Wichtigkeit der Ideologie in ihrer Doppelgestalt:

1. als der Riesenkomplex eines Gedankengebäudes, das, streng kanonisiert, eine geradezu enzyklopädische Gestalt angenommen hat und kaum einen Gegenstand menschlichen Nachdenkens ausspart, fast für alles und jedes eine „marxistisch-leninistische" Lesart verbindlich vorzeichnet;

2. als das imponierende Aufgebot einer Großkorporation von Ideologen, die allgegenwärtig das geistige Leben der Gesellschaft mit ihren Begriffen und Deutungen besetzen und zugleich beschneiden, wie eine „Ideenpolizei" argwöhnisch darüber wachen.

Auf den ersten Blick nimmt die Ideologie also eine geradezu hochherrschaftliche Stellung ein. Die Ideologie, bekräftigt A. Sinowjew gleich im ersten Satz seines Buches über die „Macht des Unglaubens", ist (im Verein mit Gesellschaftsordnung und Staatsmacht) eine der drei „Säulen", von denen die kommunistische Gesellschaft „getragen" wird.[63] Manche Analytiker (wie Günther Wagenlehner und Wolfgang Leonhard) meinen allerdings, die „kommunistische Idee" habe auf dem Weg von Marx bis Gorbatschow einen Niedergang erlitten; doch es steht für sie außer Zweifel, dass die Ideologie einstmals die Quelle einer kraftvollen Inspiration gewesen war.[64]

Die Kraft der „Ideologie" soll namentlich darin liegen, dass die Kommunisten strikt auf ihr „Endziel" verpflichtet sind, das erst erreicht ist, wenn die ganze Menschheit unter dem Dach der kommunistischen Gesellschaft vereinigt ist. Die Tragkraft der „Säule Ideologie" wäre demnach die Zugkraft und Direktivkraft einer letztendlichen „Zielvorstellung", von der sich die Revolutionäre und die „Erbauer des Kommunismus" in ihrem Handeln „leiten lassen". Die Ideologie wäre der Praxis demnach ganz eindeutig vor- und übergeordnet. Störend an diesem Bild wirkt freilich, dass die eigentlichen Ideologen nie die Oberherrschaft ausgeübt,

---

[63] Die Macht des Unglaubens. Anmerkungen zur Sowjetideologie, München 1986, S. 7.

[64] Leonhard konstatiert seit Chruschtschows Sturz 1964 ein „ideologisches Vakuum" (In: Foreign Affairs, Vol. 66, 1987, Nr. 2, 5. 403). – Lubomir Sochor fand, in der Ära Breschnew konnte eigentlich gar nicht mehr von „Ideologie" die Rede sein, sondern nur noch von einer „Liturgie" („Beitrag zur Analyse der konservativen Elemente in der Ideologie des „realen Sozialismus", Studie Nr. 4 im Forschungsprojekt „Krisen in den Systemen sowjetischen Typs", Hrsg. Z. Mlynar, 1984). – Wagenlehner G., Abschied vom Kommunismus. Der Niedergang der kommunistischen Ideologie, Herford 1987.

sondern stets eine ganz subalterne Stellung tief unter den Politokraten eingenommen haben, und diese haben ihrerseits oft genug vorgeführt, wie eigenmächtig sie mit dem Ideologiekanon verfahren konnten.

Wie wichtig ist die Ideologie?

„Wie wichtig ist die Ideologie?" – so hat Karl-Heinz Ruffmann das Schlusskapitel seiner „Fragen an die sowjetische Geschichte" überschrieben. Auch er registriert den geschichtsnotorischen Energieverlust, den die programmatische Inspiration erlitten hat: Chruschtschows Versuch, „die Ideologie im leninistischen Ursprungssinn zu revitalisieren", sei fehlgeschlagen; einen weiteren Versuch dieser Art unternimmt gegenwärtig Gorbatschow – „sein Ergebnis ist (noch) ungewiss". Ruffmann erwartet gleichwohl, „dass die wesentlichen geistig-ideologischen Grundlagen, die zur Entstehung und Entfaltung der Sowjetmacht geführt haben, trotz mancherlei praxisbedingter Abnutzungserscheinungen auch heute weiterwirken und nach wie vor entscheidende Maßstäbe für Möglichkeiten und Grenzen einer Modernisierung des Sowjetsystems setzen". „Auch die derzeitige und ebenfalls jede künftige Sowjetführung werden aufgrund voll internalisierter Denkmuster und aus offenkundigen Legitimationszwängen an der politischen Heilslehre des Marxismus-Leninismus insofern festhalten, als ideologische Koexistenz mit dem kapitalistischen Westen weiterhin ausgeschlossen bleibt und nicht hinnehmbar erscheint."[65]

Dass die Ideologie auf ihre Art wichtig ist, steht ganz außer Frage – aber: wichtig *als was?* Als Direktion und Inspiration der Hauptbewegung, in der sich die Sowjetgesellschaft befindet, oder mehr als der dauernd rutschende „Transmissionsriemen", der eine Bewegung, welche die Hauptbewegung sein will, vom überdrehenden Antriebsmotor auf ein zu großes und träges Hauptaggregat übertragen soll? Ist das enorme Volumen der „ideologischen Arbeit" ein Indiz für ihre hohe Wirkkraft, oder nicht eher das Gegenteil davon, eine recht künstliche Kompensation und Überkompensation für das Nicht-Funktionieren der mehr natürlich-zwanglosen gesellschaftlichen Kommunikation, sowohl der Kommunikation innerhalb der Führungsformation als auch zwischen dieser und den

---

[65] Fragen an die sowjetische Geschichte. Von Lenin bis Gorbatschow, München 1987 S.171; Zusammenfassung, S. 195 bis 200.

Geführten, Allzu-Geführten? Das Riesenaufgebot eines „ideologischen Apparats", eines Partei-Klerus aus Zehntausenden von höheren und niedrigeren Funktionsträgern bekundet Macht und Ohnmacht der Mächtigen, eine Führungsschwäche der Staatspartei. Und was kann das Bild von einer tragenden „Säule" besagen, oder die Rede von „geistig-ideologischen Grundlagen", auf denen dort alles steht und geht?

Die Angelegenheit ist, wie mir scheint, noch einmal neu zu verhandeln. Statt jener absolutistischen Vor- und Überordnung des Ideologie-Komplexes wäre eine mehr organische Zu- und Einordnung zu erwägen: die Manifestationen der „kommunistischen Ideologie" auf eine subtil ideologiekritische Weise mit den Energien des „wirklichen Lebensprozesses" der Sowjetgesellschaft zusammenzudenken. Das wäre ein entscheidender Schritt auf dem Weg einer „Historisierung" unseres Verständnisses dieser geschichtlichen Formation – Historisierung als Ent-Ideologisierung vorab der eigenen Wahrnehmungsweise.

Exkurs: Zu einem kritischen Begriff von „Ideologie"

Um in eine sinnvolle Verhandlung eintreten zu können, bedürfte es erst einmal eines überlegten Begriffs von Ideologie. Die Sowjetideologie selber hat eine Verflachung der Begrifflichkeit begünstigt. Sie hat jenen kritischen Begriff des „ideologischen Bewusstseins", den einst Marx erarbeitet hatte,[66] durch einen neutralisierten Allerwelts- und Institutionsbegriff der (jeweils an Gesellschaftsklassen gebundenen) Ideologien verdrängt und damit auch den außersowjetischen Sprachgebrauch in dieses flache Fahrwasser gezogen. Eine Ideologie ist danach die systematisierte (oder mehr diffuse) Einheit von Grundanschauungen über Gott und die Welt, Natur und Gesellschaft, Gutes und Übles, über Ver-

---

[66] Die gedanklichen und rhetorischen Nenner in die konkrete Einheit des „wirklichen Lebensprozesses" integriert zu denken war ein Zentralmotiv jener fundamentalen Kritik des ideologischen Bewusstseins, mit der sich K. Marx und F. Engels von ihren einstigen junghegelianischen Weggefährten abgesetzt und auf die Geschäftsbedingungen ihrer künftigen Wirksamkeit im Medium der Arbeiteremanzipation verständigt haben. Es geht dabei nicht um eine Rückführung von Bewusstseinsphänomenen auf „materielle (Produktions-)Verhältnisse", sondern um ihre Rückholung in das Ganze des „Lebens", des „wirklichen Lebensprozesses" vergesellschafteter Individuen durch die Aufhebung der Bewusstseins- oder Geist-Abstraktion. Die einschlägigen Textpassagen finden sich in den Manuskripten von 1845/46 zur Kritik der „Deutschen Ideologie", Marx Engels Werke (MEW) Bd. 3, S. 26.

gangenes, Gegenwärtiges, Kommendes und zu Machendes – vom Ur-
nebel bis zur kommunistischen Umwälzung.

Ein kritisch-qualitativer Ideologiebegriff möchte einen Zusammenhang
erhellen, der zwischen der jeweiligen „Formbestimmtheit" des Denkens
und dem kommunikativen Charakter des betreffenden gesellschaftlichen
Lebensraumes besteht. Seiner Form nach ist das Ideologische schlicht
und einfach (schon durch den Wortsinn) als Ideendenken und Ideenrede
definiert – und das besagt schon recht viel. Die Ideenrede hebt sich von
jeder „gewöhnlichen" Wirklichkeitsbeschreibung, von der „Sprache des
wirklichen Lebens" ab. Mit den Ideen-Titeln (wie Freiheit, Vaterland,
Solidarität, Sozialismus, Neuer Mensch) erhebt sich das Denken auf
eine abstraktive und hoch-stilisierende Stufe von „Wesens"bestimmun-
gen. In solcher Erhabenheit oder „ideativen Überhöhung" tritt es den
Profanitäten der gewöhnlichen Erfahrungswirklichkeit entweder als ein
höheres Sollen gegenüber, oder es legt sich als eine idealisierende Deutung bzw. höhere „Sinnstiftung" über ein allzu profanes und unbefrie-
digendes Dasein.

Solche „ideenrednerische" Erhebung über die Profanität des Alltäglichen und Augenfälligen ist notorisch für eine in sich mehr oder weniger
verspannte gesellschaftliche „Kommunikationslage": wenn die verschiedenen Interessen und Ambitionen schwerlich auf einen gemeinsamen
Nenner zu bringen sind. Das Ideologisch-Werden des Gesellschaftsbe-
wusstseins und der öffentlichen Rhetorik ist dann wichtig als Ausdruck
und Anzeichen für eben diese Verspannung. Die Rede wird dann zur
„Ideo-Magie" der Überredung, zur Rede im Übermaß. Das gilt nicht nur
für „herrschende" Ideologien, sondern ebenso für oppositionelle oder
revolutionäre, und ganz besonders für die Ideologiebildung bei Revolutionären, die unter prekären Bedingungen zur Herrschaft gelangt sind.
Das Ideologisch-Werden des revolutionären Bewusstseins ist dann
Symptom für eine anfängliche oder andauernde „Konstitutionsschwäche" des Revolutionsaktivs.

Nennwert und Kaufkraft

Der „Nennwert" der ideologischen Begriffsmünzen ist nie ganz verbindlich und buchstäblich zu nehmen. Die sowjetische Ideologie ist zu einer
„Nomenklatur" geronnen; sie ist ein Komplex von Namen, und viele von
ihnen sind mehr Chiffren. Die Wort- und Begriffstitel des Marxismus-

Leninismus benennen wohl – meistens äußerst lückenhaft – einen Umkreis von wirklichen Instanzen und Angelegenheiten. Dabei überlagern sie jedoch das benannte Wirkliche mit allerlei Unwirklichkeiten. Ein kämpfendes Proletariat war in der Marxismusgeschichte etwas durchaus Reelles. Dieses erfuhr indessen eine notorische ideative Überhöhung – in der Idee, dass sich „das Proletariat" in einer Revolution „zur herrschenden Klasse erheben" werde (wolle oder solle?). Die historische Sicht auf den Sowjetsozialismus „ent-ideologisieren" bedeutet nicht zuletzt, dass man das überreichliche ideensprachliche Verpackungsmaterial abwirft, von dieser wortreichen Litanei zu einer redlichen historisch-soziologischen (auch sozial und personal-charakterologischen) Beschreibung und Rechenschaft vom wirklichen Lebensprozess der revolutionierten und der nachrevolutionären Gesellschaft kommt.

Ideologie als Indikator

Die Frage, welche „Wirkung" von der Ideologie ausgehen mag, kommt dann überhaupt in eine andere Fasson. Es geht vielmehr darum, was für einem gesellschaftlichen Komplex von Wirkungen und Gegenwirkungen ein Situations- und Handlungsbewusstsein angehört, das sich in einer derart ideologischen Form über die Erfahrungswirklichkeit erhebt und ihr gegenüber gesondert korporiert, eine eigene Institution wird. Die wohlberechtigte Frage, „wie wichtig die Ideologie ist", gewinnt dann eine andere Sinnrichtung. Es geht nicht mehr darum, wie „die Ideologie" die Menschen antreibt, dirigiert und bindet; vielmehr ist das massive Aufgebot von Ideologie in der Sowjetgesellschaft ein Indiz dafür, wie die Dirigenten dieser Gesellschaft auf eine eigenartige Weise getrieben und gebunden sind, dass es im gesellschaftlichen Kräftehaushalt beträchtliche Verspannungen gibt.

Die Verfassung des wirklichen Lebensprozesses der Menschen ist in dieser noch immer fatal nachrevolutionären Gesellschaft von einer Art, dass an die Stelle einer profanen „Sprache des wirklichen Lebens" (Marx/Engels) eine gehobene Ideen- und Offizialsprache tritt, die sich auch noch „systemisch" zum Kanon einer allumfassenden Lehre oder Weltanschauung ausweitet. Die Stärke der Ideologie ist die Schwäche einer Politik, die es nötig hat, das eigene Sicht- und Operationsfeld vor sich selbst und vor den anderen zu ideologisieren, ihre Rede zur Überredung zu forcieren, „Überzeugungen" zu propagieren, als steckte in ihnen ein Mehr an Zeugungskraft.

Ideologie als Chiffrensprache

So wäre von der Ideologie selbst ein historischer Begriff zu gewinnen. Die Ideologie ist mehr durch ihre Funktion und ihre Symbolismen als durch ihren wörtlichen Aussagegehalt definiert. Sie hat als Chiffrensprache eine Signalfunktion, umschreibt charakterliche Zulassungs- und Ausschließungskriterien. Die Rekrutierung eines zahlreichen Ideologen-Klerus öffnet eine Bahn des sozialen Aufstiegs für Kandidaten einer bestimmten Sorte – mit einem Sinn für doktrinäre Akribie, aber ohne intellektuelle Subtilität.

Alles in allem bekundete die massive Ideologisierung des sowjetischen Geisteslebens nicht so sehr die Macht und Bindekraft von Ideen, sondern weit mehr den lastenden und drängenden Druck einer sozialgeschichtlichen Naturalität, die Naturwüchsigkeit sozialer Mobilisationsströme, ihrer Verdichtungen, Überverdichtungen, Verwerfungen und fatalen Spaltungen.

Der geschichtliche Ort der Sowjetrevolution

Eines ist so fragwürdig wie das andere: Der „Marxismus in Aktion" als Erklärungsgrund für den geschichtlichen Akt der Sowjetrevolution, die Revolution als „Anwendung" des Marxismus auf den Fall Russland; und die „marxistische Theorie" als Deutungsrahmen für die historische Interpretation dieses Prozesses und für die Taxierung seiner Ergebnisse. Die Wirklichkeit der Sowjetrevolution entzieht sich dem Schema einer Theorie des weltgeschichtlichen Übergangs „vom Kapitalismus zum Sozialismus".

Am meisten hat Karl Marx „persönlich" darunter zu leiden, wie seine denkerische Hinterlassenschaft in den Marxismen unhistorisch-doktrinär vereinnahmt und vernutzt worden ist. Schon der Schritt zum „Marxismus" (noch zu seinen Lebzeiten) war nicht Marxens Sache. (Die Historisierung des Falles Marx ist ein bedeutsames Seitenstück zur Historisierung des Sowjetsozialismus.) Nichts, absolut nichts von den negativen oder positiven Effekten der Sowjetrevolution leitet sich ursächlich oder motivational von Marx her. Ihn könnte und sollte man gänzlich aus dem Spiel lassen, jedenfalls, soweit es die bekannten Aktionsparolen von Proletariat und Revolution etc. angeht.

Allenfalls etwas von einem fast unbekannt und ganz wirkungslos gebliebenen Marx wäre gewichtiger in Ansatz bringen: sein Beitrag zur ideologiekritischen Aufklärung und sein theoretischer Sinn für die „wirklichen Voraussetzungen" geschichtlicher Veränderungen. Hierhin gehören Sätze wie diese: „Die ‚Idee' blamierte sich immer, soweit sie von dem ‚Interesse' unterschieden war." Das zielt namentlich auf Revolutionsideen. Mit einem Blick auf die Ideen von 1789 heißt es: „Andererseits ist es leicht zu begreifen, dass jedes massenhafte, geschichtlich sich durchsetzende ‚Interesse', wenn es zuerst die Weltbühne betritt, in der ‚Idee' oder ‚Vorstellung' weit über seine wirklichen Schranken hinausgeht und sich mit dem menschlichen Interesse schlechthin verwechselt. Diese Illusion bildet das, was Fourier den Ton einer jeden Geschichtsepoche nennt." — Damit könnte man bei der Ideologiekritik sozialistischer Revolutionen fortfahren. ...

Die russische revolutionäre Intelligenz hat schon im Vorfeld der Revolution unzählige ideologische Titel für alle ihre Angelegenheiten und Streitigkeiten hervorgebracht und sie damit für sich und die Nachwelt mystifiziert. Richten wir unser Augenmerk jetzt nicht weiter auf die vermeintlichen Direktivkräfte „des Marxismus" im Prozess der Russischen Revolution und der nachrevolutionären Gesellschaftsbildung, sondern fragen wir so direkt wie möglich nach der praktischen Situierung der diversen Prozessbeteiligten. Fragen wir nach ihren wirklichen höheren und niederen, jedenfalls profanen Interessen, nach den elementaren Lebensinteressen der einen und nach den höheren sozialen Positionsinteressen der anderen; danach, wie solche Interessen sich in verschiedenen gesellschaftlichen Milieus ausgebildet, ausgebreitet und potenziert haben; wie sie in vielerlei parallele und gegenläufige Aktionen und endlich in einen vielschichtigen revolutionären Vitalprozess ausgemündet sind. Fragen wir schließlich stets danach, was an wirklichen Befähigungen bei den Prozessbeteiligten verschiedener Provenienz ausgebildet gewesen ist: was an zivilisatorisch-produktivem Leistungs- und Organisationsvermögen, was an personaler Eigenständigkeit und was an Befähigungen zu sozialer Kooperation und Integration; fragen wir zumal danach, wo jeweils die einen wie die anderen in die Schranken ihres Leistungsvermögens gebannt waren.

Es kann jetzt naturgemäß keine hinreichend zusammenhängende Rechenschaftslegung folgen, sondern nur eine Probe auf die Begriffe, mit denen sich der russisch-sowjetische Revolutionsprozess als ein Stück „sozialer Naturgeschichte" vergegenwärtigen lässt, das aus einem bestimmten Fundus lebendiger „Produktivkräfte" lebte.

„Hochmobilisation"

Der Prozess der Sowjetrevolution ist – in dramatisch veränderter und zugespitzter Konfliktlage, im Gefolge zweier Imperialkriege – die Fortsetzung einer ebenso ausgedehnten wie impulsiven Sozialmobilisation, die sich im Russland des ausgehenden 19. und des beginnenden 20. Jahrhunderts vollzogen hat. Menschen aus allen Schichten (zumal Heranwachsende) begaben sich auf allerlei Wegen und Heerstraßen zu einem besseren, reicheren, interessanteren und ansehnlicheren Leben, teils im Sog neuer zivilisatorischer und kultureller Attraktionen, teils unter dem Druck neu entstandener Bedrängnisse.

Es sind hier gleich drei Strömungen einer Hochmobilisation in- und aneinandergeraten: ein imponierender zivilisatorischer Aufschwung; ein machtvoller imperialer Auftrieb in wichtigen Teilen der bürgerlichen Klassen; und ein sozialrevolutionärer Aufbruch in der bürgerlich-kleinbürgerlichen Intelligenzija, in einem politisierten Segment der Fabrikarbeiter und nicht zuletzt in der Bauernschaft, im übervölkerten Dorf. Eben für die Impulse und Aktionsperspektiven dieses sozialrevolutionären Mobilisierungszuges bot sich der Marxismus als „Nomenklatur" an.

Vater Krieg

Die Ausgangslage für die Revolution von 1917 war – trotz des notorischen Immobilismus der Zarenmonarchie – ganz und gar kein Zustand von Stagnation und Marasmus. Ihr ging vielmehr eine Zeit der stürmischen Aktivierung zivilisatorischer Kräfte voraus. Mit keinem Wort konnte davon die Rede sein, dass der „Kapitalismus" seine zivilisatorisch-produktiven Möglichkeiten erschöpft gehabt hätte und deshalb der Sozialismus auf den geschichtlichen Plan hätte treten müssen. Zwischen dem Aufschwung des Jahrhundertanfangs und der Revolution stand aber der Weltkrieg. Er war auch in Russland für einen beachtlichen Gesellschaftsteil ein Movens der epochalen Hochmobilisation, ihre imperiale Speerspitze. Andererseits aber agitierte der Krieg je länger desto mehr Hunderttausende von Leidtragenden und Kriegsunwilligen. Zur „Speerspitze" des Oktoberumsturzes wurden nicht zuletzt Garnisonssoldaten, die nicht mehr an die Front geschickt werden wollten. Für viele von ihnen war die Revolution schlicht eine Antikriegs- und Erschöpfungsrevolte. Doch im Soldatenmilieu gab es auch nicht wenige, für die sich mit der Revolution die faszinierende Möglichkeit eröffnete, eine neue revolutionäre Staatsklasse zu bilden.

Wie sollte und konnte die Revolution bei solcher Ausgangslage zu einer sozial-zivilisatorischen und sozial-emanzipativen „Entwicklungsrevolution" werden? Viele Zeitgenossen empfanden den Weltkrieg zugleich als die Bankrotterklärung des Kapitalismus, als das Todesurteil über ihn. Verhielt es sich aber wirklich so, war „Sozialismus oder Barbarei" aktuell die epochale Alternative?

Überschießen des Politischen

Die Kriegskonstellation verstärkte ganz enorm einen Effekt, der sich schon im Vorfeld von Krieg und Revolution abgezeichnet hatte: die zivilisatorischen Produktiv-, Bildungs- und Organisationsenergien, wie vital sie auch sein mochten, wurden noch weit überflügelt von den Wirkkräften, die im Gegenzug zur Unterdrückungsgewalt und den exklusiven Privilegierungen des Zarenregiments auf das Feld politischer Kämpfe und Eroberungen drängten. So erhielt der sich anbahnende revolutionäre Prozess eine ausgeprägt „politokratische" Faktur: die politische Mobilisation lief der zivilisatorischen den Rang ab und blieb kaum noch im Verbund mit ihr. Es bildete sich aus den politisierten Energien, die sich nicht in einer freien Öffentlichkeit und in den bestehenden Institutionen auswirken konnten, ein potentieller Gegen-Staat. Eine Revolution, die den Gegen-Staat zum Staat erhebt, musste zu einer nur allzu sehr politischen (im marxisch-kritischen Sinne) oder politokratischen Revolution werden.

Dass Russland mit dem Eintritt ins 20. Jahrhundert zugleich an der Schwelle eines revolutionären Umbruchs stand, wurde im Jahre 1905 offenkundig. Doch was für eine Revolution würde das sein? Zunächst fraglos eine „bürgerlich-demokratische", doch mit einer revolutionär gestimmten und politisch organisierten Arbeiterschaft vielleicht auch bereits mehr: eine russische Revolution, die sich mit einer sozialistischen Revolution in Westeuropa verschränkt und so selber in eine sozialistische „hinüberwachsen" kann.

Es ist eine ganz und gar „außerplanmäßige" Geschichte, wie sich die bürgerlich-demokratische Februarrevolution von 1917 im Ausgang des Weltkriegs, in den das Land verwickelt war, zur „Großen Sozialistischen Oktoberrevolution" auswuchs. Dass in Russland, allen anderen voran oder ganz ohne sie, binnen weniger Monate „der Sozialismus" (oder gar der Kommunismus) zur akuten „Tagesfrage" werden könnte, lag in keinerlei marxistisch-strategischer Vorsehung beschlossen, sondern ergab sich fast naturwüchsig als eine verzweifelt-kühne Ad-hoc-Improvisation aus der unversehens eingetretenen politischen „Frontlage" – praktisch als eine Art „Flucht nach vorn", die eine Ideologisierung erfuhr. Als politische Revolution hatte der bolschewistische Oktoberumsturz den kardinalen Sinn, einen neuen Staat zu etablieren und eisern zu behaupten. Zum Ende seiner Tage brachte der Revolutionsführer Lenin es auf eine geradezu frappierende – von Napoleon überlieferte – Formel: *On s'engage, et puis – on voit.* In freier Übersetzung bedeutet das etwa: „Zuerst stürzt man sich ins Gefecht, und das weitere wird sich finden."[67]

Das eigentlich „Sozialistische" – das ist die Ausschließung privatwirtschaftlicher Unternehmer-Existenzen – folgte nicht aus der Positivität des Programms (man hätte die Kapitalisten lieber unter der „Arbeiter-[staats]kontrolle" weiterarbeiten lassen), sondern aus der negativen Nötigung einer naturwüchsig entstandenen Kampfsituation: Die Kader des Arbeiterstaates, die Arbeiter selbst und die verbliebenen Kapitalisten waren entweder nicht willens oder nicht fähig, miteinander geordnet zu kooperieren. Dass der Endeffekt – „Aufhebung des Privateigentums" – dann nominell mit der Kardinalformel des Kommunistischen Manifests übereinstimmte, war weniger beabsichtigt und willkommen, und es er-

---

[67] „Über unsere Revolution" in: Lenin, Ausgewählte Werke Bd. 2. Moskau 1946/47, S. 999.

hielt seine sakrale Weihe erst später, als man aus so vielen praktischen Nöten eine ideologische Tugend machen musste. Der Befund ist hier nicht das Praktisch-Werden einer Ideologie, sondern die Ideologisierung eines Praktischen.

Übermobilisation und „Gedrängelage"

Eine imperial überschießende Sozialmobilisation, die mit ihren Lebensraumanforderungen das Gesamtmaß der reellen gesellschaftlichen Reichtumsproduktion überschreitet, kann man eine (relative) Übermobilisation nennen. Der moderne, industriegesellschaftlich geprägte Imperialismus ist insgesamt eine Epoche solcher Übermobilisation, und die russische Sozialrevolution ist eine ihrer Fortführungslinien (wie der Faschismus eine andere). Die Sowjetrevolution war auf allen Rangstufen und in allen ihren Phasen auf immer wieder neue Weise überreich an Einschüssen von Übermobilisation. Eine Hochmobilisation wird um so mehr überschießend, je dichter – gemessen an den neu zu besetzenden Räumen und Plätzen – das Gedränge von Mobilisierten jeglicher Provenienz ist. Schon in einem evolutionären Prozess der expandierenden Reichtumsproduktion tritt leicht der Fall ein, dass sich in manchen Gesellschaftsteilen Ansprüche ausbilden, die das reelle Maß der Reichtumsproduktion übersteigen; die deutsche Reichsnation ist mit ihren bürgerlichen und kleinbürgerlichen Klassen nach der Reichsgründung von 1871 in einen Strom der imperial überschießenden Mobilisation geraten, der in den Weltkrieg einmündete. Ähnlich zeigt die Zivilisations- und Sozialbewegung der russischen Gesellschaft um die Jahrhundertwende viele Momente von Übermobilisation. Der Weltkrieg hat hier die Reichtumsbasis extrem schrumpfen lassen, andererseits die Anwartschaften auf ein besseres Leben enorm vermehrt. Das wurde konstitutiv für den Dynamismus der Revolution von 1917.

Wie die soziale Aufstiegsdynamik den Revolutionsprozess eröffnet hat, so hat sie ihn in seinem ganzen Verlauf durchzogen und sich in die Revolutionspartei hinein fortgesetzt. Der schicksalhafte Kampf um die Selbstbehauptung der „Sowjetmacht" war die Szene und das Tribunal, vor dem sich im Revolutionskader unter extremen sozialen Druck- und Anfechtungsverhältnissen eine „geschichtsnatürliche Auslese" der Typen und Charaktere abspielte, das Überleben der Robustesten im gnadenlosen Ringen um die gehobenen, höheren und höchsten Positio-

nen. Das andere Bildungselement hingegen, das sich in höheren Kulturformen menschlicher Kooperativität bewährt (noch gar nicht zu reden
von den Potenzen menschlicher Solidarität), haben die Conquistadoren
mit ihrer reduzierten Kommunikationskompetenz rücksichtslos verdrängt
und zerstört. So waren die zwei Jahrzehnte der virulenten Sowjetrevolution (1918 bis 1938) ein geradezu archaischer „naturgeschichtlicher Prozess", in dem „die heftigsten, kleinlichsten und gehässigsten Leidenschaften der menschlichen Brust, die Furien des Privatinteresses, auf
den Kampfplatz" gerufen waren (K. Marx), und doch zugleich ein
moderner, in die Sozialdynamik der Industriezivilisation eingelagerter
Vorgang. Aus Prozessen einer „Übermobilisation" erwachsen, hat die
Sowjetrevolution auf ihrer unvermindert prekären Zivilisationsbasis die
Mechanismen relativer Aufstiegs- und Übermobilisation auf einer
„erweiterten Stufenleiter" reproduziert. Und wo Übermobilisation ist, da
grassiert auch die Ideologiebildung.

Zur Frage nach dem geschichtlichen Sinn der Sowjetrevolution

Wer es unternehmen will, die Sowjetrevolution geschichtsphilosophisch
zu qualifizieren und zu orten, wird versucht sein, die Angelegenheit auf
einer höheren Sinnebene zu verhandeln. Doch was da überhaupt an
übergreifenden Sinnbestimmungen in Betracht kommt, wird sich nur
ganz mühsam dem Elementaren des geschichtlichen Naturlaufs abge-
winnen lassen.

Der „Marxismus" zumal war im praktischen Prozess der Revolution
nicht „Anleitung zum Handeln", sondern ein Fetisch, ein para-religiöses
Ritual – oder auch: Opium des revolutionierten Volks. Die Sowjetrevolution auf einer weltgeschichtlichen Wegstrecke „vom Kapitalismus zum
Sozialismus" einzuzeichnen, ist gleich ein doppelter ideologischer Ge-
waltstreich. Erstens steht dahin, was für ein weltgeschichtlicher Akt dies
sein könnte; und zum anderen würden sich ohnedies die geschichtlichen
Inhalte nicht zur Deckung bringen lassen. Zudem ist geschichtsphilosophisch ja überhaupt zu zweifeln, ob denn wirklich die „großen" Revoluti-
onsdramen wie das Französische von 1789 und das Russische von
1917 die Konzentrate geschichtlicher Umwälzungen sind oder nicht
vielmehr nur irreguläre Episoden in ihnen. – Übrigens hat kein geringerer als Lenin in seinen letzten Reflexionen (1923) die Sozialismus-Pro-
grammatik und ganz allgemein das Moment positiv-programmatischer

Zielstrebigkeit für seine Revolution erheblich heruntergestuft. Diese stellte sich ihm vor allem als der Ausbruch aus einer „verzweifelten" Lage dar, und nach der positiven Seite wesentlich dazu bestimmt, für Russland irgendwie-anderswie einen Weg auf die Höhen der modernen Zivilisation zu eröffnen.[68]

Kämen wir damit von der höheren Teleologie des Sozialismus zur höheren (nur nicht ganz so hoch angesetzten) Teleologie einer „nachholenden Industrialisierung"? Das aber liefe schon wieder auf eine forcierte Sinn-Überhöhung hinaus, und es wäre damit entschieden zuviel „Entwicklungsrationalität" unterstellt, wie sie die Sowjetrevolution faktisch gar nicht gehabt hat. Die Rechnung ginge noch nicht einmal auf, wenn wir noch eine Stufe weiter nach unten gingen und nach einer elementaren „Daseinsrationalität" fragten: im Zeichen des gebieterischen Erfordernisses, dass sich das Land als Staat unter Staaten in der weiterhin fortbestehenden imperialistischen Konstellation nur behaupten konnte, wenn es sich beschleunigt industriell zivilisierte und militärisch stark machte. Selbst das wird noch durch die geschichtliche Wirklichkeit desavouiert. Stalins Regime war mit seinen „Säuberungen" kurz vor dem Ausbruch des Zweiten Weltkriegs nicht nur „universelle Sabotage der Wirtschaft", sondern mit der Liquidierung Zehntausender Offizierskader, die einer „Enthauptung der Armee" gleichkam, auch ganz speziell Sabotage an der Verteidigungskraft des Landes. „Die Interessen der Landesverteidigung sind den Interessen der Selbsterhaltung der regierenden Clique geopfert worden", notierte L. Trotzki im Jahr des Schreckens 1937.[69] So spricht alles gegen die allzu „harmonistische" Vorstellung von der Sowjetrevolution als einer Entwicklungsrevolution. Die Elemente einer potentiellen Entwicklungsrevolution gerieten erst einmal tief in den Strudel einer unproduktiven, ihrer Natur nach akquisitiven Umverteilungs-Revolution, die als solche gerade keiner höheren Sinnhaftigkeit unterstand, sondern einer naturwüchsigen Elementargewalt unterlag.

---

[68] Ebenda, S. 998.
[69] Trotzki, Schriften I, Sowjetgesellschaft und stalinistische Diktatur (2 Bde.) Bd. 1.2, S. 1090,1092.

Hartnäckig hält sich bis auf den heutigen Tag der alte Mythos vom welt-revolutionären Auftrag des Sowjetstaates. Selbst berufene Mentoren memorieren es monoton: „Die Sowjetunion", so ist in einer neueren Ver-lautbarung unserer Osteuropa-Wissenschaft zu lesen, „ist eine Welt-macht neuen Typus. In ihr sind die missionarisch-patriotischen Werte und Verhaltensmuster Groß-Russlands mit der marxistisch-leninisti-schen Ideologie stalinistischer Prägung eine unheilige Synthese einge-gangen."[70] Der Glaube an ein unwandelbares Wesen kann sich unbe-kümmert in tautologischen Sätzen ergehen: „Die Aggressivität des Weltkommunismus allein ist gewiss schon ein Antrieb zur Expansion."[71] Die Wesensbestimmung eines Weltkommunismus zur „Weltrevolution", das Vermächtnis des Weltrevolutionärs Lenin und der doktrinale Mono-polanspruch des Marxismus-Leninismus figurieren in diesem Verständ-nis wechselweise als axiomatische Begründungen und als Realmotiva-tionen einer ideologischen Politik.

Fetisch „Weltrevolution"

Hier gibt es für das Unternehmen „Historisierung" eine Menge zu tun. Eine ideologiekritische Recherche hätte erst einmal aufzuklären, was die „Weltrevolution" denn eigentlich gewesen ist. Sie war ein ideologischer Fetisch, die Ideologisierung von ersten Schritten einer Praxis, die sich des Handlungsraumes Russland noch nicht sicher gewesen ist. Die Sowjetmacht war 1917 bis 1920 im Verständnis der bolschewistischen Führer als der erste Vorposten der Weltrevolution noch keine autarke Größe. Ohne den Wechsel auf die Weltrevolution, heißt es, hätten sie das ganze Wagnis in seiner unbestimmten Ungeheuerlichkeit überhaupt nicht unternommen, und für das Gelingen der „deutschen Revolution" hätten sie nach Lenins eigenem Bekunden ihre Sowjetrepublik sogar geopfert. Ein mehr in der Westkultur verankerter Sowjetrevolutionär wie Trotzki hat zeit seines Lebens daran festgehalten, dass der Sozialismus für Sowjetrussland ohne einen Sieg der sozialistischen Revolution im Westen essentiell unmöglich sei – er hatte eben auch einen kulturell viel

---

[70] Oldenburg, E., in: G. Simon (Hrsg.), Weltmacht Sowjetunion, Köln 1987, S. 212.
[71] Frankfurter Allgemeine Zeitung, Leitartikel 1. April 1986.

anspruchsvolleren Begriff vom Sozialismus als Stalin, der seinen Grob-
schmied-Sozialismus sehr wohl auch „in einem Lande" unter Dach bringen konnte.

Die Weltrevolution war also im ideologischen Bewusstsein ihrer Vor-
kämpfer eine ideologische Überhöhung und Überkompensation der fundamentalen praktischen Konstitutionsschwäche ihrer revolutionären
Staatsgründung. Zum praktischen Projekt wurde sie in der Nachkriegs-
krise 1920 bis 1923, als eine deutsch-russische Doppelrevolution im Bereich des polittechnisch (und so nur) Machbaren zu liegen schien – über
Warschau nach Berlin. Der Abbruch mit dem „deutschen Oktober" 1923
war definitiv. Das altbolschewistische Projekt der Weltrevolution stand
und fiel mit der revolutionären Potenz des westeuropäischen Proletariats, und diese war mit Hitlers Machtergreifung 1933 dementiert.

Wer sich nicht mit gegenideologischen Schablonen zufrieden gibt,
wird sehr sorgfältig zu erwägen haben, auf welchem reellen sozio-
dynamischen Grunde die nachrevolutionäre Sowjetgesellschaft in der
Tat eine imperiale Kapazität ausgebildet hat. Das wird wohl nur daraus
verständlich, wie die Binnenverfassung des nachrevolutionären Staates
mit der Außenkonstellation des weiterhin hoch-virulenten europäischen
(und überseeischen) Nach-Weltkriegs-Imperialismus verbunden gewesen ist.

Bei wem lag das „Gesetz des Handelns"?

Mit dem Wiederaufstieg des deutschen Imperialismus unter dem nationalsozialistischen Regiment haben sich die weltgeschichtlichen Initiativ-
verhältnisse aufs neue gründlich umgekehrt – wie zuvor schon mit dem
Deutsch-französischen Krieg von 1870 bis 1871, der darüber entschieden hat, dass nicht der soziale Kampf der Arbeiterklasse, sondern der
imperiale Kampf der Nationen der „Hauptkampf" der Epoche sein werde.
Nach Hitlers Machtergreifung ging dieser Kampf noch einmal einem
neuen Höhepunkt entgegen, der Wiederaufnahme des 1918 abgebrochenen Weltkriegs. Sowjetrussland war, nachdem die Stalin-Führung mit
der Komintern auf die verhängnisvollste Weise in die politischen Kämpfe
vor 1933 interveniert hatte, damit mit einem übermächtigen Faktum der
Weltgeschichte konfrontiert. Die historische Gerechtigkeit gebietet es,
nicht dieses Faktum aus dem Blick zu verlieren, dass die Sowjetrevolution insgesamt aus dem Weltkrieg des westlich-europäisch geprägten

Imperialismus geboren und der Sowjetstaat im Spannungsfeld des Welt-kriegs herangewachsen ist. Er war im gegebenen Kräfteverhältnis über-wiegend zur Reaktivität verurteilt, und erst der im Westen zu neuer Virulenz gediehene imperialistische Krieg hat den Sowjetstaat imperial reaktiviert, seine eigene imperiale Potenz in Freiheit gesetzt. Dies fest-zuhalten ist wichtig, damit die sowjetische Außen- oder Weltpolitik nicht in eine ideologisch-einseitige, anti-historische Beleuchtung gerät und wie ein Automatismus aus einem inneren Wesens-Logos wirkend er-scheint. – Vielleicht darf man sagen, dass bis 1945 in weit höherem Maße Deutschland für Russland zum historischen Schicksal geworden ist, und erst mit dem Jahre 1945 ein Umschlag stattgefunden hat.

Wie auch immer stimuliert und motiviert – eine Art von Imperialität ist zu einem unbezweifelbaren Lebenselement der schließlich etablierten Sowjetgesellschaft geworden: eine spezifisch nachrevolutionäre Imperi-alität. Ich meine, es führt nicht weit, wenn wir sie einfach als ein Kombi-nat aus alt-imperialen Traditionen und neu-ideologischen Zusatz-Motivierungen deuten statt auf ein Drittes zu zielen: darauf, wie sich der immer wieder wechselnde sozial-zivilisationsdynamische Index jener Imperialität im epochalen Kontext der modernen Welt bestimmen lässt.

Schon die alte russische Imperialität war auf der geschichtlichen Wegstrecke zwischen Iwan III. und Nikolai II. jeweils von einer eigenen gesellschaftlich-dynamischen Konstitution. Sie war jedenfalls nicht ein-fach ein Produkt aus konstantem Raum und variabler Volkszahl, son-dern Sache einer je spezifischen Kraftentfaltung in ihren Aktiva und Passiva. Zuletzt hat das heraufkommende bürgerliche Russland die Imperialität bereits kräftig mitgetragen. Die breite Hochmobilisation gesellschaftlicher Initiativkräfte aller Art (produktiv und akquisitiv, auch „requisitiv"), die in Weltkrieg und Revolution eingemündet ist, wäre nun auch durch den Prozess der nachrevolutionären Gesellschaftsbildung in ihren „Triebschicksalen" weiterzuverfolgen. Die ideologischen Fetische des weltrevolutionären Kommunismus können dabei ebenso beiseite bleiben wie die der Ersten Weltfriedensmacht und die vom Ersten Freund der um ihre Befreiung ringenden Völker. Ob nun „Klassengesell-schaft" oder nicht, die Sowjetgesellschaft hat jedenfalls eine viel zur sehr hierarchische Grundordnung der sozialen Macht- und Besitzungleich-heit, als dass sie den autogenen Mechanismen imperialer Kraftentfal-tung entronnen wäre. Doch es wäre in jedem Falle gesondert zu identi-fizieren, wessen Sache und welchen Interesses die imperialen Potenzen in der sozialen Kräftebalance jeweils gewesen sind – zum Beispiel in der zweiten Weltkriegsphase. Zu bedenken ist, dass die Armee in einer politokratisch verfassten (und minderzivilisierten) Gesellschaft eine wesentliche innergesellschaftliche (und nicht nur außen- machtpolitische) Funktion hat, indem sie ein großes Sammelbecken aufstiegsbeflissener Elemente ist. Je mehr sich in der Sowjetunion eine politische Öffentlichkeit neu etabliert, desto eher und deutlicher wird es möglich, in dieser Gesellschaft differentiell die Bildungselemente ziviler und imperialer Vergesellschaftung zu diagnostizieren.

Organische Friedensfähigkeit?

Es müsste gelingen, das Problem als eines der gesellschaftlichen, der sozialkulturellen und sozial-zivilisatorischen Kraftströme zu fassen – und als eines, das keineswegs nur die Sowjetgesellschaft betrifft: Für die westlich-kapitalistischen Industrienationen ist die Frage nach ihrer „organischen" Friedensfähigkeit ja ebenso wenig positiv entschieden. Der unersättliche sowjetische Expansionismus ist wohl ebenso sehr eine Projektion aus dem eigenen, westlichen Imperial-Erbteil. Nur im Gesamtkontext ließe sich darüber verhandeln, welche Stellung die Sowjetgesellschaft in der geschichtlichen Entfaltung von „zivilgesellschaftlichen" Potenzen der modernen Weltzivilisation einnimmt. Es war dies bis vor kurzem jedenfalls keine sonderlich avantgardistische. Die Außenpolitik der Sowjetunion ist die einer Staatsklasse, die es schwer mit dem eigenen Volk hat und es immer wieder nötig hat, ihre Stellung im Inneren durch auswärtige Unternehmungen und Konflikte zu stabilisieren. Aber auch die Offizialsphären der übrigen Staatenwelt können sich einer solchen organischen Friedensfähigkeit und Tüchtigkeit im Friedensstiften längst nicht rühmen.

Die imperiale Potenz der Sowjetgesellschaft wird ebenso wie die jeder anderen nicht nur von den Größenordnungen eines Großstaates abhängen, sondern von den Proportionen, in denen in ihr Ansprüche auf ein nicht nur gutes, sondern auch ansehnliches Leben wach werden und die Wege ihrer Befriedigung offen stehen oder blockiert und umstritten sind. Die militärische Kraftentfaltung ist dabei nur ein Teilaspekt des allgemeinen zivilisatorischen Bewährungsdrucks, dem die Sowjetführung von unten wie von außen (und in einem delikaten Zusammenspiel beider) ausgesetzt ist.

Ein halbwegs konsolidiertes, innerlich befriedetes sozialistisches Gemeinwesen -und warum sollte es ein solches „prinzipiell" nicht geben können? – hätte keinerlei Grund, mit Machtmitteln auf die Umwelt einzudringen, wenn diese nicht ihrerseits dergleichen tut. Das geschichtliche Feld hat mehr Offenheit als die System-Türschließer wahrhaben wollen. Bis jetzt ist die Sowjetgesellschaft aber weder so konsolidiert noch von außen her so unangefochten. In ihrem Staatsvolk gibt es (wie in den anderen auch) eine breite Basis imperialer, nicht nur schlicht-nationaler und defensiver Loyalität, die einen Druck auf die Bildungselemente einer zivilen Gesellschaft ausübt, sie der imperialen Disziplin unterwirft.

Für dieses schwierigste aller Probleme kann man sich nur noch eine international gemeinschaftliche Bearbeitungsform denken, zu der es erst bescheidene Ansätze und institutionelle Kümmerformen gibt. Im Kern wird es wohl darum gehen, wie die Bildungselemente und Bindekräfte einer zivilen Vergesellschaftung für die „große" und die internationale Politik achsenbildend werden können. In dem Maße, in dem sie größeres öffentliches Gewicht erlangen, kann es ihnen gelingen, die Impulse der „Übermobilisation" zu bändigen, ihre sozialen Geburtsstätten unter Kontrolle zu bringen. Zusammen mit dem Übermobilisationsdruck würde auch der Pegelstand der Ideologisierung im öffentlichen Gesellschaftsbewusstsein absinken; die „Sprache des wirklichen Lebens" käme auf der ganzen Linie zu ihrem Recht.

Wie die Gegenwart der Sowjetgesellschaft unter der Last einer Vergangenheit steht, die nicht vergehen will, so steht ihre Zukunft unter dem Stern einer Vergangenheit, die allzu schnell vergangen ist: unter dem der abgebrochenen bürgerlichen Revolution. Die Bolschewiki glaubten seinerzeit bei ihrer weltgeschichtlichen Großraumplanung, sie hätten mit ihrer „sozialistischen" Revolution die bürgerliche Revolution überflügelt oder im Vorbeigehen mit erledigt. Das war eine arge Illusion, und schlimmer noch: die Oktoberrevolution war auf ganz fatale Weise eine Revolution *gegen* die bürgerliche Revolution. Wenn man eine „weltgeschichtliche" Fortschrittsperspektive für die Zukunft der Sowjetgesellschaft gewinnen möchte, so könnte es diese sein: Heimholung der bürgerlichen Revolution in die bei weitem nicht „entwickelte", sondern noch werdende sozialistische Gesellschaft. Die übergeordnete Epochen-Alternative dürfte nicht mehr „Kapitalismus oder Sozialismus?" (und „Sozialis-

mus oder Barbarei!") lauten, sondern „Imperialgesellschaft oder Zivilgesellschaft?" Und so lautet für den „real existierenden Sozialismus", der in
der Weltkriegsepoche martialisch-imperial auf die Weltbühne getreten
ist, die Große Anfrage: Wie ist er künftig als Zivilgesellschaft möglich?

Viertes Thema:

Blick zurück vom Marxismus auf Marx

Meine erste Gedankenspur zum Thema Marxismus, mit dem keine Familienspur mich verbunden hat, war das 1939 erschienene „Geschichtsbuch für die deutsche Jugend" (für die 5. Klasse), das damit sehr kurzen Prozess gemacht hat. Nach den Abschnitten über die Großstadt, das Judentum, die soziale Not und über den Verbund von Arbeiter, Bürgertum und Staat ist hier auf zwei Seiten der Marxismus abgefertigt. Das Stück beginnt mit den Sätzen: „Dem deutschen Arbeiter um 1870 fehlte der große deutschstämmige Führer; Bürgertum und Staat hatten versagt. Da nutzte das Judentum die Gelegenheit aus, nun, wie es verhieß, Führer aus seiner Not zu sein. ... Der Jude, der diese Täuschung zuwege brachte, war Karl Marx (jüd. Mardochai). Er, der Artfremde, der Deutschland hasste wie kaum ein anderer seiner Volksgenossen, ... ist der Führer der deutschen Arbeiter geworden. Es war das größte Verhängnis, was je unser Volk getroffen hat." Falls ich diese Textpartie überhaupt nachgelesen habe, konnte sie mich nicht ansprechen, wo ich überaus eng vertraute Verwandte mit jüdischen Ahnen hatte.

Ich war ebenso ahnungslos wie unbefangen und eher erwartungsvoll, als ich am 25. Mai 1945 – wohl pauschal als einer von der „Ostfront" in Anspruch genommen – im südlichen Böhmen zusammen mit Hunderten anderer von den US-amerikanischen Siegern den sowjetischen Alliierten übergeben wurde und nach einer langen Güterwagen-Bahnreise im Spätherbst irgendwo zwischen Moskau und der Wolga ankam. Dank einer unerwarteten *medical correctness* kam ich hier nicht umgehend in ein Arbeitslager, sondern – noch mehr unerwartet und unverhofft – in die „Schulzone" des Lagers 165 (später 2041), in die „Antifaschistische Schule für Kriegsgefangene". Das Lager hatte für Veranstaltungen und Vorführungen ein Clubgebäude, dessen Vortragsbühne außer mit den Bildern einiger Heroen der russisch-vaterländischen Geschichte zentral mit denen von Marx, Engels, Lenin und Stalin umrahmt war. Da hatte ich also den ersten anderen Marx, der mit seinem „Ismus" hier wie ein Geist über den Wassern der Geschichte regierte.

In Stalins Polit-Schule war Marx nur eine historische Hintergrundfigur, mit seinem Namen gleichwohl allgegenwärtig und zumal uns Deutschen sozusagen heimatlich verbunden. Leichter zugänglich war der „Enzyklopädist" Friedrich Engels, dessen Streitschrift gegen Dühring ich studierte und exzerpierte. In meinem Heft aus der Schulzeit finde ich den Text einer Abschlussprüfung aus dem Mai 1946, deren Thema lautete: „Worin besteht die alles besiegende Kraft des Marxismus?" Es versteht sich, dass dieses Thema für mich als einen philosophisch Engagierten von höchster Wichtigkeit war, zumal da es in der intellektuellen und politischen Diskussion so strittig wie eh und je geblieben ist. Nach meinen Arbeiten im Felde der aktuellen *Studies in Soviet Thought* war es für mich ganz obligat, in meinen Berliner Jahren auf jene „Anfangsgründe" im Umkreis der Marxgeschichte zurückzukommen; zumal diese aktueller geblieben sind als die Übungen der Epigonen es je werden konnten.

Dass 1969 schon auf der ersten Vorwortseite von „Marxismus und Geschichte" im Plural von „Marxismen" die Rede ist, zeigte an, dass ich als einer von den Älteren und geschichtlich Erfahreneren nicht auf eine konfessionelle Aktualisierung, sondern auf eine „Historisierung" des Epochenphänomens Marxismus hinarbeitete. Nur fand ich es zu jener Zeit noch möglich, bei Marx über seine diversen Vorläufigkeiten und Beiläufigkeiten hinweg einen Bestand an definitiv zurechenbaren Positionen – ihrer Provenienz und nicht ihrer Konfession nach – als „marxistisch" zu registrieren. Später nahm ich davon Abstand, weil ich die theoretische Statusfrage strenger handhabe. Die Frage war nicht mehr, der Marxismus *ist*, sondern was er *gewesen ist*.

Text:

Zehn Thesen über Marx und die Marxismen

1. Marx ist nicht der „Begründer des Marxismus"

Der Marxismus ist nicht die „Lehre von Marx", Marx ist nicht der „Begründer des Marxismus". Er war dessen vorletzter Vorläufer – vor Engels, der zum Ziehvater der ersten Marxisten (Bebel, Bernstein, Kautsky, Plechanow, Labriola) wurde. Von Marx her gesehen war das Aufkommen des Marxismus in den 80er-90er Jahren des 19. Jahrhunderts etwas ganz Irreguläres, eine *ideologische Anomalie*. Denn das Denken von Marx hatte einen ganz anderen Sinn als den einer „Lehre", einer Doktrin, die von Prinzipien ausgeht und daraus Handlungskonsequenzen ableitet. Doch Marx war so wenig das Maß aller marxistischen

Dinge, dass er auch darüber nicht zu verfügen hatte, wie man ihn künftig aufnehmen und verstehen werde. Es muss gewiss sehr triftige Gründe gehabt haben, dass auf Marx ein Marxismus – und danach mehrere Marxismen – gefolgt sind. Diese Gründe liegen jedoch nur zum geringsten Teil bei Marx. Wo etwas rezipiert wird, wird es immer nach den Maßbestimmungen der Rezipierenden aufgenommen oder nicht, so oder anders aufgenommen.

2. Nicht Doktrin, sondern Rechenschaftslegung – Kein utopischer Entwurf, sondern ein „Erwartungshorizont"

Es bedeutete von Anfang an eine gravierende Sinnverschiebung, wenn Epigonen aus den theoretischen und rhetorischen Hinterlassenschaften von Marx den Kanon einer „Lehre" machten, die als „Anleitung zum Handeln" fungieren soll. Davon abgesehen, dass Marx ein solches „Funktionieren" einer Doktrin gar nicht für möglich gehalten hätte, lag es jedenfalls nicht im Sinn seines aktiven Praxisdenkens. Dieses wollte/sollte vielmehr eine Rechenschaftslegung über eine selbsttätige „wirkliche Bewegung" sein, die einer solchen Anleitung nicht bedarf. Der genaue Sinn der Sache ist, dass Marx weitreichende *Erwartungen* in die geschichtliche Wirksamkeit der heraufkommenden Emanzipationsbewegung des Proletariats gesetzt hat, die in höheren oder geringerem Maße, rascher oder langwieriger in Erfüllung gehen oder nicht in Erfüllung gehen konnten. Die Arbeiterklasse hat keine Ideale und utopischen Entwürfe zu verwirklichen, sondern kann nur die Elemente einer höheren Gesellschaft in Freiheit setzen, die sich im Schoß der niedergehenden alten Gesellschaft entwickelt haben und weiter entwickeln.

3. Wechsel der Wegzeichen: Nicht mehr Rechenschaftslegung, sondern Doktrin – Kein Erwartungshorizont mehr, sondern ein Ziel- und Aufgabenhorizont

Außer vielen anderen Marxschen Erwartungen hat die wirkliche Bewegung der Arbeiteremanzipation auch diese eine nicht erfüllt: Dass sie aus ihrem eigenen Vermögen heraus zu einem so „sicheren Gang" finden werde, dass sie der geistigen Anleitung durch einen großen Lehrmeister nicht bedürfe. Sie brauchte ihn je länger umso dringender. Marx fand sich darin bestätigt, dass das Industrieproletariat ein bedeutsames Stück neuerer Sozial- und Freiheitsgeschichte eröffnen werden. Die weitergehende Erwartung aber, dieses Proletariat werde die revolutionäre Klasse einer großen sozialen Umwälzung werden, war illusorisch. Die wirkliche Durchsetzungskraft dieser Klasse reichte zu einer Sozialreform, nicht zu einer sozialen Revolution (die im übrigen wohl auch nicht akut gefordert war). Weil die Arbeiterpolitik auf harten Widerstand stieß und in eine epochale Gegenströmung geriet, suchte sie höhere geistigideelle Sicherheiten und Hilfen in einer autoritativen Doktrin, die sie aus Gedankenelementen des prometheischen Denkers Marx gewann. Sie tat das in einer Auswahl und Gewichtung, die eben ihrem eigenen Handlungs- und Durchsetzungsvermögen entsprach – und dieses blieb allezeit empfindlich begrenzt. Dabei geschah es, dass die Arbeiterbewegung weniger die höheren theoretischen Einsichten von Marx aufnahm, als vielmehr die unüberwundenen Restbestände aus frühsozialistischen Doktrinen, die es bei Marx gibt und die manche Ambivalenz in sein Denken gebracht haben. An die Stelle einer souveränen Rechenschaftslegung über den Fortgang der eigenen Praxis (die nicht sonderlich erhebend gewesen wäre) trat eine umso mehr erhebende „Lehre von Marx".

4. Die Sowjetrevolution: nicht die „Verwirklichung" der „Ideen von Marx"

Wie der Marxismus nicht die „Lehre von Marx" ist, sondern ein epigonales Produkt, so ist der aus der russischen Sozialrevolution von 1917 hervorgegangene „Sowjetmarxismus" mit seiner so andersartigen sozialen Substanz keine Fortführungslinie des westeuropäischen Arbeitersozialismus. Ebenso wenig war er die „Anwendung" jener vermeintlichen Lehre auf die besonderen geschichtlichen Bedingungen des industriell zurückgebliebenen Russland. Für die „Übersiedlung" von Marx in den Moskauer Kreml gilt im Grunde dasselbe wie für die Aufnahme Marxscher Gedanken in der Arbeiterbewegung des 19. Jahrhunderts: Nicht Marx hat dabei das Maß gesetzt. Vielmehr taten das diejenigen, die ihn in ihren Dienst stellten. Auch Lenin und seine Epigonen litten bei aller revolutionären Kraftmeierei innerlich unter einer fundamentalen Schwäche, unter einem empfindlichen Mangel an sozial-integrativer Kraft, aus ihrem Staatswesen ein innerlich gefestigtes Gemeinwesen zu machen. Auch hier musste der autoritative Lehrer, der in Russland noch mehr monumentale Züge annahm, als überirdischer Nothelfer angerufen werden. Der dünne und bald schon reißende Faden, der die russische Sozialrevolution mit dem westeuropäischen Arbeitersozialismus verband, wurde mit einem ideologischen Nomenklatur-Gewebe aus Marx-Materialien ummantelt. In ihrer praktischen Substanz gehört diese Revolution trotz ihrer „marxogenen" Phraseologie entschieden nicht zur „Wirkungsgeschichte" von Marx.

5. Morendo und Paukenschlag

Ein postmodern gestimmter Autor, Konrad Paul Liessmann, gab seinem Marx-Buch die seltsame Überschrift: „Karl Marx *1818 †1989. Man stirbt nur zweimal".[72] Das lädt zu einem neckischen Streitgespräch ein, fordert aber auch ernsten Widerspruch heraus. Das zweite Todesdatum, das von 1989, erscheint nur dann so einschneidend, wenn man in eine arg verkürzte Zeitperspektive hineingewachsen ist. Wenn Liessmann auch noch meint, 1989 sei Marx „geistig" gestorben – als Hoffnung, Utopie, Entwurf und Bewegung –, so ist außer der problematischen Datierung und Qualifizierung auch noch die notorische Verkennung des geistigen Zentrums von Marx im Spiel. Hoffnung, Utopie und Entwurf gehören überhaupt nicht hierher (mögen Bloch, Marcuse und Sartre sie unter sich aufteilen). Was das einzig Substantielle angeht, das Marx im Sinn gehabt hat, die Bewegung, so wäre das „Todesdatum" nicht auf 1989, sondern schon vor 1883 anzusetzen, vielleicht zwischen 1870 und 1872; vielleicht auch 1889, in einem Hinterzimmer des Gründungskongresses der (zweiten) Sozialistischen Internationale. Was da in aller Stille weggestorben ist, waren die Illusionismen aus der Erbschaft des französischen Arbeiterkommunismus. Nur wer dieses leise morendo überhört hat, musste mit dem Paukenschlag von 1989 aus dem doktrinären Schlummer aufgeschreckt werden.

Liessmann meint dann noch, alles hänge für Marx jetzt davon ab, ob er bis zu diesem epochalen Herbst des Jahres 1989 „einigermaßen lebendig gewesen" sei: „Denn man stirbt nur zweimal". Das ist eine recht willkürliche Verfügung. Das geistige Nachleben, das einer epochalen Figur beschieden ist, kennt keine festen Datierungen und Limitationen.

---

[72] P.K. Liessmann, Karl Marx *1818 † 1989. Man lebt nur zweimal, Wien (Sonderzahl) 1992.

Es endet nie ein für allemal, sondern kann viele Tode und Wiederge-
burten haben; die verschiedenen Organe und Nervenzentren haben ihr
je eigenes Leben und Absterben. Vor allem aber ist das geschichtliche
Gewesen-sein und Gewirkt-haben etwas von ewiger Präsenz an seiner
Zeitstelle im Vergangenen. Ein Nachleben in der historischen Erinnerung (das wohl wesentlicher ist als irgendein „Gebrauchswert" für die
Nachgeborenen) hängt für Marx zumal nicht davon ab, was seine Epigonen bis zu dem magischen Datum in jenem „epochalen Herbst des
Jahres 1989" aus ihm gemacht hatten. Das ist gar nichts von seinem
geistigen Leben, sondern etwas von seiner sterblichen Hülle – wie die
Marx-Denkmäler.

Über das Lebendige und das Tote in der Gedanken-Erbschaft eines
so vielschichtigen Denkers und Akteurs wird immer wieder neu befunden. Vielleicht gelangt zu einer höheren Lebendigkeit etwas, das weder
im zeitlichen Wirken von Marx noch in seiner Nachgeschichte zu sicht-
barer geschichtlicher Wirksamkeit gelangt war. Das hängt mehr von der
Lebendigkeit der Nachgeborenen ab.

6. Der Marxismus hat nicht von Marx gelebt

Etwas vom intellektuellen Rang des Karl Marx hat sich gerade darin bekundet, dass er in praktisch-legislativer Hinsicht ganz hinter die „wirkliche Bewegung" des Proletariats zurückgetreten ist und ihren geschichtlichen Fortgang nicht seinen Direktiven unterwerfen wollte, sondern ihrer
eigenen Initiativkraft anheimgestellt sein ließ. Das Kernstück des Marxschen Praxisdenkens ist nichts als ein „Verweisungszusammenhang",
der den Blick auf die geschichtliche Selbsttätigkeit jener Klasse lenkt.
Diese Verweisung sollte man akzeptieren und daraufhin nicht so viel von
Marx reden, auch nicht vom Marxismus und dem sogenannten Sozialismus, sondern von der Wirklichkeit der proletarischen Bewegung im
19. und 20. Jahrhundert. In ihr liegt die eigentliche geistig-praktische
Substanz des Marxismus. Dieser ist nicht das Fortwirken des Werkes
von Marx, sondern eine Kreation aus diversen Formationen der Nachgeschichte. Das gilt namentlich von jener Revolutionsgeschichte, durch
die Marx ebenso unverdient wie unverschuldet zur weltgeschichtlichen
Jahrhundert-Sensation geworden ist. Alle Marxschen Termini haben in
der Sowjetrevolution eine neue uneigentliche Bedeutung erhalten, wie
sehr sie auch gleichlautend klingen mögen. Die „Marx-Perspektive" be-

hindert hier nur die historische Einsicht. Wo es um diese zu tun ist, lasse man Marx tunlichst ganz aus dem Spiel und sehe nicht im „Marxismus" die Leit-Instanz. Schon Marx selbst wird man nicht aus sich selbst, aus einer Kohärenz und Konsequenz seiner Gedankenbildungen, sondern nur in den sozial-personalen Konfigurationen seines geschichtszeitlichen Handlungsraumes, also historisch begreifen können. Der Titel „Marxismus" suggeriert nicht nur einen Marxischen Ursprung, sondern auch eine essentiale Einheit, die es historisch schlechterdings nicht gibt. Es gibt nicht „den Marxismus", es gibt nur die *Marxismen*. Ebenso wie mit dem Marxismus steht es mit der geschichtlichen „Sache", an der er sich emporgerankt hat, mit dem „Sozialismus", der von seiner prekären und hinfälligen realen Existenz wieder in das Reich der „Idee" zurückgesunken ist – „Sozialismus als Wille und Vorstellung". Als diese Idee ist er von Anfang an eine Fragwürdigkeit gewesen, und Marx-Engels hatten sich davon verabschiedet. Es bleibt bei Marxens Grunddisposition, Prozessbegriffe an die Stelle von System-Ideen zu setzen.

7. Nach dem Marxismus: Blick zurück auf seine geschichtlichen Orte

Der Schlüssel zum historischen Verständnis der Marxismen, ihr realgeschichtlicher Grund liegt in den sozialen Mobilisations-Anomalien mehrerer sukzessiver und paralleler geschichtlicher Konfigurationen:

(a) im Übergang vom Frühindustrialismus zum Hochindustrialismus (der engeren „Marx-Region") die Handwerker-Revolte gegen die Welt der kapitalistischen Fabrik;

(b) im ansteigenden Hochindustrialismus (60er bis 90er Jahre des 19. Jahrhunderts) die zunehmende Sozialrivalität zwischen dem sozialen Aufstiegsstreben der Industriearbeiter und den Ansprüchen der klein- und kleinstbürgerlichen Schichten;

(c) in der Weltkriegsepoche dazu noch die politokratischen Ambitionen eines militant-offensiven „großproletarischen" Aufsteiger-Segments, das auf die Eroberung der Staatsmacht zielte;

(d) nach der einen außerordentlichen proletaroiden Sozialrevolution in Russland (und ihren späteren Affiliationen) die Anomalien der Mobilisations- und Repressionsdynamik, die aus einer unproduktiven, soziokulturell defizitären *Umverteilungs-Conquista* erwachsen sind.

8. Nach dem Marxismus: Den geschichtlichen Bezugsrahmen berichtigen

Die „Illusion der Epoche", des epochalen Sinnes einer sozialen Revolution gegen die modern-bürgerliche Gesellschaft wegen einer „Todeskrise" der kapitalistischen Produktionsweise, hat sich aufgelöst, die „neue Arbeit", zu der Marx nach anfänglichem (wohlbegründetem) Zögern übergewechselt war, hat sich negativ erledigt. Es bleibt danach nichts übrig, als an die unerledigte „alte Arbeit" in und an der bürgerlichen Gesellschaft zurückzukehren und sich an den alten wie den neu hinzukommenden Anomalien der kapitalistischen Produktion abzuarbeiten. Das epochal entscheidende Problem unseres Zeitalters war und ist nicht, ob die moderne Gesellschaft kapitalistisch bleiben kann oder sozialistisch werden muss. Es hat jetzt nicht der Kapitalismus über den Sozialismus (vorübergehend oder endgültig) gesiegt. „Kapitalismus" und „Sozialismus" sind untaugliche Ordnungsbegriffe. Zumal ist nicht die Überwindung der bürgerlichen Gesellschaft angesagt, sondern vielmehr deren dauerhafte und weltweite Begründung als ein bürgerlicher, d.h. durch und durch *zivil*, nicht mehr *imperial* verfasster Modus der Vergesellschaftung. „Es kommt darauf an", ihre Zivilisierung weiter bis zu der Schwelle zu führen, von der an ihre Evolutionen nicht mehr in der Form gewalttätiger Klassen- und Völker-Kollisionen vonstatten gehen. (Vgl. MEW 4, 182) Nicht das Bestehen von eigentums-gegründeten *Klassen* ist „das" Problem, die Probleme liegen (a) in den Maßbestimmungen jeglicher sozialen *Schichtung* und (b) in den Maßgrößen des zivilisatorischen Gefälles zwischen den Erdregionen, zuinnerst aber in der positiven Ausbildung der soziokulturellen Befähigungen, von denen die Überwindung sozialer Mobilisations-Anomalien abhängt, die im Ringen um ein gutes und ansehnliches Leben entstehen.

9. Regression von der Notstands-Ideologie zum Ideologie-Notstand

Wie unangemessen auch – *von Marx her und auf ihn hin* – die konfessionale Fixierung eines „Marxismus" sein mochte, so hatte diese doch auch ihre epochale Triftigkeit in der gesellschaftspolitischen Konfiguration des modern-imperialen Zeitalters und seiner Weltkriegsepoche. So wie Marx einst den Doppelcharakter der Religion gesehen hatte, in einem der Ausdruck des Elends und der Protest gegen dasselbe zu sein, widerfuhr es danach seiner eigenen Botschaft. Er unterliegt derselben „Dialektik", die Marx auf die Formel gebracht hat: in das „positive Verständnis des Bestehenden zugleich das Verständnis seiner Negation, seines notwendigen Untergangs" eingeschlossen zu sehen. (MEW 23, 27) Das ist im Blick auf die endliche Gestalt des Marxismus auch in der umgekehrten Richtung zu lesen. Es waren ja nicht immer die zweifelhaftesten Bildungselemente, die sich um die Botschaft des Marxismus zusammengefunden haben. Doch der Notstand, aus dem der Marxismus geboren war, fand spätestens am letzten Abbruchpunkt der Weltkriegsepoche sein Ende. Danach ist Marxismus nicht mehr als Not- und Verstandesmarxismus, sondern – eine Übergangszeit konzediert – nur noch als Ressentiment- und Sentimentalmarxismus möglich. Für K. Korsch war dieser Punkt schon sehr viel früher erreicht. „Es hat keinen Sinn mehr", befand K. Korsch 1950 abschließend noch einmal, „die Frage zu stellen, wieweit die Lehre von Marx und Engels heute noch theoretisch gültig und praktisch anwendbar ist."[73] Andere Notstände, die inzwischen zutage getreten sind und weiterhin aufbrechen werden, begründen nicht mehr die ohnehin schon immer prekäre Notwendigkeit eines „ewigen Marxismus", der doch nur die Neuauflage eines alten sein könnte.

10. Nach dem Marxismus: Neuer Dialog mit Karl Marx

a. Problemerschließung

Die produktive Erschließungsarbeit von Marx (und in rasch abnehmendem Grade noch der frühen Marxisten) war es, eine Tiefenproblematik der modern-bürgerlichen Gesellschaft und ihrer kapitalistischen Produktionsweise sehr vorläufig, unvollständig und mit übereilten Erwartungen anzugehen – eine Problematik, die immer wieder neue Facetten gezeigt, sich aber keineswegs erledigt hat. Ein relativer, sich nach jedem Gegenzug auf neue Art reproduzierender Mangel an Vergesellschaftung (von Sozialbindung und koordinierender Steuerung) belastet die Gegenwart und die Zukunft dieser ungewöhnlichen und unwahrscheinlichen Sozial-

---

[73] „Zehn Thesen über Marxismus heute", in: K. Korsch, *Politische Texte*, Hrsg. E. Gerlach u. J. Seifert, Frankfurt (EVA) 1974, S. 385.

formation. Die Balance von unerlässlicher Vergesellschaftung und förderlicher (oder tolerabler) Partikularität ist nicht ein für allemal institutionell gewährleistet, sie wird mit der weltweiten Vernetzung zunehmend zum Problem, und es wird weiterhin immer wieder Anlas zum Ruf nicht nach „dem Sozialismus", aber nach „mehr Sozialismus" geben. Die Arbeiterorganisationen werden für ihren Teil zu fälligen Vergesellschaftungsschritten beitragen. Doch die jeweils neue Balance kann, wie K. Korsch in seinen Thesen von 1950 schrieb, „nur noch hervorgehen aus dem planmäßigen Eingreifen aller heute ausgeschlossenen Klassen in die heute tendenziell schon allenthalben monopolistisch und planmäßig regulierte Produktion".[74] Wenn man sich damit heute und künftig damit auseinandersetzt, wird man sich immer wieder an Marx erinnern, jedoch nicht die konfessionale Gestalt eines Marxismus brauchen.

b. Die Epoche der proletarischen Bewegungen und Revolutionen historisch reflektiert

Erst nach dem Ausgang der proletarischen Revolution, wenn die Eule der Minerva ihren Flug begonnen hat, wenn an der alt gewordenen Gestalt des Lebens nichts mehr zu verjüngen, wenn sie nur noch zu erkennen ist, wird auch Marx mit seinem exemplarischen Agieren und mit vielen seiner Einsichten ein unentbehrlicher Begleiter der historischen Reflexion sein.

c. Das eigentlich Theoretische bei Marx

Endlich ist es nach dem Ausgang der Marxismen ein ebenso ergiebiges wie auch der historischen Gerechtigkeit geschuldetes Stück intellektueller Arbeit, an der Konkursmasse dieser Marxismen und den zusammen damit abgestorbenen Marxschen Doktrinresten vorbei die *theoretischen Einsichten und Errungenschaften* des politischen Denkers und Akteurs Marx neu zu würdigen. Dazu gehört insbesondere sein Ansatz zur radikalen Kritik des ideologischen Bewusstseins, der in die „materialistische Geschichtsauffassung" eingewoben ist. Was das ist, wäre unter dem Schutt- und Schrotthaufen der zusammengefallenen Lehrgebäude des „Historischen Materialismus" erst wieder freizulegen. Es ist eine Be-

---

[74] a.a.O., S. 386.

wusstseinsform, in der hochkulturell gebildete Individuen auf eine seriöse, reelle Weise ihre Teilhabe und aktive Teilnahme am „wirklichen Lebensprozess" ihrer Gesellschaft bedenken, mit einem „Bewusstsein", das sich als ein *integrales Moment dieses Lebensprozesses* begreift (statt sich in der Imagination zu dessen Leitorgan aufzuschwingen oder sich umgekehrt subaltern für sein Spiegelbild zu halten).

Beilage:

Das Inhaltsverzeichnis von *Epochenphänomen Marxismus*
mit den Seitenzahlen der Buchausgabe 1993:

Fünftes Thema:

Aus der Ethik-Arbeit

Eine Ethik, die sich – etwas plakativ – als eine „ohne Imperativ" deklariert und ihre Denkarbeit als eine „praxisanalytische" *Ethik des Ethos* verrichtet, kann diese *Denkarbeit als Ethik* sehr wohl ohne jedes imperativische Engagement betreiben. Sie misst der verbalen Übermittlung gesittungs-normativer Aufgebote keinen praktisch-normativen Sinn bei, weil sich die ethisch-praktische Kommunikation überhaupt auf anderen Bahnen fortpflanzt. Als eine Ethik *des Ethos* hat sie zum Ethos keine bloß denkend-interpretierende Beziehung. Es ist für ihn nicht ein gegenständliches Thema, sondern ein Medium, an dem er einen personal-existentiellen Anteil hat.[75] So hat auch eine „Ethik ohne Imperativ – von ihrem Verfasser her – hier also *aus meiner Personalität* – ihre ethos-praktische Provenienz und Identität. Nun ist das Ethos einer modernen Großgesellschaft nüchtern besehen eine „Gemengelage" von Ethos-Formationen unterschiedlicher bis gegensätzlicher Provenienz. Das meine hat sich in einem innerlichen Gegensatz zum nazistischen Imperial-Ethos formiert. Seine Grund-Identität ist eine zivil-bürgerliche. Zumal ein solches Ethos pflanzt sich auch nach eigenem Verständnis nur praktisch-kommunikativ und nicht autoritativ fort. Deshalb teilt es auch seine normativen Sinngehalte nur im Indikativ mit, eben als Anzeigen des eigenen Engagements. Die ethische Kommunikation vollzieht sich überhaupt in nichtsprachlichen Bahnen eines praktisch situierten Wahrnehmens.

Es liegt in der Sprache beschlossen, dass sich der Titel „ethisch" sowohl auf das Praktische wie auch das Gedankliche beziehen kann. Für viele besteht diese Zweiwertigkeit auch für die Titel Ethik/ethisch und Moral/moralisch. Für mich jedoch nicht. Ich bin auf die ältere griechische Titulatur zurückgegangen, um die Ethik des Ethos genealogisch von der Moralkultur und ihren Ethik-Sekundanten abheben zu können. Im Reich der Moralität ist das Erste und Oberste (wie es schon die Benennung besagt) das *Moralprinzip*, das Zweite ist das *Moralbewusstsein*, in dem

---

[75] Im nachfolgenden Text über politisches Ethos heißt es gleich auf der ersten Seite: „Eine philosophische Ethik partizipiert in jedem Falle an einem gelebten und praktizierten Ethos, und zwar an einem je bestimmten Ethos in der Differenz zu anderem, fremden oder entgegen gesetztem Ethos."

es sich für Menschen aktualisiert, und das Dritte ist das zweifach begründete und vermittelte – moralisch oder amoralische – Verhalten, ihre Gesittungspraxis. In meinem integrativen Philosophieren gibt es diese Dreiheit der Instanzen nicht, sondern nur die Einheit des wirklichen Lebensprozesses mit seinen praktisch generierten Gesittungsqualitäten und Wandelbarkeiten.

Der wirklich kardinale Grund, aus dem die Unterschiede der Sichtweise erwachsen, liegt darin beschlossen, dass von der Moralkultur zum Praxisethos ein Wandel in den *Souveränitätsverhältnissen und -verständnissen* stattfindet. Im „Moralprinzip" und dem moralischen „Imperativ" leben, wie ich im Ethikbuch vermerke, noch die Instanzen des *Princeps* und des *Imperator* weiter. Noch bei Kant waltet die „feierliche Majestät" des moralischen Gesetzes, obwohl er bereits an eine Selbstgesetzgebung denkt. So bleibt es bei dieser Ambivalenz: „Wir sind zwar gesetzgebende Glieder eines durch Freiheit möglichen, durch praktische Vernunft uns zur Achtung vorgestellten Reichs der Sitten, aber zugleich Untertanen, nicht das Oberhaupt desselben ..."[76] Warum gilt die Achtung dem Reich der Sitten und nicht dem essentiellen Selbstsein der Menschen-Individuen? Es ist die Teilhabe an einer *Gesittungs-Souveränität*.

Noch eine weitere Differenz ist hervorzuheben, bevor die beiden Texte für sich selbst sprechen sollen. Kennzeichnend für die Moralkultur ist eine geradezu „altruistische Verbiegung der Sittlichkeit", die sichtlich im Sog eines Kults der „Nächstenliebe" steht. Im Ethikbuch zitiere ich eine der neueren ethischen Grundgesetz-Formulierungen, wonach dieses Grundgesetz gebietet, bei jeder Entscheidung auf die davon Betroffenen Rücksicht zu nehmen und die Menschenwürde aller anderen zu achten. Warum nur die betroffenen Anderen? Dagegen bekräftige ich einen „ethisch-logischen Primat des Selbstseins" und beginne die „Potenzen der Ethos-Formierung" mit den „Potenzen des Selbstseins und der Selbstzweckhaftigkeit".[77]

In den folgenden Texten sind die Fußnoten in den originalen Nummerierungen wiedergegeben

---

[76] S. 112 f. Kant, *Werke* Bd. 6, S. 198 u. 204 f. Dieser Text in der „Kritik der praktischen Vernunft" geht noch weiter: „... und die Verkennung unserer niederen Stufe, als Geschöpfe, und die Weigerung des Eigendünkels gegen das Ansehen des heiligen Gesetzes, ist schon eine Abtrünnigkeit von demselben, dem Geiste nach, wenngleich der Buchstabe desselben erfüllt würde."

[77] Die Kritiken stehen auf S. 113, die „Potenz" auf S. 26 f.

Erster Text:

Was für eine Freiheit braucht das sittliche Handeln?

Die Ethik auf dem Standpunkt der Moralität hat das Problem der menschlichen Freiheit in eine sehr besondere und auf ihre Art äußerst radikalisierte Form gebracht. Je entschiedener die naturwissenschaftliche Aufklärung den Menschen und sein Wirken, auch die Äußerungen seiner Gesittungsart, bruchlos in die Kette der Naturursachen und -Wirkungen eingegliedert sehen wollte, desto entschiedener war die moralische Weltanschauung darauf bedacht, den Bereich des sittlichen Sollens von der natürlichen Trieb- und Interessenbestimmtheit menschlichen Strebens und Handelns abgekoppelt zu sehen. Weil die Sache der Sittlichkeit im Bezugsraum der Moralität ja eine entschieden altruistische Wendung erfährt, wird es erst recht dringlich, eine über alle „Selbstliebe" erhabene Bestimmungsmacht des Sittlichen in Anspruch zu nehmen. Dem Interesse der Sittlichkeit gegenüber ist nach Kant jedes natural bestimmte menschliche Interesse eine Quelle von „Heteronomie" und somit die Gegenmacht zu jener Autonomie, in der sich der Wille zu einem sittlichen bestimmt. Die Sache könnte ein ganz anderes Aussehen gewinnen, wenn man im Anfangsgrund einer sittlichen Selbstgesetzgebung ein Interesse an menschlich-persönlicher (und auch gemeinschaftlicher) Autonomie gelten ließe. Das Problem der sittlich-normativen Freiheit nähme dann die Form an, wie die Menschen dazu kommen, ihr Interesse an jener Autonomie-Selbstsein und Selbstzweckhaftigkeit – gemeinschaftlich zu vermitteln. Es gehört indessen zum geschichtlichen Index der bürgerlichen (und hierin eher kleinbürgerlichen) Moralitätspflege, dass der Impetus praktischer Autonomie als gemeinschaftlicher Selbstbestimmung in ihr schwächer ausgebildet ist als die Angst vor ungebändigter Triebhaftigkeit im Untergrund des bürgerlich geordneten Alltagslebens. Die Frage nach der Freiheit stellt sich daher seit Kant mit Nachdruck als Frage nach den Möglichkeitsbedingungen eines Gesetzesgehorsams, der sich von keiner natürlichen Neigung irre machen und auch bei keinem die Ausflucht gelten lässt, er sei doch auch nur „Natur" oder das Resultat diverser Umstände. Das Hauptinteresse des moralisch geprägten Begriffs sittlicher Freiheit liegt in der Deduktion, dass der vernünftige Wille sich seihst dazu bestimmen kann, was er soll, und rein daraus, dass er soll. Aus diesem engen, allzu engen Bezugsrahmen möchte ich das ethische Freiheitsproblem im

Interesse einer Ethik des Ethos herauslösen, aber dennoch den – ja auch hier interessierenden – Aspekt beibehalten: In welcher ethischen Kondition ein Individuum von einem gesittungsnormativen Anspruch betroffen wird, der im Gemeinwesen anerkannt Geltung hat. Das Problem nimmt hier noch eine weitere Wendung, die Nietzsche eindringlich bezeichnet hat. Die Frage ist nicht nur, aus welchen Erkenntnisgründen man einen so oder anders gefassten Begriff sittlicher Freiheit in Ansatz bringen kann. Zu fragen, was für eine Freiheit das sittliche Handeln *„braucht"*, verweist auf mögliche praktische Bestimmungsgründe. Schon bei Kant erscheint seine Lesart von Willensfreiheit als ein „Postulat" der praktischen Vernunft, und man kann weiter fragen, von welcher praktischen Statur diese Vernunft konkret gewesen ist. Es ist nach der einen Seite eine Vernunft, die sich das sittliche Gutsein als eigenes Verdienst anrechnen, das sittliche Schlechtsein aber dem Betreffenden als dessen Schuld zuweisen möchte. Kants praktische Vernunft, die den freien Willen mit dem unerbittlichen Sollen des sittlichen Gesetzes konfrontiert, befindet sich in einer engen Nachbarschaft zur sozialen (und ethischen) Ökonomie. Sein moralischer Rigorismus war bereits eine Antwort auf Vorlagen eines nicht nur naturalistisch aufgeklärten, sondern auch sozial verbindlicheren Konzeptes. Was für eine Freiheit das sittliche Handeln braucht, beansprucht, zuweist oder zugewiesen, zudiktiert erhält, das hängt davon ab, wie in dem betreffenden Umkreis die Verbindlichkeiten und Nicht-Verbindlichkeiten verfügt sind, so auch jene zwischen den Übermittlern und den Adressaten sittlich-normativer Botschaften. Nietzsche, der von jeder Mitleidsmoral frei und für den es nur eine Frage war, was er entschieden für unter seiner Würde hielt, war auch in diesem Punkt sehr direkt: „Die Menschen wurden ‚frei' gedacht, um gerichtet, um gestraft weiden zu können – um *schuldig* werden zu können: folglich *musste* jede Handlung als gewollt, der Ursprung jeder Handlung als im Bewusstsein liegend gedacht werden (– womit die *grundsätzlichste* Falschmünzerei *in psychologicis* zum Prinzip der Psychologie selbst gemacht war ...)."[16] Ich möchte in dieser Streitsache eine Verhandlungsposition skizzieren, die eine Ethik beziehen könnte, die einem Ethos jenseits der moralischen Formbestimmtheit zugetan ist. Eine Ethik, die aus der Enge der altruistisch halbierten Moralität und aus der Enge eines subalternen Normengehorsams hinausgelangen will,

---

[16] Götzen-Dämmerung, Werkausgabe K. Schlechta Bd. II, S. 977.

wird an der Arbeit des Ethos, die sie entschieden als Werk einer „Selbstgesetzgebung" begreift, noch andere Momente von Freiheit zu bedenken haben. Schon die Erschließung jeweils neuer Güterbestände und ihre Verschmelzung mit der eigenen Personalität ist ein Akt normativer Freiheit. Dasselbe ist von den Aufgeboten des sich affirmierenden Selbstseins im Ringen um Anerkennung zu sagen. Das ist ja so etwas wie ein roter Faden unserer gesamten Verhandlung. Vieles ließe sich noch weiter ausloten. Ich möchte unser Problem zuletzt nur noch in den denkbar weitesten Bezugsrahmen stellen, der sich schon aufgetan hat, als wir das Ethos als Geschichte zu betrachten anfingen und die Frage nach einer „Wahrheit des Ganzen" im geschichtlichen Prozess der Ethos-Formierungen aufnahmen. Das Problem wird uns bis zur letzten Seite nicht loslassen – und danach auch nicht. Ich möchte mit dem letzten Gedankenschritt dieses Abschnitts versuchen, es als ein Problem der normativen Freiheit der Menschengattung zu lassen.

a) Um sich der Ansprechbarkeit von Menschen für normative Ansprüche und Zumutungen zu versichern, bedarf es nicht unbedingt des Einblicks in einen komplizierten Instanzenaufbau der „inneren Person". Es ist ein Urphänomen, dass Menschen sich – manchmal schon auf eine leise Bitte hin – einem an sie herangebrachten Anliegen öffnen können. Es kann schwerlich der Sinn höherer Theorie sein, das Phänomen aufzulösen, das sie durchsichtig machen will. Eben dies passiert aber in den gängigen Aufstellungen über den freien Willen, sofern sie mittels einer kategorial schiefen Fassung dieser Freiheit eine zweifelhafte Faktur geben. Leicht wird dabei der Wunsch nach Deutlichkeit zum Vater der Mystifikation. Die abstraktive und separatistische Fixierung der Instanzen vereitelt den Gedanken ihrer Vermittlung. Schon das Auftreten des Wortes „Faktor" ist ein kategorial-logisches Gefahrensignal. Menschliches Handeln ist „motiviert" – gut und schön; doch mit dem quasi-korpuskularen „Motiv" beginnt schon das Malheur. Weiter geht es damit, dass der innere Handlungsraum zu einer Szene wird, die abwechselnd zum Tribunal („Gerichtshof" Gewissen), zum Kampfplatz (der „Motive"), zum Kräfteparallelogramm (der verschieden gerichteten und verschieden starken Antriebsimpulse), zum Entscheidungsgremium und Schiedsorgan (zwischen konkurrierenden und eigenen Interessen) und zum Planungsbüro wird. Ein interessiertes, angestrengtes „Suchen nach etwas" ist in solchen Termini ebenso wenig beschreibbar wie das Eingehen auf eine Bitte. In den Begriffen (oder Fetischen) des „Kausalgesetzes" vollends lässt sich so etwas wie die Bewährung einer lebensge- schichtlich erworbenen Identität in fortgesetzten Integrationsleistungen nicht fassen, auch nicht das Sichabarbeiten an neu auftretenden Anfor- derungen und Widerständen oder das Umbilden einer Identität in der Feldspannung einer multipersonalen Interaktion. Eine „Analytik" des Praktischen ist wohl recht – aber in ihren eigenen kategorialen Dimensi- onen. Hinter den Fahndungsaktionen der moralistischen Psychologie steht die Absicht, partout etwas „dingfest" zu machen, um daran akku- rate, distinkte Zurechnungen vornehmen und danach Sanktionen be- messen zu können. Wenn es aber um die logische Qualität der Denk- mittel geht, mit denen innerpersonale und interpersonale „Handlungssi- tuationen" modelliert werden sollen, wäre zu bedenken, ob bei den Instanzen-Fixierungen nicht von vornherein eine „Unschärferelation" in Rechnung zu stellen ist.

b) Betrachten wir zuerst die Modi von Freiheit, die es im Raum des normativ Festgestellten zu bedenken gibt. In welcher Modell-Konfigu- ration eine postmoralische Ethos-Reflexion die Handlungssituation vor sich aufbaut, dazu ist im vorigen Abschnitt schon einiges skizziert. Hauptsächlich ging es darum, die Abstraktionen des „moralischen Standpunktes" aufzuheben, um ein erweitertes Modell zu erhallen. Der Sinngehalt einer normativ bedeutsamen Ansprache wird schon voller, wenn da nicht eine Abstraktivgestalt von Sittengesetz, Wert oder Norm an die Tür des Bewußtseins-Ich klopft, sondern der Vorgang als einer zwischen Personen, als die Übermittlung eines (generalisierten und anerkannten) Anspruchs von relevanten Mitpersonen dechiffriert ist. Der sogenannte Wille muss nicht als ein Vermögen des „ersten Anfangens" amtieren, aller Naturalität, Vorgeschichte und Vorformung enthoben. Ein solcher Aktivbestand an Vorformung muss nicht in ein Reich der „Naturkausalität" abgeschoben werden. Soweit es „Natur" ist, ist es eher noch *Naturspontaneität,* Wirksamkeit aus einem absoluten Impetus von Lebendigkeit; ein vorausgegangener Lebenszustand ist nicht die „Ursa- che" des nachfolgenden. Vor allem gehört zu dieser Vorformung immer schon Vor-Vergesellschaftung, das sind weiterwirksame Aktivitätsmodi aus vorausgegangenen Interaktionen. Hier kommen wir bereits an eine Stelle, an der sich die besagte „Unschärferelation" geltend macht: Es ist schlechterdings nicht säuberlich auseinanderzusortieren, was von die- sem Repertoire an Vorleistungen dem betreffenden Ich und was irgend- welchen Anderen zuzurechnen ist, die mit ihm zu tun hatten (und es mit ihnen); und das wird sich in allen folgenden Problemstationen wiederholen. Zu jener Vor-Vergesellschaftung gehört auch, dass das Ich von den Belangen und Anforderungen der Anderen etwas in sich aufgenommen hat. Alles Neuanfangen ist ein Weiterwirken (nicht von „Ursachen", sondern von personalen Potenzen) – auch hier ein Fall von „Unschärfe", sofern das Neue nie streng punktuell eintritt.

Was also spielt sich ab, wenn aus einem Personen-Umfeld eine die Gesittung tangierende Aufforderung an eine Person ergeht, etwas zu tun oder zu unterlassen? Es gibt davon unzählige Varianten von dem simpelsten Zusammentreffen eines Anwalts guter Gesittung mit einem unsicheren Kantonisten bis zu den intellektuell wie moralisch äußerst delikaten Beratungen über die Folgenketten, die man bei einer schwierigen Entscheidung zu bedenken hat. Seit alters her ist der Titelbegriff „Entscheidung", in dem etwas von einer „Wahl" steckt, hier immer mit Vorliebe eingesetzt worden (mitunter in der fragwürdigen Weise, dass die „moralische Entscheidung" zu einer Wahl zwischen dem Guten und dem Bösen stilisiert ist). Andererseits wird in diesen Dingen die Modellbildung oft stark von den Momenten des Kognitiven, der Situationserkenntnis und Folgenprüfung, überlagert. Bei der weitgetriebenen Intellektualisierung des Moralischen in der moralischen Weltanschauung – die moralische Entscheidung erfolgt danach in der Prüfung von Handlungsmaximen an höheren und obersten „ethischen Grundsätzen" – wird das Wahl- und Entscheidungsmodell beherrschend. Gerade hier setzt indessen der Zweifel an. Das sittlich Bedeutsame liegt im Schalten mit Gütern in Bezug auf Personen (die eigene und andere)[17] – was in der intellektualisierten Modellkonstellation gleich wieder zum Begriff einer „Güterabwägung" führt. Meistens heißt es (im Fahrwasser des altruistischen Verständnisses von Sittlichkeit), die Entscheidung gehe darum, ob und wieweit einer nur sein eigenes Wohlbefinden im Auge hat oder auch offen für die Belange der Anderen ist. Bleiben wir zunächst bei diesem einen. Ist das nicht ganz eindeutig eine Situation der Entscheidung: Etwas für mich selbst – etwas für Andere? Lässt es sich aber in dieser Weise modellhaft fixieren, und stellt es sich nicht in der Kontinuität personalen Verhaltens ein wenig anders dar? In dieser Kontinuität

---

[17] Vgl. Nicolai Hartmann, *Ethik* (1925) 15. Kap. In der postum (1953) veröffentlichten „Ästhetik" heißt es zusammenfassend: „alles sittlich bewertbare Handeln ist ein ‚Handeln an Personen', genauer: ein Schalten mit Dingen in Bezug auf Personen, die davon betroffen werden." (S. 336)

ist jede Aufforderung, die an einen Menschen ergeht, ein Versuch, eine bei ihm schon ausgebildete Bereitschaft zu reaktivieren oder auf die Probe zu stellen. Die Aufforderung trifft auf ein bestimmtes, jedoch nicht genau bekanntes Kräfte-Dispositiv, und sie zielt auf eine bemessene Kraftanstrengung. Das „Entweder-Oder" (der Aufforderung folgen oder nicht) stellt sich in dieser Sicht als die Frage nach einem Mehr oder Minder an spezifischer Leistung – Leistungsbereitschaft oder Leistungs-vermögen – dar. Welche Kraft lässt sich für die spezifische Anstrengung aktivieren? Welche Bereitschaft ist schon vorgebildet, und welches zusätzliche Maß an Bereitschaft vermag die Anforderung, genauer: die anfordernde Person, beim Geforderten freizusetzen? Muss man einen Unterschied zwischen Leistungsbereitschaft und Leistungsvermögen machen? Wir denken hier selbstredend an einen Fall, in dem es auf die interpersonalen Gesittungskräfte ankommt, also einerseits auf die Aus-bildungsstufe personalen Selbstseins („Ichstärke"), andererseits auf den Fundus an sogenannten Sozialisationsleistungen, der bis dahin zusam-mengekommen ist; das ist naturgemäß ein vielgliedriger und vielstufiger Komplex – energetisch betrachtet ist es die Anwesenheit der Lebens-energien von Anderen im Handlungsvermögen des betreffenden Selbst. Dass man zwischen dem Leistungsvermögen und der Leistungs-bereitschaft einen „prinzipiellen" Unterschied machen muss, halte ich nicht für ausgemacht. Es könnte vielleicht gar nicht so ausschließlich auf den internen Vermögensstand des betreffenden Selbst ankommen, sondern zu einem unbestimmbaren Teil auch darauf, welche Art und welches Maß praktischer, gesittungsnormativer Energie der Übermittler der Aufforderung einzubringen oder mitzurepräsentieren hat – wiederum eine „Unschärfebeziehung". Es scheint mir nicht abwegig, sondern von besonderer Ergiebigkeit zu sein, die Konfiguration in den Termini von Kräfte-Dispositiven zu modellieren, wie ich es ja von Anfang an mit dem Augenmerk auf „Potenzen" der Ethos-Formierung vorstrukturiert habe. Das Entscheidende bei der sittlichen „Entscheidung" liegt demnach in einem „stärker" oder „schwächer" (in spezifischer Hinsicht). So gewinnt ein Begriff von Arbeit und Arbeitsvermögen einen sehr bestimmten Sinn für die Reflexion des Ethos. Der gesittungsnormative Prozess und seine einzelnen Prozeduren bilden eine interaktive Arbeitskonfiguration, in der es manchmal leicht, dann wieder sehr schwer „von der Hand gehen" kann. Sie resultiert meistens in Synthesen aus freigesetzter Selbsttätig-keit (die nie ganz fehlt) und Momenten von Fremdinduktion (die nie das

Ganze ausmachen), ohne dass die beiderseitigen Anteile messbar wären. Manches Ethos, das moralische zumal, ist hier wenn nicht auf Maßgenauigkeit, so doch auf eine Sonderung der Eigen- und Fremdanteile bedacht. Ein Ethos jenseits der moralischen Formbestimmtheit jedoch kann durchaus mit jener „Unschärfe" leben.

c) Angesichts der langen Geschichte von Disputationen, die um den Begriff der inneren Entschließungsfreiheit gingen – Kant blickte auf tausend Jahre zurück, und die zwei Jahrhunderte seitdem brachten nochmals eine enorme Intensivierung –, mag es wie eine Anmaßung aus Blindheit wirken, wenn einer heute eine ganz schlichte, unprätentiöse Beschreibungsformel abseits aller ontologischen Finessen um Determinismus und Indeterminismus in Anschlag bringt. Davon soll später noch die Rede sein, doch nicht mit nennenswerten neuen Aufschlüssen. Weil das Problem der Willensfreiheit wesentlich auch von praktischer Konstitution ist, könnte es durchaus dahin kommen, dass unter veränderten gesittungspraktischen Dispositiven vieles von dem, was den Disput um die moralische Freiheit so sehr umgetrieben hat, an Interesse verliert: die ganze Schwierigkeit einer sozusagen korpuskular-monadologischen Zurechnung von Einzelhandlungen an Einzelpersonen. Fällt dergleichen fort, so bleibt als Wesentliches eine generell bestimmte Freiheit, die zur Bewegungsform der Spezies Mensch gehört und an der die Individuen in verschiedenem, niemals genau bestimmbarem (und auch nicht bestimmungsbedürftigem) Maße teilhaben.

Freiheit ist dann nicht eine Spontaneität des absoluten Anfangens einer neuen Wirkungskette. Es ist nicht eine Determination, die aus einer ganz anderen, nur metaphysisch bestimmbaren Sphäre in den Naturlauf des Menschlichen interveniert. Sie ist als Eigenart eines Bewegungsmodus in diesem Naturlauf selbst zu fassen, eines Naturlaufs, der durchaus vollumfänglich – jedoch nicht vollinhaltlich – als Kausalprozess zu denken ist. Die Kategorie der „Kausalität" ist nur dann eine Quelle von Irritationen, wenn man davon einen so ungefügen Begriff des „Kausalgesetzlichen" oder gar „Kausalmechanischen" hat, wie er durch die Disputationen geistert. Eine subtilere Analyse, wie sie N. Hartmann und später M. Bunge unternommen haben,[18] führt auf folgendes: Von

---

[18] N. Hartmann hat der Kausalität in seiner „Philosophie der Natur" (1950) eine eingehende Kategorialanalyse gewidmet. Die Untersuchung von Mario Bunge, „Causality. The Place of the Causal Principle in Modern Science", erschien 1959 (Harvard University Press, Cambridge, Mass.)

Kausalität ist sinnvollerweise dort zu sprechen, wo ein Bewegungsimpuls von einer Entität auf eine davon verschiedene andere übergeht und damit diese auf bestimmte Weise modifiziert. So ist auch die Welt menschlichen Lebens und Handelns voll von Wirkungen, die auf eine Verursachung zurückgehen. Mit ebenso viel Nachdruck aber hat Bunge darauf hingewiesen, dass aller solchen kausalen Bewegung und Veränderung eine Weise von „Selbstbewegung" vorausliegt, die in sich nicht kausal konstituiert ist, von der alles kausale Wirken aber seinen Impetus und seine qualitative Bestimmtheit erhält, wie denn auch jeder kausativ verändernde Impuls auf die spezifische Selbstbewegtheit des betreffenden Gebildes trifft und in deren Qualität eine Brechung erfährt. So ist in die Kausalität (in Vorgänge kausalen Bewirkens) selber eine außerkausale Wirkweise eingelagert. Es geht nicht alle Bestimmung und Bestimmtheit in ihr auf. Sie selbst ist eine Vermittlung (Interferenz und Synthesenbildung) zwischen Deputaten von Selbstbewegung. Selbstbewegung ist in allem und jedem gegenwärtig, und wir erfahren sie als nach anorganisch-physischen, organisch-vitalen und human-aktiven Organisationsweisen differenziert. Der Charakter menschlicher Freiheit gehört zur Grundqualität jener Selbstbewegung, die „bewusste Lebenstätigkeit" heißt. Eben darin, dass Dasein und Bewegung des Menschen in Leben und Tätigkeit bestehen, liegt schon ein hinreichend bestimmter Index von Freiheit, ja selbst mit dem Kantischen Ausdruck – eine „absolute Spontaneität" des Sich-Fortbestimmens, worin es dem Menschen „um etwas zu tun ist", um sein Dasein und die Art seines Daseins. Die Kausalitätskategorie verleitet dazu, das Handlungsleben in eine Gliederkette von Ursachen und Wirkungen auseinanderzulegen und die Freiheit als ein Vermögen des absoluten Anfangens statt als einen Vermögensstand im Hinblick auf ein bestimmt qualifiziertes Weitermachen zu denken. Ist Freiheit so etwas wie ein „punktuelles" Vermögen, oder ginge es nicht eher an, sie als einen akkumulierten Vermögensstand zu verstehen – und zwar als einen, der im Fortgang der Lebenstätigkeit größer werden oder eher kärglich bemessen bleiben kann? Freiheit wäre dann das generelle Vermögen von Menschen, im Laufe ihrer Lebensgeschichte eine Handlungskompetenz aufzubauen, und sie wäre zugleich die Maßbestimmung des auf jeder Stufe erreichten Handlungsvermögens-Freiheit als Maß einer Fähigkeit, einer erworbenen Handlungssouveränität. Die Maßbestimmungen liegen im Dimensionenreichtum gekonnter Selbsttätigkeit, in ihrer Reichweite und integrativen Kraft. Damit ist das

Desiderat erfüllt, menschliche Freiheit nicht negativ als „Freiheit wovon?" und als Unbestimmtheit vorzustellen, sondern positiv als „Freiheit wozu?", als ein Plus an Determination. In einer normativ-anthropologischen Wendung finden wir einen solchen Freiheitsbegriff bei Marx angesetzt und zudem auf eine normativ-moralphilosophische Konsequenz hin bestimmt: Wenn der Mensch, so heißt es, „frei ist, nicht durch die negative Kraft, dies und jenes zu meiden, sondern durch die positive Kraft, seine wahre Individualität geltend zu machen, so muss man nicht das Verbrechen am Einzelnen strafen, sondern die antisozialen Geburtsstätten des Verbrechens zerstören und jedem den sozialen Raum für seine wesentliche Lebensäußerung geben".[19] In dieser normativen Unmittelbarkeit freilich könnte ich es nicht stehen lassen – wer ist dieses „Man", das da wegnehmen und geben „muss"? Erst recht verfänglich ist eine Explikation von positiver Freiheit, die der späte F. Engels versucht: Hier erscheint Freiheit als Handlungssouveränität, jedoch ganz auf einen technisch-praktischen Aspekt reduziert, als die „Fähigkeit, mit Sachkenntnis zu entscheiden".[20]

Festhalten ließe sich indessen, dass Freiheit ein Index eines bemessenen Handlungs- und Integrationsvermögens ist, ein Vermögen, das bei jedem nicht durch Krankheit betroffenen Menschen immer über dem Grenzwert Null liegt, bei keinem jedoch beliebig weit reicht. Darin ist bei aller „Positivität" eines solchen Begriffs von Freiheit doch auch etwas Negatives darüber beschlossen, welche Art von sittlicher Freiheit *nicht* in Anspruch zu nehmen oder zu verordnen ist: jene des „Du kannst, denn du sollst".

Uns soll jetzt nur interessieren, wie ein positiv-substantieller, „wohltemperierter", ja geradezu „quantifizierter" Inbegriff von Freiheit beim Aufbau menschlicher Gesittungsverbindlichkeit in Ansatz kommt. Eine systematische Entfaltung hätte damit zu beginnen, erst einmal die Freiheitsgrade im Leistungsaufbau des qualifizierten Selbstseins auszuloten. Ein *ceterum censeo* unserer ganzen Reflexion lautet ja: Was einer in Bezug auf die Anderen sein kann, hängt davon ab, was er an und für sich selbst ist. Die altruistisch verkürzte Moralität sieht indessen ihr Hauptbemühen darin – fast nach Art einer Monokultur –, die Menschen vor allem – unter dem Deckmantel des „Allgemeinen" – stark für die Zuwendung zu den Anderen zu machen. Weil wir darauf wieder zurück-

---

[19] K. Marx/F. Engels, Die Heilige Familie, MEW Bd. 2, S. 138.
[20] F. Engels, Anti-Dühring, MEW Bd. 20, S. 106.

kommen werden, belasse ich es fürs erste bei einer mehr summarischen Formel für den Inbegriff „sittlicher Freiheit". Es ist nicht ein Begriff von Freiheit in Bezug auf das Sollen einer Gesittungsnorm, sondern ein Maßbegriff von Souveränität beim Eingehen von Verbindlichkeiten im Felde der personal-interpersonalen Güterverhältnisse menschlichen Lebens. Diese Freiheit ist ein unbestimmt-allgemeiner und praktisch-exemplarisch erwiesener Inbegriff eines „man kann" in den Dimensionen eines „mehr", „reicher", höher organisiert und integriert. Doch das (erwiesenermaßen) „Überhaupt-möglich" wird nicht zum normativen Diktat für oder gegen jedermann. Im Konkreten ist jenes „man kann" eine Freiheit, von der ein Mensch mehr, weniger, ja fast nichts, *nicht aber gar nichts* (erworben) haben kann. Was er davon erworben hat, das hat er nicht ohne sein eigenes Zutun und nicht ohne die Mitbeteiligung von Anderen. Der Vermögensstand ist nie so definitiv, dass er nicht noch für Zugewinne offen wäre. Freiheit im engsten Sinne ist das Moment des selbsttätigen Mitwirkens beim kooperativen Eingehen von Gesittungsverbindlichkeiten, von Befähigungen des Selbstseins und des Seins-für-Andere.

d) „Ist die Freiheit, die man aufgewiesen zu haben glaubt, eine Freiheit, die es erlaubt, Personen für ihre Handlungen verantwortlich zu machen und die positiven wie negativen sozialen Reaktionen zu rechtfertigen, die faktisch verhängt werden?" So formuliert U. Pothast eine der Anfragen an diverse zeitgenössische Konzepte von moralischer Freiheit. Verantwortlichkeit, so referiert er weiter das gängige Verständnis, gründet darin, dass jemand eine Handlung frei tat, und das heißt, dass er sie auch hätte unterlassen können.[21] Um diesen Zentralbegriff von „moralischer Verantwortung" gruppieren sich einige andere. Ihm voraus geht die „Zurechnung" der Handlung an die Willensentscheidung der Person, getroffen im Blick auf die sittliche Soll-Vorgabe. Die Willens- und Gesinnungsqualität der Entscheidung (und ihr folgend der Handlung, von ihr auf die Gesinnungsdisposition zurückgehend womöglich der ganzen Person) bestimmt sich danach als „sittlich gut" oder ungut. Das Gute gereicht zum moralischen Verdienst, das Ungute belastet als Schuld. Der Titel „Verantwortung" verweist – zumal in der Verwendungsart, den der zitierte Text nahe legt – schon auf Reaktionen der Mitmenschen: Jemanden „verantwortlich machen" oder, kräftiger intoniert, „zur

---

[21] Die Unzulänglichkeit der Freiheitsbeweise, Frankfurt 1980, S. 20.

Verantwortung ziehen", das zielt vor allem auf die Antworthandlungen, auf die Sanktionen, die einer Normverletzung folgen. Das „Sich-Verantworten" ist sichtlich ein asymmetrischer Kommunikationsakt, und erst recht gilt das von den negativen Sanktionen einer moralischen Disqualifizierung in dem Falle, dass die Verantwortung für die moralische Fehlhandking erwiesen ist.

Die Asymmetrie ist aus dem Verarbeitungsprozess sicher nicht ganz herauszubekommen, und einige Prämissen des Verfahrens sind ganz unstrittig: dass die Handlung der Person als ihrem Urheber zuzurechnen ist, dass die Handlung und die Handlungsdisposition des Betreffenden eine wertende Charakterisierung erfahren, dass die Mitmenschen Vorkehrungen gegen neue Schadensfälle und für eine Korrektur der Fehleinstellungen treffen möchten. Einem aktiven Ethos ist es ferner durchaus gemäß, wenn der Casus auf einer *personalen* Ebene verhandelt wird und nicht in die noch größere Asymmetrie einer medizinischen Patientenbehandlung oder einer Unmündigen-Fürsorge abgeschoben wird. Dann macht es freilich doch einen gewichtigen Unterschied im Ethos aus, in welcher Tonart das Nachspiel aufgeführt wird, wie viel an Wiedergutmachenwollen schon in der Verhandlung und in der Verhandlungssprache angebahnt ist. Die Hauptsache indessen liegt darin beschlossen, wie die Juroren in ihrer Rechenschaftslegung über die Ursprünge des Fehlverhaltens verfahren. Gravierende Vorgaben für die ganze Verhandlungsführung liegen, wie wir sahen, ja bereits in der bestimmten Ausmodellierung des inneren Handlungsraumes, in welchem der sittliche Wille mit dem Sittengesetz sozusagen zusammengesperrt ist, in einer Art Einzelhaft oder in einer Wahlkabine, in der er seine Handlung zu wählen hat. Die konstitutive Mitbeteiligung der Anderen an dem, was einer bis dahin geworden ist und daraufhin tut, bleibt tunlichst ausgeblendet. Damit will man nicht auch noch zu tun haben: Hinter diesem Verfahren muss nicht, wie Nietzsche geargwöhnt hatte, ein Wille zum Strafen am Werke sein, obgleich es den sicher gibt. Die Stigmatisierung der moralisch minder Guten hat für die Masse der Braven, Harmlosen und Servilen etwas ungemein Erhebendes, weil es sie zu den Guten macht. Der Hauptpunkt dürfte aber sein: Man hat gar nicht genug Zeit und Kraft, sich auch um das alles noch zu kümmern; der Prozess soll einigermaßen kurz sein Bei der allfälligen Nacharbeit wird das erneut maßgebend. Die Moral hat ihre eigene Ökonomie, und zu dieser Ökonomie gehört eine Moralbuchhaltung mit schön säuberlichen

158

Rubriken (und mit nicht zu vielen). Denn der Moral-Computer kann nur Ja und Nein sagen, und was darüber ist, ist von Übel. Die Lehre von der moralischen Willensfreiheit gehört, alles in allem, zur Praxis eines Ethos, das in weiten Bereichen eine recht unverbindliche Art des Verbindlichmachens kultiviert. Die „beschränkte Haftung" des Ganzen schlägt hier um in eine unbegrenzte Haftbarkeit des Einzelnen.

Suchen wir die Eingangsfrage, die U. Pothast formuliert hat, für das Freiheitskonzept einer transmoralischen (und ihrer kategorialen Faktur nach „praxisanalytischen") Ethik zu beantworten. Die Freiheit, die wir in diesem Rahmen meinen können, ist die generelle und bei jedem Einzelnen unterschiedlich dimensionierte und bemessene, doch im Augenblick des Handelns gegen Eins konvergierende Möglichkeit, die Kapazitäten seines Selbst- und Mitseins im Spannungsfeld der Interaktion mit den Anderen zu bewähren oder zu steigern. Jede Einzelhandlung ist eine Probe darauf und ein Indikator dafür, wie weit dieser Qualifizierungsprozess gediehen ist. Zeigt sie ein mehr oder weniger beträchtliches Defizit an Ichstärke und Gemeinschaftsfähigkeit an, so ist das für den Einzelnen und die Anderen (oder in der umgekehrten Reihen- und Gewichtsfolge) ein Anlass, sich symmetrisch-gegenseitig zu befragen und zu verantworten (das Befragen wird vielleicht das Wichtigere sein; denn „verantworten" kann man sich leicht in der Weise, wie man sich versieht oder vertut). Oft ist die ethische Situation so komplex, dass es ohnehin nicht anginge, dass der eine „zur Verantwortung zieht" und der andere gezogen wird. Selbst in ziemlich asymmetrischen Fällen ist es so, dass auch die „Ordentlichen" stets einen Grund haben, in sich zu gehen und bei sich und einigen anderen, nicht bloß bei dem defizienten Partner etwas zu ändern.

Die Freiheit, die hier in Anspruch genommen oder zugeteilt wird, ist nicht die Unterstellung, jemand hätte so, wie er gerade beschaffen und ausgerüstet war, in dem bestimmten Moment auch anders handeln können. Der Hauptsinn des Verantwortungsprozesses ist es, die Freiheit zu erlangen, es im nächsten derartigen Fall anders machen zu können. Dabei ist es eine offene Frage, wie viel Beistand von Anderen jemand dafür braucht, wie viel gegebenenfalls die Anderen ihm zu gewähren gewillt und imstande sind und wie weit es ihm voranhelfen kann: Eine letzte „Naturschranke" ist nie ganz auszuschließen.

e) Mit den Positionsbestimmungen der beiden letzten Abschnitte ist ein bestimmter Determinismus umrissen, der jetzt nur noch mit einigen kurzen Sätzen lexikalisch zu fixieren wäre. Auf Realgeschehen bezogen dürfte „Determination" nur diese schlicht tautologische Bedeutung haben: Dieses Bestimmte ist eben dieses Bestimmte. Die Frage nach einer Indetermination, einem „auch-anders-möglich-Sein/Gewesensein" kommt mit den Außenrelationen ins Spiel. Jemand, der nachher überzeugt ist und überzeugt sein darf, dass ihm etwas kein zweites Mal mehr passieren würde, befindet sich bereits in einer Außenrelation, und die Erfahrung einer temporären und okkasionellen Vermögensgrenze mag für ihn zum Vehikel der Vermögenserweiterung geworden sein. So finde ich kein Bedenken dagegen, N. Hartmanns „Realgesetz der Möglichkeit" zu unterschreiben, welches besagt, „dass real möglich immer nur das ist (oder gewesen ist), was auch wirklich (geworden) ist, und zwar notwendigerweise".[22] Realmöglichkeit und Realnotwendigkeit gründen sich auf dieselbe vollständige Reihe und denselben vollständigen, singulären, ja streng individuellen Komplex von „Bedingungen" – so finden wir es allgemein-ontologisch formuliert. Diese Formulierungsweise greift nicht selten auf die Formeln über, in denen man auch eine lückenlose Determiniertheit der menschlichen Handlung bekräftigen möchte. In seiner eingehenden Studie spielt U. Pothast auf solche Gebrauchsformeln an, auf die „Vermutung, die Handlungen der Personen gingen gesetzmäßig aus der Gesamtheit vorausliegender Bedingungen hervor".[23] Das ist jedoch eine unbrauchbare, Verwirrung stiftende Redensart. Die Beschwörung von „Gesetzmäßigem" ist entweder tautologisch oder falsch, je nach der Ausdeutung. (Dass auch die Anrufung der „Kausalität" mehr Verwirrung anrichtet als erhellt, begründete ich oben bereits.) Das Unbrauchbare und Verwirrung Stiftende in der Rede von „Bedingungen" ist darin zu sehen, dass dieses Wort, in welchem ja das „Ding" steckt, eben damit etwas dem Handeln Gegenüberstehendes bezeichnet und das Handeln in ein Folgeverhältnis zu diesem Dinglichen (den „Umständen") versetzt. Dagegen ist geltend zu machen, dass der einzig sinnvolle Begriff von Handlungsbestimmtheit nur in Termini von Handlungen konzipiert sein kann; das Bedingende von Dingen ist dem gegenüber peripher.

Für die Belange einer ethischen Handlungstheorie erachtet Pothast zwei Determinismus-Varianten als relevant, einen „physiologischen" und einen „psychologischen" Determinismus. Der eine verlegt die Hand-

---

[22] Möglichkeit und Wirklichkeit (1938), S. 126.
[23] a.a.O., S. 27.

lungsdetermination in die menschliche Körpersubstanz, in der die Partikelbewegungen einander (nach welchen „physikalischen Gesetzen" auch immer) auslösen. Dieser Determinismus, bemerkt Pothast, „nimmt keine Rücksicht darauf, dass Personen etwas zu erleben glauben, was man als ‚Suchen einer Entscheidung' [...] bezeichnen kann. Prozesse oder Zustände des Bewusstseins sind nach der These des physiologischen Determinismus für die Entstehung von Handlungen irrelevant. Sie bieten allenfalls eine folgenlose Abbildung physiologischer Korrelate in einem Erlebnisfeld (oder wie man sonst sagen mag)."[24] Das Malheur dieses Determinismus ist, dass er eine überreiche Mannigfaltigkeit dessen, was uns im Erleben gegeben und geläufig ist, im Rekurs auf ein Anderes erklären oder wenigstens charakterisieren möchte, von dem wir nur ganz wenig und Grobes wissen. Wir wissen zum Beispiel nicht, was für ein neurophysischer Agentenkomplex am Werk ist, wenn wir das Wort „Determinismus" aussprechen und zu erläutern anfangen. So kann diese physico-ontologische „Vertiefung" des Determinismus auf sich beruhen – gewichtig, aber fast völlig leer –, weil wir eher die uns bekannten (und die vielleicht noch bekannt werdenden) somatischen Komplexionen nach den Namen unserer Erlebniswelt charakterisieren müssten, nicht umgekehrt. – Das Wort hat nach Pothast daher der andere, der psychologische Determinismus: „Die These, alle Handlungen von Personen oder mindestens einige ihrer Charakteristika seien durch vorausliegende psychische Umstände nach psychologischen Gesetzen determiniert." Diesen Determinismus stellt Pothast nun vor die Anforderung, er müsse „zeigen, wie man Wünsche, Handlungsmotive, Handlungsbegründungen als determinierende Faktoren (die meisten sagen: als Ursachen) auffassen oder ihnen mindestens solche Faktoren zuordnen kann."[25]

An dieser Diskussionsvorlage möchte ich jetzt Maß nehmen, ohne freilich ihre kategoriale Faktur als maßgebend gelten lassen zu können. Zu protokollieren ist also die Kurzformel eines „praktischen Determinismus" in Termini menschlicher Handlungs- und Interaktionsraumbestimmungen, die sich nicht weiter analytisch reduzieren lassen. Es kommen in dieser Formel keine Gesetze, Ursachen, Determinanten, Bedingungen, Umstände und Faktoren vor, sondern personale (auch gesellschaftlich synthetisierte) Handlungswirkungen von Handlungsvermögen

---

[24] a.a.O., S. 41.
[25] a.a.O.

und zwischen solchen. *Maßbestimmungen von Handlungsvermögen* sind das Bestimmte, das durch Bedingendes (in einem buchstäblichen Sinne: in Handeln einbezogene oder in ihm hervorgebrachte Dingbestände) angereichert ist; als ein vom Bestimmten abgehobenes Bestimmendes können gegenüber Personen andere Personen durch ihre Handlungen oder indirekten Wirkungen (namentlich durch Sachen vermittelte oder in ihnen inkorporierte) fungieren; das „Bestimmen" ist wiederum ganz buchstäblich zu nehmen: als Hinzutun eines Stimm- oder Stimmungs-Anteils. Die These könnte lauten: Die Handlung eines Menschen ist die bestimmte „Kontinuante" einer vorausliegenden, bis zu ihr selbst heranführenden Qualifizierungsarbeit in allen Dimensionen menschlicher Lebensäußerung und Kraftentfaltung, einer Arbeit, die an einem mit der Geburt ererbten Fundus an individuierter gattungsspezifischer Lebensimpulsivität und Selbsttätigkeit eine fortlaufende Überformung erbracht hat, einer Arbeit, an der anfänglich die Aktivitäten relevanter Anderer einen überwiegenden, dann tendenziell abnehmenden Anteil hatten, während der Anteil der sich ausbildenden Eigenaktivität sich tendenziell mit der erworbenen Handlungskompetenz erhöht. Die „Determination" (Determiniertheit) des Handelns besteht wesentlich in der *temporären Limitation* der erreichten Handlungskompetenz. Die in jedem Moment geschlossene Grenze kann sich mit jedem nächsten Moment wieder für weitere Qualifizierungen öffnen. Eigen- und Fremdanteile an dieser Qualifizierung sind nicht genau messbar.

f) Die moralische Weltanschauung kultiviert einen sehr emphatischen, feierlichen Begriff des „Sittlichen", dessen qualitative Dimension die Polarität des Guten und des Bösen (mit seinen Abschwächungsstufen) ist. Das Prädikat „sittlich" (oder „moralisch", was in diesem Umkreis dasselbe ist) bezieht sich dabei entweder auf *Personen,* deren Handlungen und Handlungsdispositionen (Haltungen, Gesinnungen), oder es bezieht sich auf die (in diesem Blickfeld augenfällig verselbständigten) Handlungsarme" (sittliches Gesetz, moralische Grundsätze). Im Vokabular der postmoralischen Ethik kommt es zu einigen Umstellungen. Die besondere Dimension des Sittlichen im Ethos, innerhalb der Gesamtheit der Güterverhältnisse, behält ihre Wichtigkeit und Eigenqualität – meistens allerdings unter dem Namen „Gesittung" und an der Realitätsgestalt von „Gesittungs-Qualifikationen" der Menschen festgemacht und nur in einem mehr „abgeleiteten" Sinne als „Gesittungs-Norm" (und dies mit dem einschränkenden Zusatz, dass nicht alle kardinalen Maßbestimmungen positiver Gesittung den Modus einer „Handlungsnorm" im Sinne einer Soll-Vorgabe haben). Den Ausdruck „moralisch" reserviere ich für die besondere Formtypik, welche die Gesittungs-Angelegenheiten in der „moralischen Weltanschauung" annehmen. Dass der Titel des „Moralischen" in der moralgebundenen Ethik (die darum in seiner sehr pointierten Weise „Moralphilosophie" ist) so dominant wird, steht wohl in einem mehrfachen Sinnzusammenhang. Im Semantischen, das durchaus einigen Hintersinn hat, hängt es damit zusammen, dass hier die Normen selber für das „Moralbewusstsein" die zentrale Bezugsinstanz bilden und als solche schon den Vornamen „moralisch" tragen. Immer wieder tendiert der moralphilosophische Sprachgebrauch dazu, auf der obligaten Verhandlungsebene der Begründung und *Rechtfertigung* moralischer Normen diesen Normen ihrerseits noch einmal das Prädikat „gut" zuzuschreiben: Die Norm des Guten ist selbst eine gute Norm. Auf der anderen Seite besteht ebenso wenig Bedenklichkeit, die moralischen Gütequalitäten in den bewussten Handlungsraum hineinzunehmen. Der intentionale Bezug auf die „moralischen Normen" (Grundsätze) ergibt ein „moralisches Verhalten" als „Verwirklichung moralischer Grundsätze" (oder „moralischer Werte"). Der Begriff des Moralischen, des Sittlichen (und der sittlichen Valenz von Handeln) ist damit wiederum ganz eigentümlich abgeflacht – wenn man bedenkt, wie skrupulös einst Scheeler den „sittlichen Wert" der Handlung aus dem Felde des bewusst Intendierbaren entschieden (und durchaus triftig, wie ich meine) ausgeschlossen hatte: der Intentionswert ist nicht der intendierte, ja, er ist prinzipiell nicht intendierbar. Und noch ein Aspekt: Wie sehr die „moralischen Normen" in der gängigen Moralphilosophie zu einem umgänglichen Gebrauchsartikel geworden und damit formal den sonstigen intendierbaren Wertpräferenzen assimiliert sind, es fehlt doch an einer distinkten Verknüpfung des moralischen Normenkomplexes mit dem vielschichtigen Gesamtkomplex von Lebensgütern und Güterverhältnissen. Das, was ich die spezifischen Gesittungs-Valenzen personalen-interpersonalen Wirkens nenne, hat ja, wie an früherer Stelle vermerkt, immer auch seine elementare Güte-Qualität (seinen „Güterwert", wie er in der Scheler-Hartmannschen Ethik genannt und durchaus gewürdigt ist), die (relative) Güte-Qualität eines material bestimmten personalen Selbstseins und die Güte-Qualität der interpersonalen Akte des qualifizierten Mitseins. Nach diesen Unterscheidungen wird es wichtig (und so erst spruchreif), die Beziehung zwischen dem „einfachen", elementaren

Güte-Index von Qualifikationen und Auswirkungen des Selbstseins und Mitseins und einem eigentlich „sittlichen" Güte-Index zu diskutieren. Nach Scheler (dem ich hierin folge) geschieht das sittlich relevante Handeln *nicht* mit Blick auf den sittlichen Wert der betreffenden Handlung, sondern mit Blick auf die in ihr zu realisierenden „Güterwerte". Und der sittliche Wert erscheint nicht intendiert (und nicht intendierbar) „auf dem Rücken" der Handlung. Ihn bekommen eher die Anderen als der Handelnde selbst in den Blick, ja, das sittlich relevante Handeln wird durch den Blick auf den Wert geradezu um seine sittliche Authentizität gebracht. Das hieße, dass in sittlichen Angelegenheiten vom Sittlichen tunlichst gar nicht die Rede sein müsste. (Ich rede deshalb lieber in einer mehr neutralisierten, weniger emphatischen Weise von den „Gesittungs"-Weisen, die ihrer materialen Qualität nach schlicht benannt werden.) Unter welchen Prämissen tritt dann eigentlich der Güte-Index des spezifisch „Sittlichen" so viel stärker hervor, bis zur Aufdringlichkeit? Ich meine dann, wenn a) die „sittliche Norm" in vordringlicher Weise für das Handlungsbewußtsein thematisch-explizit wird; ferner b) dann, wenn das Sittlichsein (und -werden) als Sache einer angestrengten Arbeit von einigem Kostenaufwand figuriert. (Der Extremfall einer „Kostentheorie des sittlich-gut-Seins" ist aus der Kantischen Tradition geläufig.) Und schließlich c) dann, wenn es in einer gegebenen Ethos-Formation von hoher praktischer Wichtigkeit ist, Handlungen nicht einfach nach ihrer elementaren personal-interpersonalen Gütequalität und Ranghöhe zu registrieren, sondern – unter der Prämisse des „Du kannst, denn du sollst" – sie auf ihre Verdienstlichkeit oder Schuldhaftigkeit hin zu bestimmen, also unter der moralischen Differenz von Gut und Böse. Die Stilisierungsform von Gut und Böse fällt in der Ethik eines transmoralischen Ethos weg, indem sie durch mehr differentielle Qualifizierungen abgelöst wird. Die Prädikation des „Sittlichen" verliert in dieser Ethik zwar nicht seine Bedeutung, aber seine praktische Aktualität – sie ist eine Reflexionskategorie, keine Operationskategorie. Dominant wird, anstelle eines Qualitätsbegriffs des Sittlichen/Moralischen, ein Qualifikationsbegriff der Gesittungskräfte.

g) Was für eine Freiheit das sittliche Handeln braucht – diese Frage stellte sich uns bis jetzt innerhalb des eingefriedeten Raumes, in dem wir es mit einer festgestellten und anerkannten normativen Gesittungsordnung zu tun haben, also in der Provinz der *Ethica domestica.* Die Sphäre des Häuslichen und Regionalen ist die angestammte Domäne

der Moralität, der gebotenen Gleichachtung aller in ihr zusammenleben-
den Menschen. Das Ethos der Gutnachbarlichkeit muss seit Menschen-
gedenken damit leben, dass nicht nur im kleinen immer wieder böse
Nachbarn in die Quere kommen – gegen sie ist ja stets das aktive
Hauptaufgebot der Moralpflege gerichtet gewesen –, sondern erst recht
im Nebeneinander der Völker eine ungute Nachbarschaft eher die Regel
als die Ausnahme ist. Dazu kommt, dass in den eingefriedeten Regio-
nen selbst schon etwas anderes die Nachbarlichkeit durchkreuzt, eine
oft rohe und rücksichtslose Herrschaftswillkür. Die Gesittungskultur hat
sich lange Zeit hindurch auf diese Sachlage als auf etwas Selbstverständliches eingestellt, indem sie die Tapferkeit im Kampf gegen die
Feinde zu einer der höchsten Tugenden erhoben hat, mitunter auch den
Mannesstolz vor Fürstenthronen, oft aber den untertänigen Gehorsam
vor der Obrigkeit, die Gewalt über alle hat. Wie lässt sich im Hinblick auf
dies alles eine ethische Rechtslage statuieren? Die Reflexion ist hier
verschiedene Wege gegangen, seitdem jene Sachlage aufgehört hat,
als etwas Selbstverständliches und für uns Menschen Unüberschreitba-
res zu gelten, und die Weltordnung insgesamt unter Kriterien ihrer
Bestmöglichkeit kam. Kant bezeichnet den Reflexionsweg, die häuslich-
regionalen Anfänge einer Ordnung der Verbindlichkeit unter Gleichwür-
digen zum „Prinzip" zu erheben und den Geltungsraum des Moralprinzips – in der Ethik mehr implizit, in der Geschichtsphilosophie ganz
explizit – als *universell* anzusetzen. So wird es denn zur höchsten Konsequenz der „Achtung vor dem Gesetz" und des moralischen Gesetzesgehorsams, dass ein ewiger Friede und eine rechtliche Ordnung unter
allen Menschen sittliche Pflicht sei. Der Reflexionsweg, den ich beschrit-
ten habe, verläuft anders. Während ich die Freiheit, welche die moralische Weltanschauung für das Handeln unter dem sittlichen Gesetz in
Anspruch nimmt, wenn nicht aufgehoben, so doch beträchtlich reduziert
habe, ergibt sich eine enorme Steigerung der Potenz sittlicher Freiheit
durch die denkbar radikale Bekräftigung, die hier der Gedanke einer
„Selbstgesetzgebung" in den menschlichen Gesittungsangelegenheiten
erfährt. Damit ist eine gesetzgeberische Freiheit der menschlichen Gattung statuiert, eine Freiheit, an der jeder Mensch substantiell Anteil hat.

Geht das aber an, die eine Freiheit so herabzusetzen, um die andere
so sehr zu erhöhen, zu überhöhen? Kann das sittliche Handeln so viel
Freiheit brauchen, ist das nicht eine exzessive Selbstherrlichkeit im
„Werteschaffen", unter der unversehens „alles erlaubt" ist? In der Ethik

hat alles seine ethisch-praktische Triftigkeit, so auch der seit Kant immer wieder beschrittene Königsweg der prinzipiengeleiteten Moralität. Es ist mir nicht darum zu tun, diesen Weg für unbegehbar zu erklären oder gar ihn unbegehbar zu machen. Insbesondere geht es mir nicht darum, die Position des ethischen Universalismus zu schwächen – im Gegenteil. Als Implikation eines Moralprinzips, das im häuslich-regionalen Umkreis bereits anerkannt und in Kraft ist, mag die Ausweitung der Gutnachbarlichkeit auf alle Menschen demjenigen, der daran engagiert ist, als eine Sache von höherer ethischer Rechtssicherheit erscheinen und eine Pflicht zum Frieden als etwas normativ Stärkeres neben dem bloßen Interesse am Frieden und der Bereitschaft, die Friedensbedingungen zu erfüllen. Mir ist es darum zu tun, die welt-bürgerliche Vereinigung auch anders denken zu können, nicht als Erfüllung einer sittlichen Pflicht, sondern als einen Akt aus sittlich-normativer Freiheit. Nur ist diese Freiheit eben nicht formell, sondern substantiell zu denken. Das Substantielle von Sittlichkeit ist das gelebte Ethos. Die Ausweitung ethischer Verbindlichkeit in die menschheitliche Ökumene gehört selbst substantiell zu einer im Partikularen ansetzenden geschichtlichen Ethos-Formierung, so wie sie auch eine substantielle Vorgeschichte im noch mehr Partikularen und schon einen substantiellen Anfangsgrund im Menschlich-Natürlichen überhaupt hat. Sich aus diesem praktisch-substantiellen Fundus heraus als einer geltend machen, der zur Mitträgerschaft an einer gesamtmenschheitlichen Gemeinschafts- und Friedensordnung disponiert ist (oder disponiert wäre), ist ein bestimmter Akt der normativen Freiheit, von der hier die Rede ist. Er trägt seine Dignität, Evidenz und Ansehnlichkeit in sich, und er bedarf keiner Rechtfertigung *ab alio* und vor Anderen, die es anders halten. Statt einer institutionell bestimmten Rechtssicherheit waltet hier eine Selbstsicherheit und eine Zuversicht auf eine letztliche Bestätigung der praktischen Dignität, die ein Ethos der autonom-kooperativen Kultur schon findet und in erweitertem Umkreis finden wird.

Im Blickfeld einer Ethik des Ethos ist es ein Faktum, dass jedes Individuum mit seinem bestimmten Selbstsein und seinem Modus von Selbsttätigkeit einen mitkonstitutiven Anteil am Gesamtprozess der Ethos-Formierungen und somit an der normativen Freiheit der Gattung hat (nicht nur haben „soll"). Auch momentan missachtete Geltungsansprüche sind ein Moment in der ethischen Selbstgesetzgebung, Akte der normativen Freiheit. Das Substantielle des ethischen Universalismus, sein reelles praktisches Substrat, besteht eben in dieser Allheit von Individuen, deren jedes auf seine Weise den legislativen Anteil des eigenen Selbstseins geltend macht. Die eigene Substantialität dieses Universalismus bemisst sich akkurat danach, mit welchen Leistungen des Anerkennens er auf die Totale von Ansprüchen praktisch zu antworten vermag. Redlicherweise ist zu sagen, dass Absichtserklärungen und sehr vorläufige Bereitschaftsbekundungen noch immer überwiegen. Vielleicht kann eine deutliche Rechenschaft über den praktischen Leistungsstand in der Blickrichtung einer universalen Anerkennungs-Synthesis heute mehr bedeuten als die Verteidigung des universalistischen Prinzips. Auch dort, wo Verbindlichkeit ein Eingehen von Bindungen ist, hat dies den Grundmodus, dass normative Freiheit mit normativer Freiheit in Akten freier Anerkennung und aus erlangter Freiheit heraus in eine Verbindung eintritt. Wenigstens lässt es sich, wie ich meine, in dieser Weise denken, ohne dass etwas an ethischer Rechtssicherheit verloren gehen müsste.

Philosophische Ethik in der Praxis des Ethos

Die Art und Weise, in der eine philosophische Ethik am Leben des Ethos teilhat und darin ihre besonderen Funktionen bestimmt, nenne ich (einen Ausdruck von H. Plessner entlehnend) ihre geistig-praktische „Positionalität". Die meisten Ethiken haben, indem sie sich denkbar direkt an der Frage engagierten „Was sollen wir tun?" (oder: „Wie können wir gut und richtig leben?"), ihren funktionellen Ort auf einer intellektuellen Oberstufe des aktiven sittlichen Bewusstseins und das Ihre dazu beizutragen gesucht, dass die Gesittungsnormen diesem Bewusstsein in wohlbedachter begrifflicher Prägung möglichst deutlich vor Augen stehen und vermittels eingehender Prüfungen und Begründungen eine höhere Geltungsgewissheit erlangen. Ethik wird so ganz buchstäblich zur „praktischen Philosophie".

Einer der letzten großen Systematiker philosophischer Ethik, N. Hartmann, deklarierte ganz aus diesem Geiste: „Philosophische Ethik ist die Maieutik des sittlichen Bewusstseins."[26] W. Kluxen versteht unter Ethik „die normative Lehre von der menschlichen Handlung, sofern

---

[26] Ethik [3]1949, S. 29.

diese unter der moralischen Differenz von Gut und Böse steht".[27]
W. Weischedels „Skeptische Ethik" rüttelt ebenso wenig daran, dass die
philosophische Ethik Anweisungen dafür geben will, „wie Gesinnung,
Wollen, Haltung und Verhalten beschaffen sein sollen, was also zu tun
und zu lassen ist".[28] Selbst noch der negative Dialektiker Th. W Adorno
nahm die Ethik, wie schwierig sich ihr Geschäft nun auch anlassen
mochte, als die „Lehre vom richtigen Leben".[29] Aus der „Metaethik", die
mit ihrem Hauptinteresse an der Sprache der Moral zunächst eine
gewisse theoretizistische Neutralisierung dieses Feldes betrieben hatte,
setzt wieder eine Rückwanderung in die aktiv-normative Ethik ein. Im
Begründungsprogramm von J. Habermas organisiert sich Ethik als eine
„Logik der moralischen Argumentation".[30] Im Binnenraum des Moralbewusstseins setzt auch E. Tugendhat die Grundfragen der Ethik an.[31]
Philosophisch-ethische Arbeit im Medium des Moralbewusstseins kann
ihren praktischen Sinn nur darin haben, dass sie durch eine Höherqualifizierung des Moralbewusstseins auch einen Beitrag zur Höherqualifizierung der Gesittungspraxis leistet – obschon das nicht immer so deutlich
und nachdrücklich deklariert ist wie bei A. Schweitzer: „Alles Nachdenken über Ethik hat eine Hebung und Belebung der ethischen Gesinnung
zur Folge."[32] Im Publikumsverständnis ist der praktische Sinn von Ethik
erst recht festgeschrieben. In der Tat, eine philosophische Ethik steht
der Praxis des Ethos nicht als externer Beobachter gegenüber, sondern
bewegt sich im Medium aktiver, engagierter Beteiligung. Das gilt auch
für das hier vorgestellte Konzept einer „praxisanalytischen" Ethos-
Reflexion, die ihren Ort außerhalb der Aktivitäten des Moralbewusstseins (in dem weiter oben eingegrenzten Sinne) bezieht und von jeder
lehrhaften Übermittlung sittlicher Sollgehalte zurücktritt, sich ganz auf
eine kennzeichnende Interpretation beschränkt. Sie umschreibt eine
andere „Positionalität" als die traditionell vorherrschende Ethik, kultiviert
einen anderen Habitus und Gestus der praktischen Ethos-Partizipation,
und sie reklamiert dafür eine spezifische, kontext-relative Möglichkeit,
nicht jedoch allgemeine Verbindlichkeit. Diese eigentümliche „Positiona-

---

[27] Ethik des Ethos, Freiburg/München 1974, S. 8.
[28] Skeptische Ethik, Frankfurt 1975, S. 23.
[29] Minima Moralia (1944-47), Frankfurt 1951, S. 7.
[30] Moralbewusstsein und kommunikatives Handeln, S. 67.
[31] Probleme der Ethik, Stuttgart 1984, S. 3.
[32] Kultur und Ethik (1923), [10]1955, S. 21.

lität", die im bisherigen Verhandlungsverlauf schon an vielen Stellen sichtbar geworden ist, will ich nun zusammenfassen.

a) Das Paradigma einer die Praxis des Ethos interpretierenden und analytisch aufschließenden Ethik lässt nicht nur das Feld des Sittlichen in einer anderen Perspektive erscheinen, es bedeutet auch einen Ortswechsel hinsichtlich der Selbstlokalisation. Es ergibt sich so eine veränderte Selbstwahrnehmung und, nur dadurch „transzendental" ermöglicht, auch eine veränderte Feldwahrnehmung. In der gewöhnlichen Objektwissenschaft reduziert sich der Erkenntnisbeflissene auf den Status des theoretischen Subjekts. Die traditionelle normative Ethik wird zu einer normativen Disziplin, indem der Ethiker an seinem „Gegenstand", der normativen Sphäre des Sittlich-Praktischen, durch das affirmative Aussprechen der Gesittungsnormen selber Anteil nimmt, die Affirmationen und Negationen des sittlichen Bewusstseins mit vollzieht. Die Gesittungspraxis ist von diesem Standort gesehen das „Zielgebiet" eines Handelns, das sich von den im Moralbewusstsein ausgebildeten Wertüberzeugungen und Normbejahungen leiten lässt und eben an der Ausbildung, Bereinigung und Bekräftigung dieser ideell-praktischen Affirmationen wirkt der normative Ethiker mit. Im praxisanalytischen Paradigma lokalisiert sich der Ethiker doppelt, zweistufig: Er nimmt sich, zugleich mit den diversen Identifizierungen auf der Ebene des gesittungsrelevanten Handlungsbewusstseins, als praktisch Mitwirkenden im normativen Prozess des Ethos auf der Ebene seiner gesittungspraktischen Wirkkapazitäten wahr, welche letztere er nicht als Derivate eines vorgängigen normenbestückten Moralbewusstseins begreift, sondern als etwas Autochthones.

Die erste Arbeit der praxisanalytischen Ethik ist die Identifizierung und Benennung der autochthon praktischen Wirkkapazitäten der Ethos-Formierung beim Individuum wie in den gesellschaftlichen Gebilden. Die normative (normbezogene) Selbstidentifizierung geschieht daraufhin nicht mehr in der identifikatorischen Unmittelbarkeit des affirmativen Moralbewusstseins, sondern in einer geradezu unendlich vermittelten, distanzierten Vergegenwärtigung des eigenen praktischen Selbst; die Selbstidentifizierung ist nicht mehr hermetisch, sondern offen für Identifizierungen durch Andere; sie wird damit zum offenen Prozess.

b) Mit der Zweifach-Lokalisierung des normativen Engagements in Ethos-Bewusstsein und Ethos-Praxis verliert die alte Frage nach dem „normativen" oder „kontemplativen" Charakter der philosophischen Ethik jeglichen Sinn. Die Arbeit an Themen der philosophischen Ethik und die Präsentation der Arbeitsergebnisse in Form von gesprochenen und geschriebenen Texten ist nicht gleichbedeutend mit der Gesamtpraxis des Ethikers. Er ist auf vielfältige Weise durch Wirksamkeiten an normativen Ethos-Prozessen beteiligt, die jenseits des Texts seiner ethischen Verlautbarungen liegen. Die tiefsitzende Überzeugung der dezidiert normativen (Moralbewusstseins-)Ethiker ist es, dass sie justament durch den semantischen Gehalt ihrer Mitteilungen über normative Geltungen eine praktisch-normative, motivierende Wirkung in der expliziten intentionalen Sinnrichtung ihrer Mitteilungen erzielen oder befördern könnten. Der „postmoralische" Ethiker teilt diese Überzeugung (die ihm als eine ideologische Illusion erscheint) entschieden nicht. Soweit sich ein Teil seiner ethos-praktischen Wirksamkeit in der Übermittlung ethischer Gedankenbildungen abspielt, ist deren (infinitesi-mal-imponderabler) Effekt nicht in den semantischen Gehalt seiner Mitteilungen eingeschlossen und mit diesem nicht thematisch kongruent; dieser praktische Effekt (funktionaler, nicht intentionaler Art) gehört vielmehr der praktisch-kommunikativen „Unterströmung" seines rhetorischen oder didaktischen Wirkens an. Das Lehren von Verbindlichkeiten ist etwas anderes als die Verbindlichkeit eines Lehrens, einer Lehrweise.

c) Der Radikalismus des praxisanalytischen Ethikers besteht darin, dass er ohne jedes kompromisslerische „Sowohl – als auch" die formierenden Leistungen im und am Ethos ausschließlich auf der „Primärebene" des autochthon Praktischen lokalisiert sieht, dass er der rhetorischen Exposition der gesittungsnormativen Essentialien nicht die geringste gesittungspraktische Bedeutung beimisst. Er scheidet damit aus der Sphäre von Ethik als „Sittenlehre" aus. Proklamationen sittlichen Sollens sind die Ausstellungsstücke des moralbewussten Ethos. Wenn sich die transmoralische Ethik aus dieser Betriebsamkeit zurückzieht, tut sie das jedoch nicht aus einem nutzenpragmatischen Kalkülwegen mangelnder „Effizienz" –, sondern es entspricht einfach ihrem Habitus, ihrer anderen geistig-praktischen „Positionalität", aus der sie keine allgemeine Empfehlung für jedermann machen kann und will.

d) Entlastet von der Pflicht, moralische Pflichten ins Bewusstsein zu heben, kann die transmoralische Ethik ihr Geschäft praxisimmanent als ein ganz und gar theoretisches betreiben, als eines, das der *Ausbildung eines Wissens* und nicht der *Bildung des sittlichen Willens* zugewandt ist. Nur ist es eben kein „objektives" Wissen über einen Gegenstand, sondern das Reflexionswissen einer Orientierung im Praktischen: Wissen, woran man mit sich selbst und den Anderen praktisch ist. Indem dieses Wissen sich in Benennungen und Modellbildungen artikuliert, wird es zum Medium einer Verständigungs- und Verhandlungssprache und gewinnt damit einen pragmatischen Aspekt. Wenn es einem Ethiker mit seiner Anstrengung (und nicht Überanstrengung) des Begriffs gelingt, Erkennungs- und Verständigungsprozesse in seinem spezifischen Umfeld zu befördern und etwas zur Entstehung einer Sphäre von Gemeinsamkeit beizutragen, kann seine Formulierungs- und Modellierungsarbeit eine praktisch-kommunikative Wirkung erlangen. Sie ist darin freilich auf ein praktisches Substrat angewiesen; das Substrat der transmoralischen Ethik liegt in den Bildungselementen eines Ethos jenseits von Moralität, soweit solche sich in der „Gemengelage" der bestehenden Ethos-Formation bereits schichtspezifisch oder sonstwie regional ausgebildet haben. Für diese Teilregion sucht sie Elemente einer Verkehrssprache zu entwickeln, in der Vermutung, dass die Teilregion sich künftig noch ausweiten könnte, namentlich in den großgesellschaftlichen Ethos-Angelegenheiten. Der „Geltungsanspruch" dieser Ethik ist damit eingeschränkt. Sie will weder eine Propaganda für sich selbst noch eine für das postmoralische Ethos sein, auch kein Programm dieses Ethos. Sie gehört nicht zu dem verbreiteten Genre der programmatischen Ethik (wie die Erörterungen des zweiten Teils zeigen werden).

e) Das Methoden-Repertoire der praxisanalytischen Ethik enthält mehrere Leistungsarten. Unmittelbar praktisch-normative Leistungen sind ausgeschlossen. Der Gegenbegriff dazu, der des Theoretisch-Kognitiven, ist jedoch zu unspezifisch, sogar irreführend, wenn man nicht bedenkt, dass die in Rede stehenden Erkenntnisleistungen im Kontext einer Orientierung im Praktischen stehen; der Ausdruck „Erkennung" würde den funktionellen Ort innerhalb einer praktisch interessierten Heuristik wohl treffender bezeichnen; auch der Titel „Diagnostik" böte sich an, wenn er nicht schon zu eng mit Expertentum (plus „Therapie") assoziiert wäre. Der häufig verwendete Ausdruck „Ethos-Reflexion" verweist darauf, dass ethisches Wissen in seinem konstitutiven Kernbestand reflexiv im Rückgang auf den eigenen Ich-Raum erschlossen ist. Die andere Modusbestimmung heißt „Interpretation". Das Moment des Tentativen ist so allgegenwärtig, dass das Gesamtunternehmen trotz einer ausgeprägt theoretischen (oder quasi-theoretischen) Haltung nicht oder nur in begrenzten Teilen den Anspruch von „Theorie" erhebt.

(Diesen Titel möchte ich überhaupt für das reservieren, was M. Horkheimer „traditionelle" Theorie nennt.) Ich mache, alles in allem, einen ganz vorläufigen Versuch, eine hermeneutische Verfahrensweise mit einer analytisch gewonnenen Matrix zur Einheit einer Interpretation zu verbinden, einer begleitenden Interpretation der aktuellen Ethos-Prozesse im Rahmen einer Interpretation von Ethos-Formierung überhaupt.

g) Obwohl dieser Traktat den Titel einer Ethik in Anspruch nimmt, weil sich darin durchaus die systematische Einheit (nur nicht enzyklopädische Vollständigkeit) eines disziplinären Konzepts bekundet, gilt meine Bemühung nicht der Sache der philosophischen Ethik als einer Disziplin der *Philosophia perennis*. Ich neige eher dazu, die Aktualität von Ethik betont situations-relativ zu sehen und ihre geistig-praktische Bedeutsamkeit einzuschränken. Wann nehmen Fragen der Orientierung im Praktischen die disziplinäre Form von Ethik (und den Impetus einer öffentlichen Nachfrage nach „Ethik") an? Für den gegenwärtigen Fall möchte ich hoffen, dass Ethik die Vorform einer ihrer selbst noch nicht so recht sicheren, nach einer tieferen Fundierung strebenden *Politik* ist. Diesen Übergang ins Politische möchte ich mit diesem *Tractatus ethico-politicus* vorsichtig und nach der Art einer suggestiven Anfrage signalisieren.

Als ich in meinem ersten Votum zum Historikerstreit die Bemerkung machte, dass der „Moralisierung der Geschichte" eine „Historisierung des Moralischen" entgegenwirken könnte, war die Ethik-Studie bereits in Vorbereitung, mit der ich dies auf eine Probe stellte. Ich sehe sehr wohl, dass nach der Weltkriegsepoche des 20. Jahrhunderts – zumal in Deutschland – die Renaissance einer moralischen Bewusstseinskultur eine gewisse Triftigkeit hat. Zu diesem Komplex kann der Prospekt einer Ethik, die mit einer „Kritik des moralischen Bewusstseins" aufwartet, derzeit nur ein marginales Minderheitsvotum sein.

Nach einiger Überlegung habe ich davon Abstand genommen, im Rahmen dieses besonderen Texts – etwa nach Art einer Gesamtrezension – ein Plädoyer für das Unternehmen einer praxisanalytischen Ethik anzusetzen. Ich weiß und ich verstehe es nur zu gut, dass meine Textvorlage von 1987 vorerst und bis auf weiteres eine „unzeitgemäße Betrachtung" ist. Der Text ist auf der Website Praxisphilosophie elektronisch verfügbar.

Es ist aber nicht meine Art, einen solchen Paradigmenwechsel zum Thema eines Plädoyers zu machen. Ich beschränke mich darauf, aus dem Ethikbuch das Stück über die „Willensfreiheit" (und ein paar folgende Seiten) wiederzugeben. Einen Anlass hierzu gab mir der lange nach meinem Buch in der *Information Philosophie* (im März 2007) abgedruckte Essay von Ernst Tugendhat über „Willensfreiheit und Determinismus", der in einer längeren Fassung im selben Jahr unter dem Titel *Anthropologie statt Metaphysik* veröffentlicht ist. Die Differenzen zwischen Tugendhats und meiner Sichtweise hätte ich gern weiter erörtert.

Hier vorlegen möchte ich aus meinem Gesamt-Konspekt einen 1999 in der Festschrift für meinen Darmstädter Kollegen Adalbert Podlech veröffentlichten Aufsatz mit „Reflexionen über politisches Ethos". Aus den beiden Texten wird leichter als aus den Überschrift-Signaturen „Ethik ohne Imperativ" und „Ethik des Ethos" ersichtlich, was ich bei meinem „Paradigmenwechsel" in der Ethik im Sinn habe. Dazu hier nur die paar folgenden Erläuterungen.

Nach einem Zeitalter der chaotischen und destruktiven Umbrüche können sich Menschen danach sehnen, wieder in geordnete Zustände und berechenbare Abläufe zu kommen. Hier kann sich eine Ethik als „Ordnungswissenschaft" angemessen finden. Bei mir hat sich die Erfahrung der chaotisch ausgegangenen Weltkriegsepoche „kategorienbildend" ausgewirkt. Ich merke es immer wieder, wie in der nachwachsenden Generation eine Präferenz für das Denken in prägenden „Strukturen" statt offenen Interaktionsfelder eingebürgert ist. So habe ich meine Ethik-Studie, der schon mit dem Titel das obligate Obrigkeit „entzogen" ist, mit einer offenen Aufzählung von „Potenzen der Ethos-Formierung" statt mit der Anlage eines „normativen Fundaments" begonnen. Weil es nach jener Umbruchepoche galt, den Anwandlungen eines herrischen Eigensinns entgegenzuwirken, stellt eine zeitgerechte Ethik die Verpflichtung für die Anderen als das eine „ethische Grundgesetz" heraus: es gebietet, bei jeder Entscheidung auf die davon Betroffenen Rücksicht zu nehmen und die Menschenwürde aller anderen zu achten. Bei mir stehen am Anfang die „Potenzen des Selbstseins und der Selbstzweckhaftigkeit". Und es folgen die „Potenzen der Selbststeigerung, des Überbietens, des Übergreifens". In deren Betätigungsfeld bilden sich nach der einen Seite die „Potenzen der Integritätswahrnehmung", nach der anderen die „Potenzen der Subalternität". Und in einer dritten Varietät, auf derselben Stufe, die „Potenzen der Rivalität". Dann eben auch die

„Potenzen der Solidarität" und die der „Kooperation". Die Potenzen sind insgesamt ein „Mixtur-Register", in dessen Handlungsfeld sich die Verhaltensweisen ausbilden: Abgenötigter Respekt, spontan erwiesene Achtung, ein sanfter Hauch von Wohlwollen. Die ethische Analytik geht als eine *Heuristik* der Orientierung im Gesittungspraktischen zu Werke. Anders als eine Ethik als „Lehre vom richtigen Leben" will die praxis-analytische Ethik nicht dazu beitragen, die sittliche Dignität des Lebensprozesses zu erhöhen. Denn alles praktisch Formative vollzieht sich in der Gesittungspraxis selbst gemäß den ethos-praktischen Befähigungen der daran Beteiligten. Als eine begleitende Selbstreflexion sucht diese Ethik mit einer klärenden Begrifflichkeit die Konstitutionen der Gesittungskultur für die Beteiligten transparent zu machen.

Mit der Abkehr von der eingebürgerten Kultur der Moralität begründet und organisiert sich die Ethik des Ethos als ein eigenes praxisbegriffliches Paradigma. Die Gesittungs-Normativität liegt nun nicht in einem autonomen *Prinzip* beschlossen, sondern im Personenbestand der Ethos-Wirklichkeit. Ihr *Nomos* ist eine vom der personalen Subjektbestand ausgehende „Gesetzgebung", eine also, die von konstitutiven *Interessen* ausgeht, kardinal vom Interesse an einem Modus des personalen Selbstseins und des damit gesetzten interpersonalen Mitseins. Ethosgeschichtlich ist es die Aufkündigung einer existentiellen, ihre *Daseinsweise* übergreifende Untertänigkeit von Individuen unter eine über sie erhaben-gebietende Herrschaftsinstanz.

Diese „Subjektbasis" hat ihren geschichtlichen Ort in der heraufgekommenen und weiterhin bedrängt existierenden *Bürgerklasse*, die in den zurückliegenden drei Jahrhunderten eine wechselvolle Geschichte durchgemacht und noch im 20. Jahrhundert eine schwere Niederlage erlitten hat.

Zweiter Text:

Reflexionen über politisches Ethos

Nicht von den Misshelligkeiten zwischen Moral und Politik soll hier die Rede sein, sondern davon, wie fragwürdig es ist, in eben dieser Manier die „Politik" mit der „Moral" miteinander so in Beziehung zu setzen, als handelte es sich da um zwei aparte Institutionen (oder um ein Verhältnis von Institution zu Meta-Institution). Wenn ich pointiert vom *Ethos* spreche, ist damit nicht dasselbe wie „Ethik" oder „Moral" gemeint. Meinen konzeptiven Hintergrund bildet eine philosophische Ethik, die sich strikt als theoretisch-heuristische Disziplin versteht, und ganz entschieden nicht als eine normativ-präzeptorale. Sie ist Analytik und Hermeneutik des gelebten Ethos, nicht „Morallehre". In ihr gewinnt der Begriff des Moralischen eine sehr eingeschränkte Bedeutung. Er bezeichnet jene besondere (obschon nahezu allgemein vorherrschende) Kulturform von Sittlichkeit, die sich ganz direkt an die Leitfrage anschließt, was „wir tun sollen", und deren Anliegen es vorgängig ist, ein „moralisches Bewusstsein" zu befördern, ein Bewusstsein der schlechthin geltenden „moralischen Normen und Werte", von denen sich die Menschen in ihrem Handeln leiten lassen sollen. Die ältere bürgerliche Ethik von Aristoteles bis Spinoza war noch eine mehr offene Orientierung in den Güterverhältnissen und Gütequalitäten menschlichen Einzel- und Zusammenlebens gewesen. Mit Kant gewinnt die philosophische „Metaphysik der Sitten" den Anschluss an eine pietistische Gesinnungsarbeit. An die Stelle von Sünde und Gnade tritt die Antiposition von Gut und Böse. Das Böse kommt aus dem natürlichen Egoismus, das Gute kommt aus einer Kultur von Selbstlosigkeit und einer Art rationalem Altruismus. Das Bewusstsein (Bewusst-werden und Bewusst-machen) des moralischen Sollens, das dem Menschen als gebietendes Prinzip oder Gesetz gegenübertritt, wird zur Schlüssel-Instanz. Darin gewinnt das Moralische eine eigene Institutionalität, der die moralische Person wie einer Obrigkeit untertan ist.

Die philosophische Ethik kann sich (wie die Kantische) mit der moralischen Gesinnungskultur verschränken, oder sie kann sich in einiger Distanz dazu halten, ohne dass sie freilich eine „rein theoretische" Veranstaltung werden müsste. Eine philosophische Ethik partizipiert in jedem Falle an einem gelebten und praktizierten Ethos, und zwar an einem je bestimmten Ethos in der Differenz zu anderem, fremdem oder entgegengesetztem Ethos. Ob die philosophische Ethik – sei es als aktive Moralphilosophie oder als Interpretation und Selbstinterpretation des Ethos – überhaupt einen Beitrag zur Beförderung „ihres" Ethos leisten kann und leisten muss, darf als fraglich gelten. Eine aufgeklärte Ethik versucht dergleichen gar nicht, weil ihr ethisches Wissen ihr sagt, dass praktische Gesittungsweisen („Tugenden") nicht eigentlich „lehrbar" sind. Sie bilden sich auf andere Weise aus – *more practico* – und pflanzen sich ebenso fort.

Das Ethische ist in diesem Verständnis keine eigene *Institution*, sondern nur eine besondere und zugleich voll-integrierte *Dimension* des wirklichen Lebensprozesses individuierter und vergesellschafteter, gesellschaftlich gruppierter Menschen. In dieser Dimension, der ethischen, sind menschliche Daseinsweisen und gesellschaftliche Lebensformen als *Güterverhältnisse* (des Seins, Tuns und Geltens wie auch des Könnens, Dürfens und Habens), qualifiziert. In jede Zivilisation und ihre Kulturform des Sozialen ist eine Kultivierung von güter-bezogenen *Gesittungsweisen* eingelagert – und eben dies ist ihr Ethos: eine in Kraft gesetzte Verhaltensordnung in den Güterverhältnissen des Lebens und Zusammenlebens. In welchen Modalitäten der Einweisung (durch Dressur, Indoktrination oder anders) ein Ethos seine eigene Kultivierung und Reproduktion besorgt, hängt wiederum von der soziokulturellen Faktur des betreffenden Ethos (bzw. der betreffenden ethischen Subkultur) ab.

Aus der Fülle von Funktions- und Gebrauchsgüterbezügen heben sich (wie es die ältere phänomenologische Ethik aufgewiesen hat) als gesittungsspezifische Charaktere diejenigen heraus, die einen konstitutionellen Bezug auf die Personalität, auf die *personale Positionalität* von Menschen haben, sei es das je eigene personale Selbstsein oder das von anderen.

Das Ethische fängt nicht erst dort an, wo man gehalten ist, eigene Belange hinter sanktionierte Belange anderer zurücktreten zu lassen. Bei Kant scheint noch durch, dass hinter dem „moralischen Gesetz" eine *Gesetzgebung* steht, in die jede Person als mit-gesetzgebendes Glied auch ihr *eigenes Interesse* an der Achtung ihrer personalen Eigenständigkeit und Selbstzweckhaftigkeit einbringt. Doch setzt Kant den Akzent von Anfang an so, dass die Seite des Gesetzes*gehorsams* stärker hervortritt als die Gesetz*geberschaft*. Jede Eigeninteressiertheit scheidet aus. In der institutionalistischen Moral (sie zeigt hierin ein geradezu

„kleinbürgerliches" Gepräge) ist die Moralität sozusagen altruistisch halbiert. Eine Ethik, die zu ihrem Teil überhaupt nicht unmittelbar deontologisch engagiert ist, wird in ihrer Rechenschaft vom ethischen Gesetzgebungswerk auch die Seite des je eigenen personalen Strebens gleichgewichtig und sogar in einer prinzipiellen Vorordnung (kein Sollen ohne vorgängiges Wollen) zur Geltung kommen lassen.[78] Im Anfang sind personal-essentielle Ansprüche, die entweder aus freien Stücken und auf Gegenseitigkeit anerkannt sind oder auch erst um ihre Anerkennung ringen müssen. Die gesittungs-normative Kraft liegt in der essentiellen, von keiner Fremd-Anerkennung abhängigen (durch sie nur bestätigten oder nicht-bestätigten) Dignität, in der vitalen Dringlichkeit und im personalen Rang der geltendgemachten Ansprüche.

Eine Ethik des Ethos, in deren Koordinaten ich mich bewege, hat nicht nur ihren thematischen Bezugsraum im wirklich *gelebten, praktizierten* Ethos. Sie weiß überdies, dass sie als philosophische Ethik nur der Exponent, zugleich Ausleger und Auslegung eines bestimmten, geschichtlich formierten praktischen Ethos sein kann und keine eigene formative Macht darin ausübt. Sie begreift das Ethos, eigenes wie fremdes, als das Werk einer angestrengten, weithin konflikthaltigen personal-interpersonalen Synthesis von geltendgemachten menschlichen Fundamentalinteressen. Der einzelne Ethiker ist im Raum eines so verstandenen Ethos weder ein „Lehrer im Ideal" (Kant) noch ein beschreibender Moralsoziologe. Vielmehr ist er als praktische Person – nicht speziell als Ethiker – ebenso mit den Ansprüchen wie mit den gesittungspraktischen Leistungen seines eigenen personalen Ethos ein Mitwirkender an der „ethischen Situation" seiner Zeitlage. Die Ethik des Ethos muss also weder normativ noch deskriptiv sein. Sie ist *interpretativ* – selbst- und fremd-interpretativ. Für „Interpretation" kann auch das Wort „*Rechenschaftslegung*" stehen.

Was im Ethos praktisch zählt, sind die wirklichen Befähigungen und Bereitschaften, die sich in einem entsprechenden Tun und Verhalten bewähren. Die kognitive Arbeit des Ethikers ist es, in größtmöglicher Breite und Spezifikation die je bestimmten formativen Potenzen des personalen und gesellschaftlichen Ethos seiner Zeitlage ebenso eindringlich wie unaufdringlich zu benennen, so dass man deutlich weiß, woran man in ethischer Hinsicht mit sich selber und mit den diversen Anderen prak-

---

[78] Die Perspektive der „Strebensethik" hat Hans Krämer wieder neu zur Geltung gebracht. (Integrative Ethik, Frankfurt 1992).

tisch ist. Eine Ethik, die sich selber so sehr „zurücknimmt", ist *ethische Heuristik.*

Fraglos bedeutet es eine nicht leicht zu bewerkstelligende Änderung der theoretisch-praktischen Optik, diese „Epochè" zu vollführen, den ethischen Blick von den „sittlichen Normen und Werten" weg in die raumzeitliche „Gemengelage" eines nicht so sehr schön gegliederten wie vielmehr fatal gespaltenen Ensembles von praktizierten Gesittungs-verhältnissen zu richten und auch noch sich selbst als mitbeteiligtes (weder bloß dienenden noch herrschendes) Glied an einer Raumstelle darin wahrzunehmen. Ein kognitiv-normativistischer Ethiker hat mir vor Jahren einmal entgegengehalten: Aber Sie brauchen doch einen norma-tiven Maßstab! Nein, erwiderte ich darauf, einen *„Maßstab"* brauche ich nicht – und was ist das hier schon, ein „Maßstab"? Ich habe mein Maß schlicht in meiner lebensgeschichtlich erworbenen ethisch-praktischen Identität, aus der meine praktisch-gesetzgeberische Mitwirkung am aktuellen ethischen Prozess (so viel oder so wenig dies sein mag) er-wächst; sie ist in vielen wesentlichen Dingen nicht nur die „je-meinige", und ich kann ihre kardinalen ethisch-praktischen Bejahungen bzw. Ver-neinungen annähernd benennen. Ich kann ethisch nur etwas geltend machen, woran ich selbst praktisch-essentiell und -existenziell partizi-piere. Das ethisch-praktisch Identitätsbildende liegt jeder rein „gegen-ständlich"-thematischen kodifikatorischen Fassung voraus und entzieht sich ihr vielleicht sogar.

Blick zurück auf die ‚Ethica domestica'

Die Sache der Moralität oder Gesittung war einstmals in ziemlich enge und klar gegliederte Kleinräume der täglichen Begegnungen mit den halbwegs gleichgestellten „Nächsten" und in den weiteren Raum der all-gegenwärtig wirksamen Zuordnung zu den Höhergestellten eingeschlos-sen, sozusagen eingefriedet. Für die meisten Bewohner des christlichen Abendlandes konnten die Zehn Gebote genügen. In Martin Luthers Katechismus-Auslegung figurieren neben den Nächsten, denen alle die gebotenen Rücksichten gelten, noch die „Eltern und Herren", die wir nicht verachten und erzürnen dürfen, vielmehr sie in Ehren halten, ihnen dienen und gehorchen sollen. Anweisungen an die Obrigkeit erteilt der Reformator 1529 nach dem Bauernkrieg nicht mehr, sondern – mit Paulus Römerbrief – nur solche an die Untertanen. Sie sollen der

Obrigkeit nicht nur genötigterweise und aus Furcht vor Strafe untertan sein, „sondern auch um des Gewissens willen". Die Obrigkeit ist Gottes Dienerin, und sie trägt ihr Schwert nicht umsonst – auch „auf dass wir ein geruhig und stilles Leben führen mögen".

Nur für dieses häuslich-nachbarliche Alltagsleben ist „moralisch-normativ vorgesorgt", aber schon für den Umgang der hohen Herren mit ihren Rivalen nicht mehr, und auch nicht für den Umgang der Untertanen *in tempore belli*, wenn sie im Dienst ihrer Herren hart aneinander geraten. Die Schutzzone des „du sollst nicht töten" reicht *rebus sic stantibus* nicht so weit. Wie die Weltgeschichte nach Hegel nicht der Boden des Glücks ist, so ist sie auch nicht schon von ihrem Ursprung her der Boden einer universalen, menschheits-verbindenden Moralität. Ein alle verbindendes Menschheits-Ethos könnte nicht „Prinzip", sondern nur ein (bis jetzt nicht erreichtes) geschichtliches Resultat sein. Wir leben seit dem ausgehenden 18. Jahrhundert in einem Interim, in dem es immerhin bereits vorstellbar geworden ist, dass die uralte Sehnsucht nach dem Frieden auf Erden dereinst in Erfüllung geht. Seitdem fragen sich die Geplagten einer nicht enden wollenden Gewaltgeschichte, unter welchen „Bedingungen der Möglichkeit" das Wünschbare-Denkbare wirklich werden könnte – von Kant und Fichte über Marx und Rosa Luxemburg zu Bertrand Russell und zu den Autoren solcher neueren Bücher wie „Muss Krieg sein"?, „Ursprünge der Gewalt" und „Frieden: Eine Idee, deren Zeit gekommen ist".[79]

Wo die Großraum-Kollisionen in das Blickfeld der Moralität treten, nimmt diese sie unversehens in der Sichtweise jener normativ erschlossenen Kleinraumverhältnisse wahr. Die zivile Kleinraum-Moralität wird zum Maß der gesellschaftlichen Großraum-Verhältnisse, und sie geht diese im nämlichen Modus des moralischen Sollens an. So aber ist die sich ins Weltweite ausdehnende Moralität kaum mehr als die rhetorische Expression einer „Wünschbarkeit".

---

[79] In deutscher Übersetzung ist das erste, von Jerome D. Frank, 1971, die beiden anderen, von Anatol Rappoport, sind 1990 und 1991 im Verlag Darmstädter Blätter erschienen.

‚Ethica mundana'. Moralische Strategien für die Große Politik?

Zur Signatur der ethischen Gesetzgebungs-Initiativen unserer Zeit, der vielleicht noch nicht ganz beendeten Weltkriegsepoche des 20. Jahrhunderts, gehört es, dass sich ihr Bezugsraum buchstäblich ins Grenzenlose ausgeweitet hat. Die Stunde eines *ethischen Universalismus* ist angesagt. Noch nie zuvor, so erklärt einer seiner beredtesten Anwälte, war das Ausschauen nach einer planetaren, die gesamte Menschheit umfassenden Ethik so dringend wie angesichts der heraufkommenden einheitlichen Weltzivilisation. Das Problem schien sich im ausgehenden Jahrhundert des großen Weltkriegs und im Vorblick auf die mögliche atomare Total-Katastrophe auf der „höchsten Ebene" der Weltmachtpolitik zu stellen. Dieter Henrich hat noch 1990 eine „Ethik für den atomaren Frieden" vorgelegt. Müsste heute die „Ethik für eine neue Weltordnung" an die Stelle treten?

Nicht nur mit dem Leitthema „Krieg und Frieden" erscheint die politisch-ethische Reflexion und Prospektion unausweichlich auf eine „Wahrheit des Ganzen", genannt „Menschheit", hingeordnet. Zuletzt schien es gar noch, als sei mit dem atomaren Wettrüsten der „Supermächte" das Schicksal der Menschheit in einige wenige Hände gelegt, die Pyramide des Ethos auf die Spitze gestellt. Diesem Zug bin ich schon „damals" nicht gefolgt. Nicht nur im Blick auf das größte aller Probleme, das einer befriedeten Menschheit, sondern auch in anderen Großraum-Perspektiven von Staats-, Gesellschafts- oder Zivilisationsordnung stellt sich im Projektionsraum einer Ethik und Rhetorik der „universalen Menschheits-Verantwortung" die kritische Frage, ob so etwas überhaupt das Sujet einer zentral und direkt ansetzenden moralbewusst-ethischen „Makroteleologie" oder gar „moralischen Strategie" sein kann. „Ziele verfolgen" ist in diesen Größenordnungen wohl ein hybrider ideologischer Modus des unpraktischen Praxisdenkens, einer unpolitischen Politik.

Es soll nicht allzu abschätzig klingen, wenn ich manche der moralischen Mobilmachungs- und Aufrüstungs-Initiativen unserer Tage als Aufgebote einer „Großraum-Ethik mit Hochdruck-Normativität" ironisiere.[80] Weder leugne ich generell, dass es namentlich im Ethos der neuzeitlich-bürgerlichen Gesellschaft immer wieder bedeutsame Auf-

---

[80] So pointiere ich es in meiner Studie „Ethik ohne Imperativ", Frankfurt 1987, S. 11.

und Umbrüche gegeben hat, noch bestreite ich im besonderen, dass unsere moderne Industriegesellschaften in eine kritische Zone geraten sind, in der ethisch gewichtige Neudispositionen in den Güterverhältnissen menschlichen Lebens und Zusammenlebens anstehen. Nur, das Politisch- und Weltpolitisch-Werden des ethischen Wollens mag noch so triftig sein, bündig wird es erst dann, wenn es auch eine angemessen politische Aktionsform annimmt. So beschäftigt mich eben auch die methodische Vorfrage, was in der Blickrichtung einer Ethos-Reformation als reell und seriös gelten kann.

Die Moralität ist seit jeher die Domäne einer geradezu imperial überschießende Rhetorik des Guten Willens. Eine moralische Mobilisation, die ihre Sache – von der Abwehr rechtsradikaler Gewalt bis zu den Imperativen einer menschheitlichen Zukunftsverantwortung – in den Formen einer konventionellen Politiker-Rhetorik betreibt („Wir müssen ..."), überspielt den gewichtigen Sphärenunterschied, der zwischen einer institutionell-apparativen Maßnahmen-Politik und einer „Fundamentalpolitik" besteht, die aus einer informellen Öffentlichkeit kommt und in diese hineinwirkt. Amtierende Politiker haben ihre Machtbasis; ethischreformatorische Initiativen sind auf eine anders geartete „Subjektbasis" angewiesen, wenn sie nicht ein „Ziehen von Linien der Sehnsucht ins Leere hinaus" (Hegel) sein wollen.

Wo sich im Ethos wirklich ein innovativer „Schub" anbahnt, ist dies ein sehr voraussetzungsreicher Vorgang. Alles Reelle erwächst aus Spontanquellen, und es breitet sich in praktischen Kommunikationserfahrungen aus, nicht über Kommuniqués. Der Antrieb dazu kommt nicht so sehr aus einer Dienstverpflichtung wie aus einer sich erweiternden Eigen-Souveränität.

Wir befinden uns jetzt, wie schon angedeutet, in einem geschichtlichen Interim – es mag länger oder kürzer währen –, zu dessen Signatur es gehört, dass sich ein Feld vorauseilender „Aktion im Denken" auftut. In ihm ergeht sich ein höheres Wollen, dem vorerst aber nur ein schwach oder überhaupt noch nicht ausgebildetes Handlungsvermögen entspricht. So ergeht es sich in ideologisch verkürzten und gleichsam sich in die Höhe reckenden Sprachgesten. In ihnen manifestiert sich der Drang, einen „schwächeren Logos zu einem stärkeren zu machen". Diese Formel aus der Sokrates-Apologie benennt treffend die energetisch defizitäre Konstitution, die für die „Politik der Unpolitischen" kennzeichnend ist.

Die sichtlich noch andauernde Hochkonjunktur der „Ethik"[81] – genau genommen einer Moralistik in pragmatischer Absicht – ist ihrerseits der Indikator einer bestimmten ethischen Zeitlage. Wenn sie die gesellschaftlichen Großraumverhältnisse unter die Hochdruck-Normativität ihres habituellen „Wir müssen ..." setzt, ist sie in dem besagten Interim etwas von einer Vorfeld-Symptomatik: Der moralische oder moralisierende Aktivismus ist ein Indikator dafür, dass eine höherstufige politische Handlungsmöglichkeit entweder gerade verloren gegangen ist (was mir unser Fall nicht zu sein scheint), oder dass sich, namentlich an neu entstandenen Problemfronten, eine solche noch nicht eröffnet hat. Die „Moralisierungswelle" wäre dann der Vorbote einer Politik-Initiative, die ihrer selbst, ihrer Themen, Kräfte und Aktionsformen noch nicht so recht sicher ist.[82]

Auch eine „offizielle" Politik, die über bedeutende institutionelle Machtmittel verfügt, stößt nicht selten an die „Grenzen der Wirksamkeit des Staats" und möchte diese mit normativ-rhetorischen Proklamationen überspielen möchte – etwa mit der Proklamation einer „geistig-moralischen Wende". Ebenso ergeht sich eine opponierende Minderheit notorisch oft in rhetorischen Mobilisierungs-Ritualen. Die Moral muss hier wie dort als Fortsetzung der Politik mit anderen Mitteln fungieren.

Politisches Ethos reell

Das gelebte Ethos einer Großgesellschaft, ihre integrale Kulturform von Personalität, Sozialität und zivilisatorischer Lebensausstattung, ist eine vielfältig parzellierte Gemengelage aus Klein- und Großräumen. Es ist ein Kraftfeld, in dem von jedem Punkt ein energetischer Impetus ausgeht und umgekehrt an jedem Punkt – verstärkend oder abschwächend – etwas aus dem Gesamtfeld sich auswirkt. Das politische Ethos einer solchen Großgesellschaft ist kein gesonderter Bezirk. Es ist eine

---

[81] Zu der „Begrenzungskrise", die Kurt Biedenkopf vor Jahren signalisiert hat, gehört weithin auch eine regressive Begrenzung der operativen und schon der diagnostischen Imagination. Unter Prämissen einer sehr selektiven und ressentimentgeladenen Problemwahrnehmung haben Leute, die sich für Konservative halten, unter der Parole „Mut zur Ethik (nach dem Prototyp „Mut zur Erziehung") eine Kampagne zur moralischen Aufrüstung gestartet und sich von Günther Rohrmoser ein Programm zur „Erhaltung und Wiederherstellung von moralischen Selbstverständlichkeiten" (es sind natürlich die der guten alten *ethica domestica*) darbieten lassen.

[82] Ethik ohne Imperativ (s. Anm. 34), S. 12.

Extension der Maßbestimmungen, die für den Stand ihrer allgemeinen Personal- und Sozialkultur charakteristisch sind. Die wichtigsten Feldparameter sind die Potentialstärken – man möchte sagen: die mittleren Pegelstände und Pegelschwankungen – solcher Verhaltensdispositive wie Kollektivprägung und Individuationsspektrum, Ichstärke, Suprematiestreben, Kooperationsfähigkeit (bzw. Kooperationsuntauglichkeit), Befriedungsstand und Rivalitätspotentiale, Enge oder Weite des Raumes positiver Verträglichkeit und Solidaritätsfähigkeit. Diese Grundvermögen, die zusammen das Ethos der jeweiligen Vergesellschaftungsart ausmachen, synthetisieren sich zu divergenten Typus-Einheiten von Sozialcharakteren: von dominatorisch-kompetitiven, subaltern-autoritären oder autonomistisch-kooperativen. Sie sind immer nach den sozialen Klassen- und Schichtsegmenten der betreffenden geschichtlichen Formation spezifiziert und zeigen eine je eigene Metrik von „ethischen Kräfteverhältnissen". In solchen Dispositiven haben wir bereits die vor-institutionellen Variablen einer allgegenwärtigen Basis-Politizität. Untergründige kommunikative Netze verbinden das Alltagsethos der politisch Inaktiven mit den Artikulationen und Expressionen der politischen Aktivisten. Deren Politik ist die Fortsetzung des alltäglichen Polis-Ethos mit nicht immer so alltäglichen Mitteln und in anderen Sozialraum-Segmenten.

In modernen Klassen-Schichten-Gesellschaften ist das politische Ethos ähnlich fraktioniert wie die Politik, nur nicht so „oligo-schematisch", vielmehr reicher gegliedert, nuanciert und mehr mischungsfähig als diese. Es ist eine der Naivitäten von Unpolitischen, dass sie sich im Bezugsraum einer unitarischen „Moral" wähnen und an diese appellieren zu können glauben, während sie doch nur ein besonders Ethos (vielleicht ein weniger borniertes, ein mehr integratives) gegen ein anderes repräsentieren.

Als Gemengelage und Kraftfeld ist das politische Ethos von Großgesellschaften eine „Resultante" aus den energetisch-formativen Beitrags-Anteilen ihrer Individuen-Ensembles. Es hat seine epochalen Konstitutionen und seine situativen Konjunkturen, indem aus der Gemengelage jeweils andere Charakterbestandteile dominant hervortreten können. Vor allem ist das Großraum-Ethos, soweit wir es überschauen, in sich mehr oder weniger deutlich polarisiert: Ein Ensemble seiner formativen Energien resultiert in einer vorwiegend imperial-rivalistischen Gesamtverfassung, zu der andere Potenzen einen mehr zivil-integrativen Gegenpol bilden.

In der Moralphilosophie hat es Tradition, vor allem nach einem allgemeinen Nenner für dasjenige zu suchen, was alle Menschen einander gleichermaßen an Achtung und Zuwendung schulden (so wie eine traditionelle, vorkritische philosophische Anthropologie sich am angelegentlichsten für das Allgemeinmenschliche interessiert, worin sich der Mensch vom Tier abhebt). Praktisch (und ethisch) bedeutsam für das politische Ethos von Großgesellschaften ist jedoch gleichermaßen, worin die einen Gesellschafter eine Vorzugsposition beanspruchen und den anderen eine Schlechterstellung zumuten. Kant hielt Ausschließungen vom Wahlrecht noch für ethisch gerechtfertigt. Marx erachtete (aus seinem eigenen personalen Ethos heraus) die Lohnarbeit für unzumutbar, während die Masse der Betroffenen sie (mit gewissen Kompensationen) tolerabel fand. In unserer Zeit wurde die sozialrechtliche Gleichstellung von Arbeitern und Angestellten zu einem ethischen Politikum. Eine moderne Gerechtigkeits-Ethik wie die von John Rawls hat sich darum bemüht, ein normatives Prinzip für das Maß ethisch zulässiger Differenzen zu etablieren. In den Kalkül gehen indessen kontingente Maßbestimmungen von Bereitschaft und Nichtbereitschaft ein. Wie das Politische ein Ethisches ist, so ist auch das Ethische ein Politikum, eine Ermessens- und Streitsache zwischen Beteiligten und Schiedspersonen.[83]

Die ethisch relevanten (auf den Personstatus bezogenen) Güterbezüge sind in ihrer Mehrdimensionalität – Güte-Klassement von Tätigkeiten-Repertoires, von sozio-personalen Zuordnungen und von Ausstattungs-Arsenalen – ebenso im Inneren der Individuen wie im Ensemble geschichteter Kollektivitäten – immer Sache von Prioritätensetzungen und Zurückstufungen (mit oder ohne Kompensationen). Privilegierungs-Kulturen privilegieren oftmals kumulativ, nicht kompensatorisch: Wer den einen Vorzug genießt, soll auch den anderen haben; zur Genugtuung der sinnerfüllten Tätigkeit, ihrer Freiheitsgrade und des sozialen Ranges kommt als Zugabe eine reichliche Dotierung. Erich Fromm stellte dem „Haben" das „Sein" als das Höhere entgegen, oft muss jedoch eine Habens-Kompensation für eine mindere Seinsmöglichkeit aufkommen.

---

[83] Der „verständigungsorientierte" ethisch-praktische Diskurs unter Gleichberechtigten kann nur der idealtypische Modus in einer schon gelungenen voll-zivilen Integration sein. Wo entscheidende Integrationsschwellen erst noch zu überschreiten sind, kann dieser Diskurstypus nicht schon der Modus des Überschreitens sein.

Das Ethische bildet, wie gesagt, eine besondere, obere Rangstufe in den Güterverhältnissen der Menschen, nämlich deren kardinal-person-bezogenen Anteil, zuoberst die Gütequalitäten von Tätigkeitsweisen und Sozialpositionen. Bei den Ausstattungsgütern mag gelten, dass nur das strikt Lebensnotwendige einen „primordinalen" Personalitätsbezug hat. Indessen sind sehr wohl auch die Proportionen, die für die soziale Verteilung nachgeordneter Ausstattungs- und Positionsgüter gelten, von ethischer Valenz. Einem Kultur- oder Politikmenschen kann man sagen, seine Dotierung sei den Freiheitsvaleurs seines Betätigungsraumes nachgeordnet. Für soziale Schichtlagen, in denen die Ausstattungsgüter notgedrungen eine höhere Priorität haben, gilt das nicht gleichermaßen. In gewissen Randzonen ist der materielle Aufwand, den eine Gesellschaft für ihre vital Benachteiligten aufbringt, durchaus ein signifikanter Indikator für die Dignität ihres Polis-Ethos.

Die große Probe auf das Ethos unserer modernen Gesellschaft

Schicksalhaft für die Gesellschaftsdynamik im 19. und 20. Jahrhundert sind die großen Resultantenbildungen von ziviler Integrativität/Moderation und imperialer Rivalität geworden. Die Weltkriegsepoche unseres 20. Jahrhunderts, dieses Hauptstück unserer politischen Geschichte, ist aus einem breitgelagerten imperialen Kraftfeld erwachsen, das sich aus der Sozialdynamik, den Positions- und Verteilungskämpfen des Hochindustrialismus aufgebaut hat. Es war mit seinen Impulsen tief in die Lebensräume und Güterverhältnisse zahlloser Individuen eingelassen. Sichtlich hat sich hier eine Hochmobilisation imperial überschießender Lebens- und Geltungsansprüche ereignet.[84] Dabei gingen diese Ansprüche primär auf etwas, das seit altersher den Kernpunkt der Orientierung im Ethos bildet: ein gutes (oder „besseres") und ansehnliches Leben. Wenn wir es in dieser Weise ethisch artikulieren, dürfte dies gegenüber allen ordinär-politizistischen oder ökonomistischen Fassungen eine essentielle Vertiefung bedeuten.

Das Ethische fängt nicht mit dem moralischen Sollen an. Bevor irgendwelche politisch-ethischen Wert-Desiderate und -Normen in Betracht kommen, erlangen „ethische Valenzen" eine diagnostische Bedeutung als Indikatoren eines Ist-Standes. Eine ethische Bestands-

---

[84] Dafür setze ich gern die plakative Formel „Übermobiliation" ein.

Analytik lässt sich, wo immer es ein spezifisches Selbstverständigungs-Interesse hat, in alle regionalen Spezifikationen der Zeitgeschichte hinein weitertreiben. Ich brächte es kaum noch fertig, irgendein Stück dieser Geschichte – den Weltkrieg, die Faschismen, die Sozialrevolutionen, den Kalten Krieg, die Auflösung des Ostsozialismus, die ökologische Krise, die neuen Konkurrenzen und die Ausbrüche einer neuen Rohheit in der „neuen Unübersichtlichkeit" der aktuellen Begrenzungskrise – ohne den Rekurs auf personal-sozialethische Basis-Dynamismen des Güterverhaltens in prekären Güterverhältnissen zu erwägen. Das „Ethische" figuriert hier eben nicht wie eigener „Bereich", der additiv zu den anderen hinzuträte und seine eigenen Kriterien an sie heranbrächte (so wie das einmal bei Carl Schmitt herauskommt). Es ist eine intrinsische Dimension des „Politischen" selbst.

Die normative Ethik bildet, wenn sie sich in den Großraum der Gesellschaftsgeschichte begibt, eine eigentümliche Sichtweise aus. Der großräumigen Extension entsprechend geht sie mit Vorliebe ins Monumentale, Allzu-Große und -Hohe, ins Hoch-Essentiale. Ihre Sujets sind vielfach „weltweit", ihre Ansprache geht „An Alle", die Übelstände und die zu ihrer Behebung angerufenen Tugenden sind in universaler Allgemeinheit unhistorisch gefasst und (ebenso wie die Untugenden) nicht sozio-positionell aufgeschlüsselt. Insbesondere sieht sie nicht, dass das, was sie ideell als höheres Prinzip proklamiert, einen je bestimmten Ort im Wirklichen (und in der eigenen Wirklichkeit) hat. Das wird namentlich dort wichtig, wo eine prinzipiengeleitete Moralistik aus der Enge sozialer Kleinräume hinaus auf das groß- und weltgesellschaftliche Ganze ausgreifen möchte. Wir werden noch auf die Problematik des „ethischen Universalismus" zu sprechen kommen, darauf, was reell an ihm ist und was die Expression von „Wünschbarkeiten".

Hingegen arbeitet eine Ethik, die nur eine offene Heuristik von Ethos-Formierungen ist, nirgends mit einem universal umfassenden „Wir Menschen alle". Für nahezu alles Maßgebende macht sie jeweils bestimmte soziokulturelle, soziodynamische Orte aus, sowohl die Orte der Problem-Generierung als auch die der möglichen Problem-Verarbeitung. Stets ist die „Sache" auf Personen-Gruppen-Konfigurationen zurückzuverfolgen, nicht in einem hochgespannten Netz von „Wesens"verhältnissen (wie „moderne Technik", „neuzeitlich-okzidentale Rationalität") einzuhängen oder auf essential bestimmte „System"-Entitäten (wie Marktwirtschaft oder Kapitalismus, Sozialismus, Totalitarismus, Fundamentalismus oder dergleichen) zurückzuführen.

Charakteristisch für eine monumental-essentialistische Sichtweise ist der Eröffnungssatz von Hans Jonas' *Prinzip Verantwortung*: „Der endgültig entfesselte Prometheus, dem die Wissenschaft nie gekannte Kräfte und die Wirtschaft den rastlosen Antrieb gibt, ruft nach einer Ethik, die durch freiwillige Zügel seine Macht davor zurückhält, dem Menschen zum Unheil zu werden."[85]

Ethos geschichtlich-konkret

Der gesellschaftliche Ort von Formierungen und Reformationen im Ethos ist immer ein bestimmter *geschichtlicher* Ort. Normative Großraum-Ethiken (wie auch die von Hans Jonas) gehen bei ihrem Problemaufriss vor allem *zukunft*-bezogen zu Werke. Aus einer als möglich oder wahrscheinlich antizipierten Zukunft deduziert sie nach Art einer Folgenabschätzung ihre Forderungen an die heute Lebenden. Eine gesellschaftshistorisch angelegte ethische Heuristik wird sehr viel mehr *herkunft*-orientiert ansetzen und die diversen Problematiken durch den geschichtlichen Prozess hindurch verfolgen. Den geschichtlichen Ursprungsraum unserer Gegenwart bildet die *Weltkriegsepoche* des jetzt zu Ende gehenden Jahrhunderts. Die große Anfrage an das gesellschaftliche Makro-Ethos dieser Zeit wird darum lauten: Welche sozial-zivilisatorischen Mobilisations-Anomalien, die unsere moderne Industriestaatenwelt in den Weltkrieg gestürzt haben, sind inzwischen aufgelöst, und welche nicht?

Der Weltkrieg hatte darum so gewaltige Leidenschaften entzündet und Leiden über die Völker gebracht, weil er kein bloß dynastischer Krieg war, weil ihm seine Antriebsenergie vielmehr aus einer *volks-imperialen Massenmobilisation* im Milieu der bürgerlichen Klassen (namentlich auch in deren unteren Schichtlagen) zuwuchsen. Aus dem Feuer des Weltkriegs (nicht aus einer westeuropäischen Sozialideologie) gewann auch die russische Sozialrevolution von 1917 ihre gewaltigen Energien. Sie hat ein volks-imperiales Kontingent aus den *nicht*-bürgerlichen Klassen in den Kampf geführt und zu einer prekären Herrschaft

---

[85] Das Prinzip Verantwortung. Versuch einer Ethik für die technische Zivilisation, Frankfurt 1980, S. 7.

gebracht. Wie die Weltkriegsepoche nicht die „Todeskrise des Kapitalismus" war, so war die Oktoberrevolution nicht der Eröffnungsakt einer sozialistischen Revolution des Proletariats. Vielmehr war sie – an der Nahtstelle zum hochindustriellen Westen – der Anfang einer Reihe von „Revolutionen des Ostens". Sie entfaltete sich – als ein „Sonderweg" – auf einer Seitenlinie der Weltgeschichte des 20. Jahrhunderts und bildete nicht deren Vorausabteilung. Namentlich war sie keine authentische sozial-zivilisatorische Entwicklungsrevolution, und überhaupt nichts Prototypisches, sondern etwas durch und durch Irreguläres. Sie war zumal nicht das schwierige Anfangsstück eines weltgeschichtlichen Auswegs aus der Ära des modernen Imperialismus, sondern eine von dessen Fortsetzungslinien in einer wechselnden imperialen Polarität. Für das Geschichtsdenken dieses Jahrhunderts war die Sowjetrevolution eine Quelle größter Irritationen, und für das politische Ethos ein Urgrund verfänglichster Anfechtungen.

Statt „Todeskrise des Kapitalismus" war der Weltkrieg eher die Geburtskrise einer neuen sozial-zivilisatorischen Welt-Konstellation. Im Fortgang des Hochindustrialismus transformierte sich der alte Militär- und Kolonialimperialismus in einen Aggregatzustand, in dem die zivilisatorische Kraftentfaltung in den Vordergrund trat und selbst noch den Charakter des militärischen Wettrüstens bestimmte. Aus der weiten Peripherie von Kolonialreichen und halbkolonialen Dependancen wurde die „Dritte Welt" mit einer Avantgarde von „Schwellenländern", an deren Spitze sich für einige Zeit die Länder der imperialen Sozialrevolution setzten, um so vielleicht ihre „Zweite Welt" zur Ersten und Einen zu machen.

Zwischen der „Ersten Welt" und den beiden anderen Weltregionen besteht weiterhin ein enormes Zivilisationsgefälle, in dem sich eine veränderte Welt-Zivilisationsdynamik entfaltet. In den Daten der Güterverteilung stellt es sich sinnfällig dar: Ein Fünftel der Menschheit verfügt über vier Fünftel des Weltreichtums. Was folgt daraus – prognostisch, normativ? Es ist sehr problematisch, daraus sogleich eine moralische Forderung abzuleiten oder darauf mit einer „moralischen Strategie" zu zielen, für die das Ensemble der „reichen Länder" als verantwortlich-handlungsfähiges Subjekt derzeit gar nicht in Betracht käme. Die moderne Welt-Industriezivilisation, so viel oder so wenig bis jetzt überhaupt schon dazu zählt, ist nach dem großen imperialistischen Krieg noch immer eine ausgesprochen *imperiale Zivilisation*. Ihre Vorreiter sind in heftige Konkurrenzen verstrickt und jeder von ihnen hat alle Mühe, seine innere Balance zu halten.

Wir befinden uns in einem Interim, in dem wohl schon offenkundig ist, dass es ein grenzenloses „immer weiter so" für diese Industriezivilisation nicht gibt. Es dürfte nicht zu viel gesagt sein, aber auch nicht zu wenig, wenn man feststellt: Wir befinden uns in der Eingangsphase einer Zivilisationskrise, die sich auch schon deutlicher als die zurückliegenden Großkrisen der Weltkriegsepoche als eine solche, eben *als Zivilisationskrise* zu erkennen gibt. Welches die bestimmenden Krisenherde und -zonen sind und sein werden – ökologische Krise oder Klimakatastrophe, Weltbevölkerungskrise und Völkerwanderung, eine Krise der industriellen Arbeitsgesellschaft, Imperialkrisen in der Schwellenregion oder Anschläge von da auf die Zentren der Hochzivilisation – das alles ist „noch nicht heraus"; folglich auch noch nicht, an welchen Problematiken welche „ethischen Formativkräfte" sich herausgefordert sehen werden, welche Tugenden des aktiven Zugriffs oder Tugenden des Rückzugs.

Kategorisch könnte man vielleicht nur in dem einen Punkt sein, dass nicht irgendwelche „kategorischen Imperative" moralischer Observanz es sein werden, von denen Kräfte einer „ethischen Reformation" aktiviert werden; und nicht einmal „hypothetische" Imperative im Gestus präventiver Warnungen oder Drohungen: Wenn wir so weitermachen, enden wir in der Katastrophe ... (Die Droh-Alternative, die am Ausgang der ersten Weltkriegsphase ihre epochale Triftigkeit zu haben schien, „Sozialismus oder Barbarei?", ist inzwischen ganz weit abgerückt.)

In der Eingangsphase einer größeren Krise aktualisiert sich ein Krisenbewusstsein üblicherweise in *Präliminar*formen, nach Art einer Vorfeld-Symptomatik. Etwas Präliminares ist immer der moralistische Ton, der futuristische Gestus, der strategische Großraum-Zugriff; ist die Anrede mit dem unbestimmten all-vereinnahmenden „Wir"; präliminar ist ebenso die Negativ-Fixierung an den drohenden Gefahren und an Regungen des Protests.

Politisches Ethos prospektiv I:
Allgemeine Verfahrensprämissen

Kurz bevor Karl Marx nach anfänglichem Widerstreben auf die Linie pro-
letarisch-revolutionären Kommunismus einschwenkte und diesem eine
groß-epochale, weltgeschichtliche Bedeutung zuerkannte, hatte er noch
gemeint, die Menschheit fange jetzt keine neue Arbeit an, sondern führe
nur ihre „alte Arbeit" aus – die Konstituierung einer Bürgergesellschaft.
Auf diesen Punkt ist nun auch die untüchtige „Neue Welt" des Sowjetsozialismus zurückgekommen. Die große Systemform im Zeichen einer
„Prinzip-Lösung" (Wolfgang Engler), diese Auflösung des „Rätsels der
Weltgeschichte", hat sich selbst aufgelöst. Bald wird wohl auch die
ideologische Gegen-Fixierung und Prinzip-Lösung „Marktwirtschaft"
ihren Zauber verloren haben. Vielleicht ist dann die Perspektivik des
politischen Ethos ganz aus dem Bannkreis der Teleologie großgesell-
schaftlicher Systemfetischismen herausgerückt. Institutionelle Veränderungen sind nur dann substantiell, wenn sie auf ausschlaggebende
Linienverschiebungen im Kraftfeld der zivilisatorisch-soziokulturellen
Energien zurückgehen. Man könnte geradezu eine Konfession daraus
machen und sagen: Solche Kraftlinien-Verschiebungen bedeuten alles,
große Zielprojektionen dagegen nichts.

Bevor ein Zukunftshorizont (oft vorschnell) zum *Aufgaben*horizont
wird, wäre er erst einmal als ein *Erwartungshorizont* auszuleuchten, in
dem vielerlei zusammenkommt, auch manches, das man nicht „in den
Griff bekommt". Man tut gut daran, den Anteil eines möglichen eigenen
(Mit-) Wirkens gebührend realistisch anzusetzen. Manche Problematik
lässt sich wohl in ihrer kosmischen Weite vergegenwärtigen, nicht aber
auch praktisch angehen, zumal nicht das, was aus dem großen Welt-
Zivilisationsgefälle auf die Inseln der Industriewelt zukommt – etwa, welche Größenordnung und welches Problemgewicht die Migrationsbewe-
gung erlangen wird. Etwas praktisch angehen kann man nur innerhalb
der eigenen operativen Reichweite und in Leistungen, die auf die Mikro-
Maße je eigener Mitbeteiligung umrechenbar sind. So hat es seinen
guten Sinn, eine Heuristik innerhalb dieses engeren Kreises anzusetzen
und mit den Kräften oder Potentialitäten zu rechnen, die man hier in
einiger Nähe antrifft. Eine Zivilisationsreform ist nicht Sache einer Groß-
raum-Strategie.

Gleichwohl ist darauf zu bestehen, dass die produktive Meisterung von Gesellschafts- und Zivilisationskrisen eine Frage des politischen Ethos, nicht einfach eines politisch-administrativen „Maßnahmenbündels" ist. Eine „geistig-moralische Wende" lässt sich aber nicht herbeiführen, allenfalls rhetorisch inszenieren. Im Felde des Ethos etwas zu „fordern" – neue Tugenden oder die Rückkehr zu alten, gar noch „Mut zur Ethik" – ist nachgerade lächerlich (das Fordern ist des Spießers Lust). Die Zukunft des Ethos kommt nicht aus einer programmatisch-postulatorischen „Ethik der Zukunft" (oder „Zukunftsverantwortung"). Wo ein zukunftsträchtiges Ethos sich ausbildet, kommt es aus der autochthonen Mehr-Aktivierung von Bildungselementen einer Personal- und Sozialkultur, die in der bestehenden Ethos-Formation schon wer-weiß-wie-lange wirksam sind. (Der politisch-ethische Futurismus gehört, wie schon angedeutet, zur „Vorfeld-Symptomatik" im Interim.)

Während es in vordergründigen politischen Aktivierungs-Strategien recht oft auf die Überwindung von Hindernissen oder speziell von Widersachern abgesehen ist, leben wirkliche Innovationen im Ethos immer und gänzlich aus ihrer *soziokulturellen Positivität*, und sie sind auch in ihrer Feldwirkung positiv, etwas Positives bestärkend. (Das ominöse „Macht kaputt, was euch kaputt macht" gehört einer Stufe tiefster soziokultureller Inferiorität an.) Ethische Leistungen und Mehrleistungen kommen stets nur aus der positiven Potenz eines schon eingewurzelten Ethos, nicht aus einer Umkehr von Sündern. Wenn sich die traditionelle Moralitätspflege wesentlich negativ im Kampf gegen das Böse des ordinären Egoismus erging, war sie in ihrer Wirkung darum so wenig reell, weil sie auch in ihrer Aktivbasis so wenig authentisch war. Bekämpfungs-Manien, Anti- und Anti-Anti-Positionen sind oft genug von derselben soziokulturellen Defizienz wie das Bekämpfte.

Wesentlich positiv ist auch die Sinnrichtung, in der ethisch-reformatorische Energien sich potenzieren. Ihre Mehr-Aktivierung mag wohl unter einem Problemdruck erfolgen, in den auch mancherlei Negativa und Anfechtungen eingehen. Diese sind jedoch nicht dominant. Selbst wo die Abwehr von Gefahren einen Anteil hat, findet nicht darin das „Rettende" sein Maß. So wird der jetzt wieder hervortretende Rechtsrabiatismus (das Wort „radikal" sollte man dafür nicht vergeben) nicht durch Maßnahmen und Gegenaktionsaufgebote überwunden, sondern durch eine Konzentration positiv integrativer Kräfte überboten, was immer Sache einer mehr untergründigen fundamentalpolitischen Wirksamkeit ist.

Positiv sind schließlich die aktiv-subjektiven Sinn-Koordinaten der reformatorischen Politik. Deren Ethos ist nicht eines des „aufgedrungenen" Verzichts. Das Dominante in ihm können und dürfen durchaus eigeninteressierte Genugtuungen sein, wie sie namentlich aus einem Zugewinn an Autonomie und Partizipation erwachsen. Wie triftig auch die „Eckdaten" sind, die uns die extrem ungleiche Teilhabe am Weltreichtum vor Augen führen, wie triftig auch die Einsicht ist, dass die Reichen ihren Reichtumsvorsprung nicht auf Dauer werden behaupten können: Gleichwohl sind nicht Verzichtleistungen und Abtretungen das „entscheidende Kettenglied". Eine ethische Prospektion, die nicht moralistisch kurzschlüssig ist, wird ihren Angelpunkt nicht in einer Umverteilung der Sachgüter haben, sondern in der Entfaltung von Tätigkeiten, in Genugtuungen, die aus höheren Stufen der Selbsttätigkeit erwachsen. Sofern es ein soziokulturelles Milieu gibt, in dem diese Priorität gilt, fallen die Attraktionen des Konsumluxus ohne besondere asketische Anstrengung ganz zwanglos weg.

Mit Recht sagt man, die aktuelle Sozial- und Zivilisationskrise sei vor allem eine „Steuerungskrise", genauer, eine Mangelkrise im Gesamt-Aufgebot von weiter reichenden und breiter gelagerten Kapazitäten einer koordinierenden Selbststeuerung. Diesen Kapazitäten (d.h. den Mitgesellschaftern, die über sie verfügen) käme demnach die Schlüsselposition zu. Das traditionell-moralische, d.h. altruistisch ausgerichtete *Sollen* tritt dann hinter die positive Dignität eines höher kultivierten *Strebens* zurück. Nur davon könnte auch eine ethische Autorität ausgehen. Nun ist ein ethisch höherrangiges Streben seinerseits stets in vielerlei nicht-ethischen Kompetenzen eines technisch-organisierenden Könnens fundiert. Politisches Ethos ist nicht ganz und gar, aber weithin eine Frage der Höhen-, Weiten- und Tiefenmaße sozial-praktischer, zivilisatorischer und politischer Intelligenz und Souveränität. Solange das Ethische als Ethisches so dominant hervortritt, gar noch als das Moralische, befinden wir uns noch weit im Vorfeld relevanter Aktivierungen.

Der große geschichtlichen Präzedenzfall einer Reformation, die aus dem Ethos einer Gesellschaftssphäre von höherer produktiv-kooperativer Potenz gelebt hat, ist das Sich-Herausarbeiten einer Bürgergesellschaft aus den Fesseln von Adelsmonarchie und Klerikalherrschaft. Die gebildeten Bürger konnten den Prunk und Luxus der höfischen Welt ganz einfach verachten, weil ihr Selbstgefühl in etwas anderem gründete. Die Frage ist immer, welche soziokulturelle und lebensform-bildende Autorität von der einen oder der anderen Gesellschaftssphäre ausgeht.

Eine Heuristik ist naturgemäß von gewissen Desideraten angeleitet. Diese setzen sich jedoch nicht direkt in ein Sollen um, nicht in ein „Projekt", vielmehr in einen *Prospekt,* der eine *Prospektion* im Felde der „wirklichen Voraussetzungen" anleitet. In einer Vorfeld-Situation ist es ganz unvermeidlich, dass Prospektoren mit offenen „Möglichkeits"-Kalkülen zu Werke gehen. Ohne einen gewissen postulatorischen Überhang („Es muss doch möglich sein ...") geht es kaum ab. Eine Hilfs- und Stützfunktion kommt dabei immer auch Modellen und Präzedenzen schon gelungener Organisations- und Integrationsleistungen zu – wie es in der Epoche des Faschismus oder Stalinismus die bestehenden oder erhalten gebliebenen liberalen Länder gewesen sind. Das Entscheidende aber sind nicht die „Modelle", sondern die lebendigen Kräfte, in die man Erwartungen oder Hoffnungen setzen kann. Ein Umkreis von einschlägig disponierten (interessierten, befähigten und bereiten) Mitgesellschaftern wird nur selten gänzlich fehlen. Es ist dann vor allem die Frage, wie er aus der Vereinzelung durch Vereinigung zu einer höheren Mächtigkeit gelangt.

Wo das „Deckungs-Defizit" zwischen den Wünschbarkeiten und den Aktiv-Elementen zu groß ist, kann es leicht passieren, dass Aktivisten ihre Postulation exzessiv ansetzen, etwa mit einer fundamentalistisch totalisierten Freiheit-Gleichheit-Brüderlichkeit-Projektion oder mit der Vision eines „Neuen Menschen".

Exkurs: Ethischer Universalismus

Ethische Exaltation kann ebenso in die Höhe wie in die Weite gehen. Das „Alle Menschen werden Brüder" stand zuerst in einem Konditionalsatz und in der Nachbarschaft des „Überm Sternenzelt muss ein lieber Vater wohnen". Der moralische Rigorist Kant war vorsichtig genug, den ewigen Frieden einer weltbürgerlichen Vereinigung aller Menschen nicht für ein Volk von Engeln vorzusehen, sondern auf ein Volk von Teufeln zu kalkulieren. Kant meinte, die Gesellschaft seiner Zeit sei schon zivilisiert bis zum Überlästigen, aber noch lange nicht „moralisiert". Heute wirkt es so, als sei just eine vorauseilende *moralische* Revolution das entscheidende Kettenglied.

In der Nachfolge zu Kants deontologischem Gesetzes-Formalismus hat sich ein ethischer Universalismus etabliert, der in seiner radikalsten Variante, bei Karl-Otto Apel, die Form einer strengen aprioristischen Prinzipien-Ethik annimmt, die für die Grundnorm kommunikativer Konsensualität eine unanfechtbare Letztbegründung geltend macht und die Grundnorm als Prinzip einer „moralischen Strategie" ansetzt, die sich auf die Große Politik „anwenden" lässt. Ob die Menschen nun schon „Brüder" (und Schwestern) geworden sind oder sich noch dagegen sperren: Sie sind dazu moralisch verpflichtet, und die höhere Legitimität einer „universal gültigen Ethik gleicher Rechte und gleicher Mitverantwortung für die Lösung der gemeinsamen Probleme der Menschheit"[86] bricht jedes regionale Recht. Der juridische Nenner des ethischen Universalismus sind die „Menschenrechte". Die „universalistische Makroethik" gewinnt damit eine eigene Institutionalität. Sie wird sozusagen zur Zivilreligion für die guten Menschen der Spätneuzeit. Seitdem der Systemfetisch „Sozialismus" definitiv untauglich geworden ist, als Titel für die moderne große „Prinzip-Lösung" zu dienen, formierte sich – auf einer höheren Allgemeinheits- und tieferen Fundamentalitätsstufe – unter dem Banner des ethischen Universalismus eine neue „moralische Linke".

Mir geht es hier wieder nur darum, was am ethischen Universalismus das Reelle ist, und was desiderativ-rhetorischer Überhang. Er geht zurück auf die Zeit des bürgerlichen Aufbruchs. Seine deutsch-philosophischen Manifeste sind Kants „Idee einer allgemeinen Geschichte in weltbürgerlicher Absicht" und sein Traktat „Zum ewigen Frieden". Das Reellere ist jedoch nicht, was dieser Universalismus *in sich* konzeptiv versammelt hat, sondern, was er an praktischem Potential *hinter sich* hatte. Noch wichtiger ist, auf welche Realität er im weiten Erdenrund den Blick lenkt: auf die Totale einer zunehmend in (produktive und destruktive) Verbindung tretende dissoziierte „Menschheit". Sie ist in der Diaspora ihrer Realexistenz die eigentliche praktische „Universale", die in jenem „Ismus" ideativ überhöht und von ihm in gewissem (oder ungewissem) Sinne repräsentiert ist. Das ist das *ens realissimum* des ethischen Universalismus: die von jedem Menschen-Individuum ausgehende kategorische Anforderung an alle Anderen, von ihnen in seinem je eigenen Dasein respektiert zu werden – mindestens das.

---

[86] K.O. Apel, „Das Problem einer universalistischen Makroethik der Mitverantwortung", in: Deutsche Zeitschrift für Philosophie 2/1993, S. 210.

Der Universal-Humanismus gebildeter und empfindsamer Bürger ist in seinem inneren Kern eine Projektion aus jenem rezeptiven Grundverlangen. Doch ist er nicht entfernt auch schon der Exponent einer gleichproportionalen Aktivbereitschaft und einer praktischen Fähigkeit, jenem allseitigen Verlangen allseits zu entsprechen. Nur zu einem recht bescheidenen Anteil ist der ethische Humanismus authentisch der ideelle Ausdruck eines wenigstens der Art (wenn schon nicht dem Umfang) nach entsprechenden Aktivvermögens, heute wie damals.

Der ethische Universalismus hat also drei Wurzelgründe. Zwischen dem *ens realissimum* der Anforderungs-Totale und dem wechselnden (nicht fraglos wachsenden) Potentials an aktiven Entsprechungs-Leistungen gibt es da zum dritten noch eine ebenfalls mehr rezeptiv gestimmte und insofern unpraktische *Habitus-Präferenz* für eine Ordnung der menschlichen Dinge, in der jene Aktiva von Achtung und Wohlwollen allgemein vorherrschen mögen. (Dazu gibt es allerdings die Gegenpräferenz für einen heroisch-antagonistischen Aggregatzustand.)

Die Bereitschaft und Fähigkeit, dem Anspruch (fast) Aller an Alle zu entsprechen, kann generell sein im Sinne einer unbestimmten Offenheit, einer nicht-exklusiven Ansprechbarkeit für Belange von Mitmenschen, kaum jedoch ohne metrische Begrenzung (und in diesem Sinne universell, allseitig). Die Begrenzung kann eine der Bereitschaft oder eine des Vermögens sein.

Die „Menschheit" ist trotz aller weltweiten Vernetzung noch immer eine weitläufige, allzu weitläufige, diffuse und sporadische Wesens-Einheit, keine durchgängige „reale Kommunikationsgemeinschaft". Es bedeutet da auch nicht viel, wenn man sie normativ einer „idealen Kommunikationsgemeinschaft" unterstellt denkt. Es ist noch immer eine enorme Anstrengung, wenn nicht eine Überanstrengung des Begriffs und der Imagination, in einer „Ethik in weltbürgerlicher Absicht" die Menschheit als aktuale Einheit anzugehen. So wird denn die Probe auf die Aktualität des ethischen Universalismus in einem engeren Segment angesagt, im Blick auf den Teil der Menschheit, der jetzt an den Pforten der „reichen Länder" Einlass verlangt. Es wird möglicherweise einer der „Probiersteine" für die höhere zivilisatorisch-soziokulturelle Integrationskraft einer modernen Gesellschaft sein, wie sie mit diesem Problem zurechtkommt, das zu leugnen töricht wäre.

Wäre im Sinne des ethischen Universalismus die „Prinzip-Lösung" einer grenzenlos offenen multikulturellen (oder vielmehr multi-ethnischen) Gesellschaft? Sie hat wohl ihre Advokaten, doch wäre es ein fauler Universalismus, der von einer wirklich universalen ethischen Vermittlung von Ansprüchen und Rechten weit entfernt ist. Wo vielmehr ein Prozess der wohltemperierten Universalisierung mit Augenmaß und Gerechtigkeitssinn zu koordinieren ist, kann es keine Prinzip-Lösung geben, sondern nur eine Prozess-Perspektive. Es kann ja nicht angehen, dass Begünstigung und Benachteiligung ganz davon abhängen, wer als erster zur Stelle ist.

Solange die positiven Möglichkeiten und die Möglichkeitsgrenzen zivilisatorischer Expansion, Diversifikation und Integration (nur diese zusammen) nicht in einem integrierten Prospekt abgewogen und abgestimmt werden, bleibt es bei dem unfruchtbaren Gegeneinander von gleichermaßen unredlicher Hartherzigkeit und Weichherzigkeit (wenn da nicht noch zweifelhaftere Dispositive in Ansatz kommen).

Die westliche Hochzivilisation hat Exempel von Massenwohlstand, höherem Lebenskomfort und Luxus gesetzt, die zum einen auf eine ganz fatale Weise an die hochindustrielle Wachstumsdynamik gebunden sind und zum anderen eine beträchtliche Attraktion auf das weite Umfeld von Schwellenländern und Armutszonen ausüben. Wer denkt heute (auch und gerade nach dem Ende des Kalten Krieges) noch so hoffnungsfroh an eine harmonisch-kooperative „Entwicklung" der „unterentwickelten" Weltregionen? Die Weltzivilisation ist an Haupt und Gliedern von der „Begrenzungskrise" heimgesucht, sozusagen in einen „Stau" und in Kollisionen geraten. Das „Rettende", und das wäre die sensationelle Erschließung ebenso ungefährlicher wie unerschöpflicher Energiequellen, ist bis jetzt nicht in Sicht.

Die energetische Basis dieser Hochzivilisation ist eine Hochleistungs-Arbeitsgesellschaft, die an ihre Aktiven immer höhere Anforderungen an Qualifizierung, Disziplin, Präzision, Rationalität, und Flexibilität stellt. Sie steht unter dem Druck einer voll internationalisierten Konkurrenz, deren Peitsche bis hinein in traditionell-kleinregionale Versorgungskreisläufe reicht und die ein unerbittliches Ausmustern von nicht mehr Brauchbarem provoziert. Damit treibt sie immer wieder die paradoxe Polarität von erzwungener Überarbeit und erzwungenem Müßiggang hervor. Selbst Gesellschaften der Wohlstandszone sind bis jetzt nicht dazu disponiert, in ihrem Binnen-Umkreis die Vorzüge, Kosten und Lasten einigermaßen sozialverträglich zu vermitteln.

Und dazu kommt dann der vielfältige Anforderungs-, Anfechtungs- und Invasionsdruck aus dem weltweiten Umfeld der Zurückhängenden und der Nachdrängenden. Ein aktiver Anfechtungsdruck geht von imperialen Machtpositionen in Schwellenländern aus (von Ölförderern und von Öl-Conquistadores), von mörderischen Regionalkonflikten (Nahost, Afrika, Jugoslawien), ein mehr rezeptiver Anforderungsdruck von den Armuts-, Stagnations- und Konfliktregionen. Nur ein kleiner Teil davon (bis jetzt) zielt als Migrationsdruck direkt in die Wohlstandszonen. Eben dieses kleine Segment der Welt-Zivilisationsproblematik ist, weil es am sichtbarsten in unseren Binnenraum hineinreicht, zur Probe auf den ethischen Universalismus „vor Ort" geworden.

Hier kann es nicht darum zu tun sein, einer bestimmten – restriktiven oder permissiven – Einwanderungspolitik das Wort zu reden, vielmehr nur darum, zu einer angemessenen Dimensionierung des Problems zu kommen, und von seiner kurzschlüssigen Moralisierung zu einer seriösen Politisierung. Ein ethischer Universalismus, der das Problemfeld einer vielfach konflikt-gespaltenen Menschheit nicht wirklich in seiner Universalität vor Augen hat, ist im Grunde nur ein moralistischer Partikularismus, der mit seinen Solidarisierungen bald hierhin, bald dorthin zielt (wie man das von den Exerzitien des späten „proletarischen Internationalismus" kennt). Nicht selten ist die ostentative Solidarisierung für aggressive Moralisten nur eine Gelegenheit, andere moralisch zu disqualifizieren, etwa mit dem freigebigen Gebrauch solcher Prädikate wie „Ausländerfeindschaft" oder „Rassismus". Rund um den Titel „Einwanderungsland" haben sich ganz konträre Ideologien gebildet, im Gegenzug zur „Boot-ist-voll"-Ideologie nicht nur die moralistisch-philanthropische „Offenes-Haus"-Ideologie, sondern auch eine egozentrisch-utilitäre „Wir-brauchen-Zuwanderung"-Ideologie.

Der Immigrationsdruck wird zu einer Probe auf die unterscheidende politisch-ethische Urteilskraft, die sich einer Vielzahl von inter-ethischen Relationen konfrontiert sieht und nach allen Seiten eine Sache differentieller Maßbestimmungen ist.

Der ethische und moralische Aktivismus nimmt im soziokulturellen Kraftfeld eine vorläufige Stellvertreterfunktion wahr. Im günstigsten Fall ist er der Vorbote einer fundamentalpolitischen Initiative, die ihrer selbst, ihrer Themen, Kräfte und Aktionsformen vorerst noch nicht so recht sicher ist. Ein Mehr an Bestimmtheit lässt sich, wo immer man reell und seriös bleiben möchte, nicht auf konstruktiv-antizipative Weise erreichen.

Die normativ-ethische (oder moralistische) Manier ist es – wie in Hans Jonas „Heuristik der Furcht" –, eine Handlungsperspektive von den drohenden Gefahren her zu entfalten und als Mittelstück einen Imperativ der gebotenen Neuorientierung anzusetzen. Die ethische Heuristik, die sich an eine praxis-zentrierte Analytik des Ethos anschließt, wird eine hypothetische Prospektion der lebendigen Kräfte sein, aus deren Potenzierungen oder Depotenzierungen das heutige und morgige Ethos sich formiert. Eine reformatorische Praxis hat nicht Ideale und utopische Visionen zu „verwirklichen"; sie kann immer nur Bildungselemente einer höheren und verbindlicheren Personal- und Sozialkultur freisetzen, die sich im Schoß des bestehenden „Betriebs-Ethos" bereits entwickelt haben.

In einer herkunfts-orientierten Prospektion ist es vor allem die Schlüsselfrage, wie sich unter den Anfechtungen und Restriktionen der „Begrenzungskrise" entweder die imperialgesellschaftliche Angespanntheit erhöht oder die zivilgesellschaftliche Temperierung weitergehen kann. Nur von dieser zweiten, der konstruktiven Variante sei hier die Rede, nicht von den da und dort zu gewärtigenden Ein- und Ausbrüchen zerstörerischer Elementargewalt. Den Kultur-Elementen, die im Sinne einer zivilgesellschaftlichen Bändigung der modernen Zivilisationsdynamik wirken, bleibt gar nichts anders übrig als – ohne vorgängigen Erfolgskalkül – ihrem inneren soziokulturellen Telos gemäß weiterzuwirken und ihre formative Kraft auf die Probe zu stellen.

Alle heutigen Problematiken des „Weltsystems" weisen (ebenso wie die noch weiter ausgreifenden, die das Menschheit-Natur-Verhältnis betreffen) auf die Binnenraum-Problematiken und -dynamismen der Industrieländer zurück. Von der Bearbeitung solcher Binnenraum-Problematiken nimmt auch jede weiterreichende Wirksamkeit ihren Ausgang. Eine nicht nur normativ gestikulierende, sondern heuristisch durchgebildete politische Ethik „in weltbürgerlicher Absicht" ist in einer reellen und seriösen Manier bis auf weiteres wohl nicht möglich. Überhaupt ist es die Eigenart ethischer Reformationen, dass sie im ganzen wie in ihren einzelnen Leistungen nicht thematisch-direkt und intentional herbeigeführt werden. Ethisches ist nicht direkt intendierbar, sondern realisiert sich (wie die ältere phänomenologische Ethik in Erinnerung gebracht hat) nur „auf dem Rücken" anders gerichteter Leistungen, also mehr indirekt. Vielleicht sollte man gar nicht mit solcher Emphase immer vom „Ethos" sprechen, sondern schlichter von den Kulturformen des Personalen und Sozialen in Bezug auf Lebensgüter. Ein purer Soziokulturalismus, der den zivilisatorischen Daseinsrahmen nicht mitbedenkt, greift immer noch zu kurz.

Die Art, in der sich die Gewalt-Antagonismen der Weltkriegsepoche aufgelöst haben, barg in ihrer Binnendynamik ebenso wie in den Staatenverhältnissen der hochindustriellen Welt die neue Problematik von Gesellschaften, die – fast muss man sagen: bei Strafe des Untergangs – auf Wachstum und sozialen Aufstieg eingeschworen sind.

Unter traditionell-ethischen Auspizien stellte sich unsere Nachkriegsevolution als die Entfesselung eines Massen-Hedonismus in einem vermeintlichen Reich der unbegrenzten Möglichkeiten dar. Die Expansion der Freiheitsräume schien alles zu sein, und die unerlässliche Ordnung und Koordination schien sich mit ganz wenig Staatsintervention zwanglos in „marktkonformen" Bahnen herzustellen. Aber die „problemlösende Kraft des wirtschaftlichen Wachstums" (nicht nur der Glaube an sie) hat sich im Zuge der anhaltenden „Begrenzungskrise" zusehends aufgelöst.

Das große sozial-ethische Konkordanzproblem des letzten Jahrhunderts war nicht so sehr die klassengesellschaftliche Spaltung in Kapitaleigner und Lohnabhängige. Weit mehr lag es in der Aufstiegs-Rivalität, die sich zwischen proletarischen und kleinbürgerlichen Massen ergab. Diese Rivalität, die sich schon 1848 zeigte, hatte in der ersten Hälfte unseres Jahrhunderts noch eine ganz beträchtliche Schärfe und spitzte sich stellenweise geradezu bürgerkriegsartig zu, so, als in Italien und Deutschland faschistische Massenbewegungen die eigenständigen Arbeiterorganisationen zerschlugen und jenseits des Klassenkampfes eine imperiale „Volksgemeinschaft" zu begründen suchten. Diese Zwangsgemeinschaft wurde nach der Zerschlagung der faschistischen Diktaturstaaten durch eine Sozialpartnerschaft abgelöst. Ein großer historischer Kompromiss beendete jene Rivalität zwar nicht gänzlich, temperierte sie jedoch zu einer regulierten Konkurrenz im säkularen Verteilungskampf herab. Inzwischen ist dieses soziale Integrationswunder unter den Druck der Begrenzungskrise geraten. Schließlich ist der westlichen Nachkriegsgesellschaft auch noch das soziale Erbe des Arbeiter- und Bauern-Lehnsstaates heimgefallen, den das ost-sozialistische Großreich auf deutschem Boden errichtet hat. So steht jetzt eine neue Probe darauf an, wie unsere „moderne Industriegesellschaft" in der Konstellation aus Begrenzungskrise und temperiertem Verteilungskampf ihre Balance von Produktion, Verteilung und Sozialkultur weiterhin wird halten können.

Das politisch-soziale Betriebs-Ethos unserer Region stellt sich als das – weder besonders hoch-politische noch besonders hoch-ethische – Ethos einer Wirtschaftsgesellschaft oder Wirtschafts- und Sozialkoalition „mit beschränkter Haftung" dar. Diese Gesellschaft eine „bürgerliche" zu nennen, wäre wohl ein Euphemismus, und ein Grobianismus wäre es, sie kurz als „kapitalistische" zu titulieren (oder noch kürzer-gröber als „Kapitalismus"). Dem großen historischen Sozialkompromiss entspricht eine große Sozialkoalition, in der die politisch-ökonomische Hegemonie bei einem (nicht mehr angefochtenen) großbourgeoisen Management liegt, die *soziokulturelle Hegemonie* aber in einer kleinbürgerlichen Schichtlage, der die „Arbeitnehmerschaft" ebenso wie die angestellte, die beamtete oder politische Dienstklasse akkomodiert ist.

Zur Axiomatik des politischen Ethos dieser modernen großindustriellen Kleinbürgerwelt hat es bis jetzt gehört, dass man sonderlich viel von einem hoch-politischen Hoch-Ethos eigentlich gar nicht braucht. Das aber dürfte sich in der anhaltenden „Begrenzungskrise" ändern. Ein Signal dafür ist seit Mitte der siebziger Jahre der Ruf nach allerlei „neuer Ethik". Indessen hat es keinerlei pragmatischen Sinn, dieser Kleinbürgerwelt einen moralischen Vorwurf aus der Profanität ihres erwerbsgesellschaftlichen Betriebs-Ethos zu machen und ihr jetzt etwas Hoch-Ethisches abzuverlangen. Irgendwelche reformatorischen Tugendforderungen an ein allgemeines „Wir" ergehen zu lassen ist einfach nicht reell. Eine Kultur- und Moralkritik, die sich über das Durchschnittliche des „Man" (seinen platten Konsumismus u. dgl.) aufregt, bekundet damit nur einen eigenen Mangel an höherer soziokultureller Potenz und Überdurchschnittlichkeit. Nur ein *fauler* Moralismus zielt auf eine Masse der Faulen, Indolenten. Wesentliche Leistungen der ethischen Kultur kommen weder von „unten" noch von „oben", sie kommen am ehesten aus einer *soziokulturellen Mitte* – und nur unter der Voraussetzung, dass diese als eine solche erkennbar ist und von ihrer ganzen Lebensart etwas von einer soziokulturellen Autorität ausgeht.

Was heute oder künftig das zivilisatorisch und zivilgesellschaftlich kardinal Erforderliche ist, lässt sich ja noch gar nicht ausmachen. Wohl aber lässt sich abschätzen, auf welche *Art von Leistungsanforderungen* es künftig vor allem ankommen wird und *was für Funktionsträger* demgemäß eine Schlüsselstellung einnehmen werden, *wenn* ein reformatorischer Prozess ansteht. Nach meinem Ermessen ist es die höher(aus)-gebildete Schicht, deren soziokulturelle Autonomie, Leistungs- und Integrationsfähigkeit auf die Probe gestellt wird – und das eigentlich heute schon, nicht erst künftighin. Da es genau genommen nicht um eine „Prinzip-Lösung" geht, sondern „nur" um eine bedeutsame Verschiebung in den soziokulturellen Kraftlinien, ist eine wohlbemessene Erhöhung spezifischer Gewichte (bzw. die relative Absenkung anderer) das „entscheidende Kettenglied".

Maßgebend für eine Höherqualifizierung des politischen Ethos dürfte auf der Bewährungsstrecke, auf der wir uns befinden, eine sozial wirksame, ausstrahlungsfähige Charakterprofilierung, Fraktionierung und Koalitionsbildung in diesen drei Segmenten sein:

- in den Reihen einer Kulturintelligenz, die als die Species der „Intellektuellen" bis jetzt eine allzu „abgehobene" *abstrakt politische* Geschäftigkeit entfaltet hat,
- in einer praktischen, technisch-organisatorischen Intelligenz, die in ihrem Spezialistentum eine allzu *abstrakt unpolitische* Rolle gespielt hat, und
- in der „politischen Klasse", die in ihrer *apparativ-plebiszitären* Fasson unter einem Überdruck von vulgären Illusionismen mit zu wenig Imagination, innerer Souveränität und soziokultureller Autorität einer „Politik des kurzen Blicks und der raschen Hand" (F. Nietzsche) huldigt.

Das X lässt sich noch von einer anderen Seite her eingrenzen: Die bisher tonangebenden gesellschaftspolitischen Koalitionen waren und sind im Grunde *Mesalliancen* auf einer archaisch-ideologischen Identifikationsbasis. Vordenker haben immer wieder von einer „Partei der Vernunft" geträumt, die quer durch die Parteiformationen liefe. Mit nicht so viel idealistischer Emphase könnte man meinen, es sei schon viel gewonnen, wenn es unter den erkennbaren „Charakter-Fraktionen" auch – als Korrektiv zu den Übersteigerungen einer imperialen Zivilisation – eine höhere Konzentration von Formativkräften eines wohltemperiert zivilbürgerlichen Charakters gäbe. Eine „größere Politik", die ein Mehr an kooperativ-koordinierender Selbststeuerung in den Naturwuchs der sozialen Zivilisationsdynamik brächte und die moderne Zivilisation insgesamt zu einem kardinalen Politikum machte, könnte „Zivilisationspolitik" heißen. Ihr Vorfeld konstituierte sich im Kommunikationsraum einer autonomen zivilisationspolitischen Öffentlichkeit. Weiter als bis zu dieser Orts- und Rahmenbestimmung muss eine reelle Prospektion heute nicht unbedingt reichen.

Sechstes Thema:

Zu einer geschichtlichen Ortsbestimmung der Gegenwart

Text:

Politikum Zivilisation

Gespenstisch wie das Phänomen wirkt auch der Name, auf den man es getauft hat, „der internationale Terrorismus": Die Terroristen, die sich in die beiden Türme von Manhattan stürzten, haben sich in ihrer Schreckenstat selber aufgelöst – gespenstisch auch der Gedanke, dass sich ihre Moleküle mit denen ihrer nächsten Opfer in einem Feuerball vereinigten. Die Metaphysik dieser Untat wird weiterhin die Geister irritieren. Hinter sich zurückgelassen haben sie ebenfalls ein Gespenst – das Gespenst des „Terrorismus", dem nun als die Antwort auf ihre Kriegserklärung selber der Krieg erklärt ist. Doch das Wesen des Gespensts ist, ganz nüchtern abseits von allem Kampfpathos gesagt, eine begriffsförmige Wesens-Abstraktion (oder in einer Schulsprache: ein essentialistisches Konstrukt). Diese Sprachform verrät eine große Verlegenheit, aus der es nun den Rückweg zu etwas Substantiell-Wirklichen zu finden gilt, von der *essence* zu den *actual beings*, zu den terroristisch agierenden Personen, deren es unbestimmt viele geben dürfte. Sie sind jedoch mit dem Titel „Terroristen" nur indirekt und undeutlich benannt. Schrecken zu verbreiten wird für sie ebenso wenig Selbstzweck sein wie es Selbstzweck gewesen sein wird, bloß ein flammendes Symbol der Vernichtung zu setzen. Schrecken zu verbreiten ist Akt eines Herrschaftswillens, hinter dessen „Gegen" auch ein „Für" steht, ein „Worum-willen", das es zu herauszufinden gilt.

Ich möchte jetzt nicht weiter auf das Rätselraten um die vermeintlichen ideellen Ursprünge des terroristischen Aktivismus in der Religion des Islam oder auch nur in den Randzonen eines „islamistischen Fundamentalismus" eingehen. Ganz generell finde ich es ergiebiger, das vielfältige *politische Innenleben von Religionen* zu erkunden, statt umgekehrt ein *religiöses Innenleben von Politiken* als das Maß- und Richtunggebende dingfest machen zu wollen. Es soll im folgenden darum zu tun sein, eine betont *gesellschaftsgeschichtliche* Sicht auf Guerilla-Aktivismen im nahöstlichen Verbreitungsgebiet des Islam zu gewinnen.

Zur geschichtlichen Ortsbestimmung der Gegenwart

In was für einer Art von Geschichte bewegen wir uns nach dem „Kalten Krieg", der beiderseits als ein „Kampf um die bessere Welt" gedeutet wurde, um die bessere und menschlichere Gesellschaftsordnung? Wir erinnern uns gerade noch, wie damals die ideologische Front mit ihren Sprachregelungen verlief, bis sich der „Sozialismus" so unspektakulär verabschiedete und Voreilige mit dem Sieg des Kapitalismus auch den Kampf um die Gesellschaftsordnung für entschieden erklärten. Doch „der Kapitalismus" und „der Sozialismus" – das waren Fetischbegriffe eines verspannten Epochenbewusstseins. Kapitalismus ist das Pseudonym für Gesellschaften, in denen – als Gesellschaften der „Großen Industrie" – kapitalistische Produktionsweise vorherrscht, aber keine Systemtotalität ist. Das Sozialistische macht sich ebenso wenig als Systemtotalität, sondern als eine arbeitsgesellschaftliche Korrektivpotenz geltend, bis jetzt mehr im Verteilungskampf als in der (defizitär gebliebenen) Selbststeuerung sozialökonomischer Prozesse.

Wenn somit die „moderne Gesellschaft" nicht ohne ihre kapitalistische Produktionsweise zu charakterisieren ist, dann erst recht nicht ohne das Potential ihrer zivilisatorischen Produktivkraft. Mit ihrem Fundus von lebendiger und vergegenständlicht akkumulierter Produktivkraft bewegt sich jede Gesellschaft auf einer bestimmten Stufe der *Zivilisation*. Statt vom „Kapitalismus" wäre also von den *Gesellschaften der kapitalistischen Industriezivilisation* zu sprechen.

Schon zu Hegels Zeit begannen aufgeweckte Köpfe über die epochale Wichtigkeit der „industriellen Revolution" nachzudenken und, trotz Napoleon und die über ihn triumphierende Heilige Allianz, die *Gesellschaft* als den Akteur ihrer Geschichte in den Blick zu nehmen. Besonders arrivierte Köpfe waren im Vorfeld der gesellschaftlichen Bewegung von 1848 bereits so weit gekommen, das Konzept einer komplex-synthetischen *Gesellschaftsgeschichte* zu umreißen, das sich organisch mit einem Rahmenbegriff der *Zivilisation* verband. Danach aber schien die Weltgeschichte in ihren alten Bahnen weiterzulaufen, von einem Konzert der „großen Mächte" dominiert. Die neue „englische" Geschichtslinie, auf der dann (1857-61) – in einer naturalistisch reduzierten Fasson) Henry Thomas Buckle eine *History of Civilization in England* nachgezeichnet hat, konnten die Zeitgenossen als eine bloße Marginalie empfinden. Im Bannkreis der Großen Mächte kam Europa auf die Bahn eines virulenten modernen Imperialismus, der in der im dreißigjährigen Weltkrieg des 20. Jahrhunderts kulminierte.

Wie weit, so lautet unsere Eingangsfrage daraufhin, sind wir nach gut einem halben Jahrhundert über diese Schreckenszeit hinausgekommen, nachdem auch noch deren Nachgeschichte im „Kalten Krieg" zwischen den Nachfolgemächten des alten Euro-Imperialismus zu durchlaufen war? Der Weltkrieg war nicht nur eine grandiose Katastrophen-Aussaat, von deren terroristischen Exzessen noch die Rede sein wird. Er brachte auch viel Irritation und Verwirrung in das Geschichts- und Gesellschafts-denken der Zeitgenossen. Unmittelbar bestätigte er nicht nur den Mythos von den „großen Mächten", mit seinen terroristischen Ausläufern generierte er neue Ideologisierungen der gesellschaftlichen Koordinaten: in der Sowjetrevolution eine universalistische Ideologisierung ihrer regionalen Partikularität, in den Faschismen eine national-partikularisti-sche Ideologisierung ihrer allgemeingesellschaftlichen Charaktere. Bei-de zusammen wiederum erfuhren seitens der äußerst irritierenden Dritten, die sich zu einem „Kreuzzug für die Freiheit" herausgefordert sahen, eine sie übergreifende Wahrnehmung als Formationen eines modernen „Totalitarismus".

Man taufte das ganze Zeitalter kurz als das der Ideologien (oder wei-ter buchstabiert des „Weltbürgerkriegs der Ideologien"). Weil die Ge-schichte der Ideologisierungen noch längst nicht zu Ende ist, wäre jetzt eigentlich eine Zwischenüberlegung zu dem noch immer strittigen Begriff von „Ideologie" fällig. Wenn ich von Arten der Ideologisierung von Ge-schichtlichem spreche und im Ideologischen den Widersacher einer historischen Sicht auf die Geschichte sehe, so zielt das nicht darauf, dass in dieser Geschichte eine „Ideologie" zur Herrschaft gekommen wäre. Ideologien herrschen nicht, sondern Herrschaften ideologisieren sich auf verschiedenerlei Weise. Das verweist auf einen bestimmten Denkform-Charakter ihres Selbstverständnisses, nämlich (wie es der Ausdruck ja anzeigt) dass sie ihre Geschichten und Geschäfte mit hoch-abstraktiven Ideentiteln deklarieren, also redselig darüber tönen, statt redlich und ausführlich Rechenschaft über ihr Tun zu geben. Genau das ist im heutigen Weltkampf gegen den internationalen Terrorismus wieder höchst aktuell geworden. Neue Welträtsel treiben neue Ideologisierun-gen hervor, Kanalisierungen des Wahrnehmens durch Einblenden und Ausblenden: Ideative Überhöhungen der eigenen Sache, plakative Reduktionen der fremden.

Was könnte über die alten und neuen Ideologisierungen hinausführen? Noch im Ausgang der Weltkriegsepoche hat Arnold Toynbee – vorwiegend in der historischen Retrospektive, aber auch für die Gegenwart und prospektiv – die Frage nach der angemessenen, wirklichkeitsgerechten *unit of historical study* gestellt und enzyklopädisch abgehandelt. Die *Zivilisation* ist es, die sich als eine Pluralität von geschichtlich aufgetretenen, größtenteils untergegangenen Zivilisationen darstellt: Die Zivilisation ist diese synthetisch-komplexe „Maßeinheit" aus zivilisatorischer Ausstattung, Vergesellschaftung, Dynamizität und Mentalität. Für die Wahrnehmung der Gegenwart nach dem 2. Weltkrieg schien diese Perspektivierung allerdings nicht viel für sich zu haben, war diese Wahrnehmung doch ganz durch den (gegensätzlich wahrgenommenen) Gegensatz der *Gesellschaftsordnungen* dominiert: Hier Sozialismus vs. Kapitalismus, dort Freie Welt vs. Totalitarismus.

Erst mit dem Abklingen des kalten (und dabei ideologisch überhitzten) Krieges gewann eine Sichtweise an Raum, welche die Pluralität der Sozialformationen von anders verlaufenden Einheiten und Grenzziehungen der *Zivilisationen* überlagert sieht und es unter anderem erlaubt, die moderne Industriezivilisation als etwas ebenso Verbindendes wie Unterscheidendes zu sehen. Selbst in der Gedankenwelt des niedergehenden Sowjetsozialismus wurde gegenüber der „Formationsperspektive" die „Zivilisationsperspektive" wieder zur Leitlinie der geschichtlichen Selbstverortung – bis zuletzt Michail Gorbatschow die „Unsterblichkeit der menschlichen Zivilisation" beschwor.

Die Luftpiratenangriffe vom 11. September, so hieß es, seien ein Angriff auf die menschliche Zivilisation und auf die zivilisierte Menschheit gewesen. Wer steht hier gegen wen und gegen was? Wie ist hier die moderne Zivilisation involviert? Wenn wir davon einen Begriff gewinnen wollen, werden wir zweifellos das Wort Zivilisation einzusetzen haben, jedoch nicht um daraus eine appellative Parole zu machen. Das kann leicht passieren, wenn man von Samuel Huntingtons 1996 erschienenen Buch lediglich den Titel *The Clash of Civilizations* aufnimmt und sich auch noch an dessen ungenaue deutsche Übersetzung „Kampf der Kulturen" hält. Gerd Held hat (im Oktoberheft) vorgeführt, welche Verwirrung deutsche Geistmenschen 1914 mit der Entgegensetzung von Kultur und Zivilisation angerichtet haben. Ihre Gleichsetzung, zumal wenn die Zivilisation nur als eine Fußnote der Kultur erscheint, macht die Sache nicht besser. Hundtington einige alte Konfusionen reaktiviert, indem er zwar auf gewichtige Indikatoren des „zivilisatorischen Prozesses" (den Kampf um das Erdöl im Golfkrieg und die Bevölkerungsexplosion) zu sprechen kommt, aber gleichwohl der gängigen Anschauung stattgibt, das Entscheidende in einer Kultur/Zivilisation sei letztlich die *Religion*.

Als Zivilisation verzeichnet die Lexikographie vor dem Hintergrund frühgeschichtlicher Daseinsweisen von „Wildheit" und „Barbarei" den Aggregatzustand von Menschengesellschaften, die über einen Kernbestand von Siedlungsräumen und stellenweise zu Städten verdichteten Ansiedlungen mit einer Population von „Bürgern" (*cives*) verfügen, die nicht mehr ständig und in ihrer Gesamtheit das Dasein von Kriegern führen; also Gesellschaften mit einem Kernbestand von Angehörigen, die ihren Lebensunterhalt hauptsächlich aus eigener Arbeit gewinnen und die wenigstens für ihren Binnenraum eine Ordnung des befriedeten Zusammenlebens und Zusammenwirkens begründet haben.

Mit dem Titel „Zivilisation" ist eine synthetische Einheit bezeichnet, in der alle Allgemein- und Sonderfunktionen menschlichen Lebens vereinigt sind, Arbeit, Vergesellschaftung und Gesittung, Politik und Recht, Naturgebundenheit und Geistigkeit. Zivilisationen sind zugleich Kulturen, kardinal Kultivierungsweisen des Sozialen. Nur in der ideologischen Konstruktion kann man entweder einen Gegensatz zwischen Kultur und Zivilisation oder eine Dominanz der einen über die andere statuieren. Der von Norbert Elias geschilderte gesellschaftliche „Prozess der Zivilisation" (als Zivilisierung) und der „zivilisatorische Prozess" (Darcy Ribeiro, dt. Frankfurt 1974) aus gegenständlich-tätigen Leistungen und ihren Objektivationen sind ein komplementär-korrespondierender Verbund. Die komplex-synthetische Einheit (*unit of perception*) der „Zivilisation(en)" als das organisierende Zentrum anzusetzen ist eine Gegeninstanz zu den diversen analytisch-abstraktiven Separatismen im Gesellschafts- und Geschichtsdenken: Die ideo-kulturalisischen, politologischen, ökonomistischen, ahistorischen und anderen Reduktionismen der Situations- und Prozesswahrnehmung verfehlen diese vital-organische Einheit.

Nach dem Geschichtswunder eines Halbjahrhunderts von europäischem Nachkriegsfrieden kann, wenngleich auch in dieser Zeitspanne die Welt weiterhin voller Morden und Schrecken gewesen ist, ein Gewaltakt vom Format einer Kriegshandlung im Zentrum der ersten Weltmacht die Bewusstseinslage tiefgreifend verändern. Er muss jedoch keine neue Weltlage signalisieren, auch nicht ganz und gar neue Erkenntniskategorien erfordern und eine Hochkonjunktur der Islamkunde befeuern. Sowohl die Konfliktproblematik, an der sich der höchst potenzierte Aktivismus der Täter entzündet hat, als auch eine Typik seiner Aktivierung sind, wenn man die gesellschafts- und zivilisationsgeschichtlichen Koordinaten bedenkt, auch als eine Nachsendung des 20. an das 21. Jahrhunderts zu begreifen. Es kann auch eine Verbindung von der Art einer „Zeitbrücke" zwischen zeitverschobenen Geschichtsräumen sein, von denen der eine etwas aus der Geschichte des anderen nachholt. Einen älteren Ausspruch umkehrend könnte man sagen: Mit solchen Charakterzügen erinnert ein industriell zurückgebliebenes Land das fortgeschrittene an das Bild seiner eigenen Vergangenheit. Wenn heute „der Terrorismus" als der Weltfeind anvisiert wird, könnten Europäer sich daran erinnern, wie die dreißigjährige Weltkriegsepoche des 20. Jahrhunderts eine der großen Schreckenszeiten des verflossenen Jahrtausends gewesen ist. Es ist noch immer eine in ihrer Tiefenschicht nicht einhellig beantwortete Frage an unser Geschichtsbewusstsein, was da in die kontinentalen Führungsnationen des industrialisierten Europa gefahren ist, als sie sich 1914 in das Feuer eines vierjährigen Weltkriegs stürzten und ihn in einer Weise beendeten, dass es zwei Jahrzehnte danach erneut und noch unvergleichlich wilder aufloderte. In diesen Tagen ist namentlich daran zu erinnern, wie der Weltkrieg des 20. Jahrhundert in seinen beiden Etappen einen seit dem 30jährigen Krieg des 17. Jahrhundert nicht mehr gekannten *Massenterrorismus* hervortrieb, dessen Anfang schon die Schrecken der ersten Kriegsrunde von 1914-18 waren. Der Weltkrieg mit seinen terroristischen Ausläufern war kein dynastischer Krieg der älteren Art, sondern in bestürzendem Umfang ein Krieg der Nationen, und je länger desto mehr ein Volkskrieg, der seine Energie aus einem breit gelagerten „Volksimperialismus" gewann.

Die russische Sozialrevolution von 1917 brach in einer Weise aus dem Krieg aus, dass sie selbst zu einer Fortsetzung des Krieges mit ähnlichen Mitteln geriet und das Staatswesen einer revolutionären Diktatur installierte, deren „Roter Terror" zum vollendeten System gedieh. Die Sozialrevolution erhielt einen nationalrevolutionär-imperialen Widerpart zuerst in Italien und 1933 in Deutschland in Gestalt von terroristischen Staatsregimes, welche die Wiederaufnahme des 1918 abgebrochenen Krieges betrieben und in diesem Krieg die terroristische Gewalt ins Unermessliche steigerten. In einer ungeheureren Massierung und unermesslich vergrößert sind Prototypen für alles Nachfolgende in Erscheinung getreten. Der Schlussakt der Weltkriegsepoche, der Abwurf von zwei Atombomben auf japanische Großstädte, bleibt auch nach den Anschlägen vom 11. September 2001 noch immer das unübertroffene Maximum an modernem Kriegsschrecken.

Sozial-zivilisatorische Mobilisationsdynamismen und ihre Anomalien

Die Weltkriegsepoche war ein Lehrstück über die Verspannungen und Brüche der modernen Industriezivilisation im Prozess ihrer weltweiten Ausbreitung. Das besondere Lehrstück, das uns Sowjetkommunisten und Nationalsozialisten in ihrem „Kampf um die Zivilisation" vermittelt haben, dürfte sich als ein Präludium zu einigen Erfahrungen erweisen, die wir mit der weitergehenden Ausbreitung der modernen Zivilisation in verschiedenen „Schwellenländern" erleben.

Aus was für einer Energiequelle kam der Impetus bei den Angreifern, insbesondere auf der deutschen Seite? Aus keiner anderen, als sie auch in der Imperialität der Besitzstandswahrer im Westen lebendig war. Ein deutscher Politiker sprach allegorisch vom Ringen um einen „Platz an der Sonne", wofür damals in dem kühl-unbeständigen Deutschland noch die sonnenreichen Kolonialgebiete standen, über welche die Engländer und Franzosen so reichlich verfügten. Ein Kampf zwischen den Zivilisationen ist es nicht gewesen, aber sehr wohl ein *Kampf um die Zivilisation*, um die Quellen des höheren zivilisatorischen Reichtums. In Hitlers Krieg standen dafür die riesenhaften Ländereien Russlands mit ihren Bodenschätzen, möglichst ohne die dort lebenden Menschen, deren Dezimierung unter dem Besatzungsregime in aller Brutalität begann.

Nun unterscheiden sich die Menschen nicht nur nach ihrer Nationalität, und innerhalb dieser nach ihrer Klassen- und Schichtzugehörigkeit, sondern auch nach einem Spektrums des Typus und Tonus des Agierens, Reagierens und Kommunizierens im sozialen Feld. So treten in den Nationen treten bei internen und externen Interessendivergenzen nicht alle gleichermaßen mit dem ehernen Willen zu offensiver „Selbstbehauptung" und der Unterwerfung von Widerstrebenden an. Die in höherem und höchsten Grade „Entschiedenen" bilden eine „Nation in der Nation", die Ambitionierte aktivieren, Schwankende mitreißen, nötigen und einschüchtern kann (wie man das an den Hitlerdeutschen sehen konnte). Und ein weiteres: Sichtlich kann es in modernen Zivilisationsgesellschaften selbst in Phasen einer beachtlichen Steigerung ihrer produktiven Leistungskraft in bestimmten Gesellschaftsteilen (und durch sie vermittelt zwischen ganzen Nationen und Staatengruppen) zu einer *überproportionalen bis exzessiven Steigerung von Ansprüchen auf ein komfortables und ansehnliches Leben* kommen. Maß nehmend an herrschenden Machtträgern werden nachgeordnete Schichten zu Aktivisten eines imperialen Ausgreifens. So war die Weltkriegsepoche des 20. Jahrhunderts eine hochimpulsive soziale Groß- und Übermobilisation, die in ihrem „Glutkern" kein Kampf um überweltliche Sinnräume, sondern *um höhere weltlich-irdische und gesellschaftliche Lebensmöglichkeiten* im Großraum machtvoller Staatsnationen gewesen ist.

Die national- und sozialrevolutionären Ausläufer der ersten Weltkriegsphase sind offenkundig in eine Dynamik sozialer Mobilisationen eingelagert, die an Engpässe des zivilisatorischen Prozesses geraten sind und dabei ihren Impetus gesteigert bis übersteigert haben. Die Sozialrevolution in Russland, das aus einem kräftigen zivilisatorischen Aufbruch in den Feuersturm des Weltkriegs stürzte, wurde für das Jahrhundert – und wohl auch noch für das nachfolgende – in besonderer Weise zu einem Lehrstück. An ihm lässt sich studieren, wie ambivalent der Verbund des zivilisatorischen Prozesses mit den in ihn eingelagerten sozialen Mobilisationen sein kann.

Eine sozial-zivilisatorische Entwicklungsrevolution, wie es das Bürgerlich-werden der europäisch-neuzeitlichen Gesellschaft gewesen ist, lebt aus einer Potenzierung von Gesellschaftsteilen, die Träger einer höheren zivilisatorischen Produktivkraft, einer höheren Stufe personaler „Selbstbetätigung" und zugleich kooperativen Integration sind. Es war die Marxsche „Illusion der Epoche", dass die modern-bürgerliche Gesellschaft wegen ihrer kapitalistischen Produktionsweise bereits zur Fessel der produktiven Kräfte geworden sei und von einer neuerlichen Umwälzung der nämlichen Art abgelöst werde. Heraufgekommen ist stattdessen ein neues imperial-kriegerisches Zeitalter der kapitalistischen Industriezivilisation, durch das hindurch einige begünstigte Länder ihren leidlichen Stand der sozialen Integration bewahren konnten, einige jedoch nicht.

Die Kriegsrevolution von 1917 war als politische Umverteilungsrevolution erklärtermaßen ein außergewöhnlicher Vorgang in einer recht desperaten Lage von größter Drangsal und unter einem Andrang rebellischer Gesellschaftsteile verschiedenster Art, die ein strategisch agierendes Zentrum für einen kurzen geschichtlichen Augenblick zur Eroberung der Staatsmacht mobilisieren konnte. Auf einem Endpunkt der Ernüchterung sprach der erste Revolutionsführer aus, welchen tieferen situativen und finalen Sinn diese *Conquista* letztlich gehabt hat: „Wie aber, wenn Russland durch die Eigentümlichkeit der Situation in den Weltkrieg gestellt wurde ... Wie aber, wenn die völlige Auswegslosigkeit der Lage ... uns die Möglichkeit eröffnete, auf einem anderen Weg daranzugehen, die grundlegenden Voraussetzungen für die Entwicklung der Zivilisation zu schaffen, als in den übrigen westeuropäischen Staaten." Lenin gibt damit zu erkennen, dass er sehr um die Wichtigkeit zivilisatorischer Voraussetzungen wusste, er gibt sich jedoch nicht davon Rechenschaft, was an seinem Regiment bei dessen allseitigem Mangel an Zivilisiertheit ein nicht mehr gutzumachendes Verhängnis gewesen ist. Durch keinerlei neue Wendung der Dinge konnte die Sowjetrevolution auf die Bahn einer sozial-zivilisatorischen Entwicklungsrevolution kommen, wie ihre fernen westeuropäischen Vorläufer es im Sinn hatte. Sogar die vorhandenen Bildungselemente zivilisatorischer Entwicklung hat sie im Strudel einer unproduktiven Umverteilungs-Revolution großenteils zerstört und damit sich selbst zur geschichtlichen Inferiorität verdammt.

Ein Lehrstück ist die Sowjetrevolution auf der thepretoischen Ebene für eine Analytik von Sozialmobilisationen in den Grenzzonen und an der Peripherie des modernen Imperialismus. Wo die zivilisatorische Mobilisation zurückhängt oder an eine interne oder externe Staustufe gerät, wird die politische Mobilisation überschießend und in der gesellschaftlichen Gesamtbewegung dominant. Etwas von dieser Art zeigte sich schon im Vorfeld der Sowjetrevolution. Der zivilisatorische und kulturelle Aufschwung des „Silbernen Zeitalters" war alsbald weit überflügelt vom politisch-revolutionären Aufbruch unzufriedener bäuerlich-proletarischer Massen und städtisch-jugendlicher Aufsteiger-Aktivismen. Das ließ die Revolution in monomanischer Fixierung auf die Eroberung der Staatsmacht zu einer *politokratischen* Revolution werden, zu einer sozialrebellischen *Conquista*, die auf keiner neuen revolutionären Produktivkraft beruhte. Von Anfang an nicht imstande, sich 1918-23 zu einer Westrevolution auszuweiten, wurde die Sowjetrevolution zum Prototyp der „Revolutionen des Ostens", denen Lenin 1913 so erwartungsvoll entgegengesehen hatte.

Die „Revolutionen des Ostens"

Nachdem die Leninsche „Weltrevolution" zwischen 1918 und 1923 definitiv nicht in einer *West*revolution ein neues und mächtigeres Zentrum erhalten hatte, richteten sich die revolutionären Projektionen auf die Welt des kolonialen und halbkolonialen Ostens, besondere auf die in Gang befindliche chinesische Revolution, aber auch auf eine Revolutionierung der islamischen Länder. Als eine 1921 gegründete „Kommunistische Universität der Werktätigen des Ostens" ihr dreijähriges Bestehen feierte, warf der Festredner auch einen Blick auf Afghanistan: „In Afghanistan spielen sich jetzt dramatische Ereignisse ab." Ausgerechnet die britische Labour-Regierung unter J. R. MacDonald habe „den linken national-bürgerlichen Flügel, der das unabhängige Afghanistan europäisch gestalten will", zu Fall gebracht und bemühe sich, „dort die dunkelsten und reaktionärsten Elemente wieder zur Macht zu bringen, die von den ärgsten Vorurteilen des Panislamismus, Kalifats usw. durchdrungen" seien. „Nehmt diese beiden Kräfte bei ihrem lebhaften Zusammenstoße, und es wird sofort klar, warum der Osten immer mehr sich zu uns, zur Sowjetunion und zur Dritten Internationale, hingezogen fühlen wird." – Es verging danach ein Vierteljahrhundert, bis die chinesische Revolution ihren großen Durchbruch erzielte. Doch im islamischen Orient sind nur wenige von den kommunistisch-politokratischen Revolutionskeimen aufgegangen und zu spärlichem Wuchs gediehen (wie die Tudeh-Partei im Iran und die afghanischen Protégées von Breshnew).

Die politische Revolutionierung von Völkern des Nahen Ostens erfolgte größtenteils in anderen Sozialkoalitionen von nationalrevolutionärer und antikommunistischer Observanz. Doch zur eigentlichen Weltrevolution, an der die Region einen gewichtigen Anteil hatte, wurde die *zivilisatorische* Revolution des Erdöl-Zeitalters. Von ihr gehen die Kraftströme der Staaten- und Gesellschaftspolitik in der „islamischen Welt" aus, nicht von den geistlichen Inspirationen eines vielfach fraktionierten „Islam". So, wie man das auch vom Christentum und seiner Bibel im

Wandel der Geschichte gesagt hat, liegt auch die kommunikative Taug-
lichkeit des Islam darin, dass seine Lehrschriften wegen ihrer Herkunft
aus sehr unterschiedlichen sozialen Konfigurationen so viel Widerspre-
chendes enthalten und zu vielerlei Legitimationsbedarf genutzt werden
können. Die „Welt des Islam" erwuchs vom 7. Jahrhundert an aus ihrem
arabischen Ursprung in Wellen militärischer Eroberungen in andere
semitische, griechische und römische Siedlungs- oder Kolonialräume
hinein und erreichte zwischen 1000 und 1300 eine zivilisatorische Höhe,
die derjenigen der „christlichen" Residuen des Römischen Reiches in
manchen ihrer Leistungen mehr als ebenbürtig war. Sie partizipierte
jedoch nicht an der stadtbürgerlichen Revolution, die gegen Ende dieser
Zeitspanne von Oberitalien ausging und sich ins nördlichere Europa
ausbreitete. Mit der Manufaktur- und Industrierevolution, die hier ihren
Siegeszug antrat, geriet der Orient vollends ins „Hintertreffen". Er kon-
servierte die Archaismen und Härten einer herrschaftlichen Sozialkultur
(auch im Mikrosozialen der Geschlechter- und Generationenverhält-
nisse), die im westeuropäischen „Prozess der Zivilisation" nach und
nach aufgebrochen worden sind. Nicht zu übersehen sind die Erniedri-
gungen und Opfer infolge der ethnischen Fremdherrschaft namentlich in
der Zeit des Osmanischen Reiches. Diese Gesellschaftsgeschichte der
Region führt näher an die Problematik der gegenwärtigen politisch-zivili-
satorischen Anomalien heran.

Das gesellschaftspolitische Spektrum der nahöstlichen Gesellschaften ist nur in den negativen Hinsichten einheitlich, dass es darin keine
libertären Verfassungsstaaten gibt, dass die Spanne der sozialen Unterschiede unvergleichlich größer als in den westlichen Industrienationen
ist und dass bei der gegebenen mikrosozialen Konstitution das jährliche
Bevölkerungswachstum in keinem der islamischen Länder weniger als
2 Prozent beträgt.

Zwischen einer Oberschicht aus Stammesaristokraten oder Staats-
ursurpatoren und den Armutsmassen der volkreichen Länder (wie Pakis-
tan mit 140 Mill. Einwohner) vollzieht sich in den Mittelklassen (bzw. in
sie hinein, oder auch hoch über sie hinaus) eine Sozialmobilisation, die
sich wie in der russischen Revolution sowohl auf einer zivilisatorischen
als auch auf einer politokratisch-aktivistischen Bahn ergeht – nach der
Faustregel: Je niedriger die zivilisatorische Potenz, desto massiver gerät
das politokratische Aufgebot. In hinreichend zivilisierten Gebieten wird
das politokratische Medium marginal, in zivilisatorisch hoch-aktiven ist

es rückläufig, in stagnierenden, gehemmten oder zerrütteten ist es dominant, und es bleibt dominant, wenn ein politischer Regimewechsel nicht von bedeutenden Kräften zivilisatorischer Aktivierung mitgetragen wird. Wo die zivilisatorische Potenz nicht auf ein breites arbeitsgesellschaftliches Fundament, sondern vorwiegend oder ausschließlich auf die Verfügung über monopolisierte Rohstoffvorkommen gegründet ist, sind diese das Fundament einer traditionalen oder usurpatorischen Politokratie.

Wie durch einen scharfen Messerschnitt wurde die „Welt des Islam" durch das Naturschicksal der Erdölvorkommen geteilt, auf die sich sogleich auch die westlichen Imperialmächte gestürzt hatten, um damit den Aufstieg ihrer eigenen Zivilisation zu alimentieren. Ein Spannungsverhältnis, das durch die Erschöpflichkeit dieser Ressource noch verschärft wird, besteht in dem magischen Dreieck aus monopolitischen Dynasten oder Usurpatoren, den ausländischen Oligopolisten und den Volksmassen der Region. S. Huntington sagt vom Golfkrieg: „Es ging darum, ob der Großteil der größten Erdölreserven der Welt kontrolliert würde von der saudi-arabischen und von Emiratsregierungen, deren Sicherheit von der westlichen Militärmacht abhing, oder von unabhängigen antiwestlichen Regimen, die imstande und wohl auch gewillt waren, die Ölwaffe gegen den Westen einzusetzen." (S. 410)

Das Musterland westlicher Zivilisation im Nahen Osten, der 1948 in einem Akt der Gegen-Reconquista neu gegründete Staat Israel, gehört in seiner Selbstzentrierung und in seinen feindseligen Nachbarschaftsverhältnissen mehr zu den Hypothekenlasten als zu den Aktiva des zivilisatorischen Prozesses in der Großregion. In seiner inneren Konstitution hat das politokratisch-militaroide Element mehr und mehr Raum gegenüber dem zivilgesellschaftlichen gewonnen. So ist das Land innerhalb der Großregion eher das Gegenteil von einer Missionszentrale der säkularen westlichen Zivilisation.

Weltkampf gegen den internationalen Terrorismus?

Ist die Sache einmal in ihren sozial-zivilisationsdynamischen Koordinaten erfasst, so stellt sich das Syndrom des „islamischem Fundamentalismus" und seiner terroristischen Ausläufer als eine der ideologisierenden Chiffren für Anomalien sozial-zivilisatorischer Mobilisationen dar. Die aktuelle Kampfszene versteht sich selbst als einen Krieg, und man muss ihr hierin nicht dogmatisch widersprechen, indem man sie in eine Rubrik der Gewaltkriminalität verweist. Wäre sie das, so wäre ihr mit polizeilichen Mitteln (und allenfalls militärisch-logistischer Assistenz) zu begegnen. Mit dem Wort Krieg ist nicht nur die Verschärfung einer Konfliktlage angezeigt, sondern nach unseren eigenen sozialkulturellen Maßgaben auch eine Eingrenzung der zulässigen Modalitäten von Kriegsgegnerschaft und Wahl der Mittel. Ein Krieg hat danach nicht die Ausrottung eines Feindes zum Ziel, sondern soll einen Gegner kampfunfähig machen und unter die Friedensbedingungen des obsiegenden Teils zwingen.

Dass es um einen Kampf zur Überwindung des „internationalen Terrorismus" zu tun sei, wie es die jetzige internationale Sprachregelung geworden ist, enthält eine mehrfache semantisch-gewaltsame Verschiebung der Kategorien. Wo immer ein Kampf stattfindet, muss es auf beiden Seiten möglich sein, die Kontrahenten in personalen und kollektivpersonalen Termini zu benennen. Auf der einen Seite bedeutet es eine ungute Fetischisierung, wenn man die vital-wesentlichen Belange der loyalen Bürger der USA und der assoziierten Nationen mit einem Sachverzeichnistitel wie „westliche Zivilisation" oder mit strukturalen Titeln wie „offene Gesellschaft" deklariert; oder mit ideativen Werttiteln wie „Verteidigung der Freiheit" gegen die „Feinde der Freiheit", die in der Sprache der Moralmetaphysik als Repräsentanten des radikal Bösen zu identifizieren sind. Eine anthropologische Sprache ist immer deutlicher als eine axiologische. Als die Widersacher sind die „Terroristen" wohl noch als Personen (allerdings in einer Außenperspektive von Betroffenen) benannt, meistens jedoch apersonal mit der abstrakten Essenz „Terrorismus", die von dem Schrecken abgeleitet ist, den sie unter ihren Opfern verbreiten. Als Benennung ihres „Kriegsziels" ist dies jedoch eine irreführende Verkürzung, weil es sich so mit archaischen Feindschaften assoziieren, nicht mit modernen Kriegsgegnerschaften.

Zu einer Gegnerschaftskultur gehört es, dass man auch in den inneren Handlungsraum des Gegners einzudringen sucht, um einiges wenn nicht verstehen, so doch voller begreifen und ermessen zu können. Dazu gehört es, in seinen Aktionen zusammen mit der negativen Bedeutung für mich als seinen Gegner auch eine bestimmte Affirmativität seines eigenen Interesses wahrzunehmen. Wer ihm „Hass" als seine treibende Kraft zuschreibt (wie es jetzt wieder oft geschieht und wie es die eigenen Äußerungen des Widerparts oft genug nahe legen), verkennt, wie sehr dieser Hass nur die Pseudomorphose eines Neides ist. Damit ist abgeschnitten, dass man seine Aktionen möglicherweise auch als *Reaktionen* auf Misslichkeiten seiner Situation zu bedenken hat.

Eine der kardinalen Misslichkeiten von Partisanen oder Guerillakämpfern ist es, dass sie fast immer gegen eine weit überlegene Macht stehen und aus einem Hinterhalt agieren. Wie die Sphäre der Freibeuter agieren sie in einer fatalen Gegenbildlichkeit zu den Extremismen der herrschenden Macht. Doch nur in Ausnahmefällen sind sie nichts als die „Banditen", zu denen man sie so oft erklärt. Wo sie nicht (wie im klassischen Partisanenkrieg) abgetrennte Außenabteilungen einer kämpfenden Armee sind, agieren sie doch als „exponierte Exponenten" eines soziales Bezugsfeldes, einer „Kriegspartei". Ihre zu vermutende Anzahl, ihre internationale Vernetzung und das Echo, das sie in Schichten (und Generationsteilen) der nahöstlichen Gesellschaften finden, legen dies nahe. Damit kommt ein beträchtlich erweiterter Motivraum in den Blick, der neue Vorgaben für ihren Antagonisten enthält, auch solche für eine mögliche positive Überwindung des Kriegszustandes.

Diese positive Überwindung ist das eigentliche Telos der Kriegsgegnerschaft in einem Kampf, der zuinnerst der Kampf *um die Zivilisation*, um die Teilhabe an mehr Zivilisation ist. Dieser Kampf wird allerdings nicht unmittelbar für ein gesellschaftliches Ganzes auf ein Gesamtziel hin geführt, sondern gesellschaftlich partikularisiert. Selbst wo „letzten Endes" auch Gesellschaften in ihrer Gesamtheit „etwas davon haben" – oft weniger, manchmal mehr –, sind die Avantgardisten solcher Kämpfe erst einmal „unmittelbar zu sich selbst". Das war so schon für Lenin und die Seinen, die als politokratische Avantgarde eine „Kommandohöhe" erobert haben, von der aus sie die gesellschaftlichen Massen „organisierten", zu ihren Organen machten, wenn nicht zu ausführenden Organen für sich, dann zu ihren Feinden, deren Bekämpfung sie in ihrem höheren Beruf bestätigte. Nicht anders wird es sich bei den „Freiheitskämpfern" verhalten, die den Kampf um die Zivilisation politokratisch gegen die Herrschaftspositionen der westlichen Zivilisation führen. Man sieht es an Emporkömmlingen der Macht wie dem irakischen Diktator. Nach den Präzedenzfällen des 20. Jahrhunderts versteht es sich, dass die politischen Aktivismen nicht von den „Verdammten dieser Erde" ausgehen, sondern sich von vornherein auf einer höheren oder höchsten Anspruchsstufe bewegen. Die Machtprojektion eines „Hintermannes" der Partisanen-Luftangriffe könnte es sein, auf der Klaviatur von dynastischen Rivalitäten und Volks-Oppositionen die Herrschaft über eine weitere Erdölregion zu erringen und die Energiequelle nicht nur als Waffe, sondern vor allem als Ressource in die Hand zu bekommen.

Ein zu annähernd gleichen Teilen in seinem heimatlichen Athen und in Deutschland wirkender Geschichtsdenker, der leider schon 1998 mit 55 Jahren verstorbene Panajotis Kondylis, veröffentlichte 1992 ein nicht sehr umfangreiches aber gedankenreiches Buch mit dem Titel *Planetarische Politik nach dem Kalten Krieg* (im Akademieverlag Berlin). Es enthält ein Kapitel über die neue Qualität des „warmen" Krieges, und darin heißt es: „Es ist damit zu rechnen, dass Länder, die wegen ihrer allgemeinen Wirtschaftslage keine Hoffnung hegen können, sich die hochmoderne Technologie in ihrer ganzen Breite aneignen können, zumindest die Anschaffung von Waffen anstreben werden, die auch auf Großmächte ihren Abschreckungseffekt nicht verfehlen würden." Auch auf einer technologisch niederen Stufe dürften „terroristische Aktionen und Kommandounternehmungen gerade unter den Umständen einer Übertechnisierung an militärischer Bedeutung gewinnen". (S. 81 f.)

Die Angriffe von Selbstmord-Guerilleros auf Zentren der westlichen Zivilisation könnten ein Menetekel sein. Wenn man die unmittelbaren Täter als Kriegsgegner in diesem Kampf zu sehen bereit ist, also zusammen nicht nur mit Kompanien von Aktivisten, sondern auch den „Resonanz-Massen", die ihre traditionalen Lebensrahmen verloren haben und in keinen modernen hineingelangen können, verteilt sich der Kampf auf mehrere Eben. So wie der Nazismus ab 1939 nur militärisch zu bezwingen war (übrigens mit weniger nächtlichem Terrorismus gegen die Zivilbevölkerung), so werden auch die übermobilisierten Aktivisten der Guerilleros nicht ohne militärisch bestückte Polizeigewalt kampfunfähig zu machen sein. Die Annahme von S. Huntington, sie könnten ein limitiertes Generationsphänomen sein und, von einem wirtschaftlichen Aufschwung befördert, im dritten Jahrzehnt des 21. Jahrhunderts ausgebrannt sein, dürfte bei der anhaltenden Neurekrutierung allzu tröstlich klingen. Doch wenn der „Terrorismus" (anders als der sektiererische Wahn der RAF) wirklich wie eine Hydra fortwährend neue Köpfe bekommt, verlagert sich die Hauptanstrengung auf die sozial-zivilisatorische Sanierung der kritischen Region. Wir haben dafür ein geschichtliches Beispiel vor Augen: Die gewiss nicht rein uneigennützige, aber doch auf *gegenseitigen* Nutzen abgestellte und auch human rücksichtsbereite Hilfe, die nach dem 2. Weltkrieg dem daniederliegenden Europa zuteil wurde. Das war die positive Überwindung des Kriegszustandes. Wie wäre es möglich, etwas von dieser Art zur Maxime im „Kampf um die Zivilisation" zu machen?

Aussichten im Kampf um die Zivilisation

Wie weit und wie konkret-anschaulich (statt nur „prinzipiell") können wir wohl über die jetzige „Lage der Menschheit" hinausdenken? Schon im ausgehenden europäischen 18. Jahrhundert war der Gedanke an eine korporativ und kommunikativ auf derselben Ausbildungsstufe vereinigten Menschheit lebendig. Die Wirklichkeit der Menschenwelt hat sich davon aber gerade in der Weltrevolution am Ausgang jenes Jahrhunderts mit der Ära Napoleon noch einmal weit, sehr weit entfernt. Von den Befunden des 20. Jahrhunderts aus einen neuen Erwartungshorizont zu eröffnen ist noch einmal schwieriger geworden als im ausgehenden 18. und um die Mitte des 19. Jahrhunderts.

Eine realistische Prospektion ist kaum noch als Vision oder Postulation eines Zukünftigen möglich, sondern nur als eine Fortschreibung von geschichtlich Gewordenen *sub specie* von formativen Energien, die darin wirksam sind, und als Vorblick auf mögliche Verschiebungen der Kraftlinien in einem Kräfteverhältnis. Die Wahrnehmung des 20. Jahrhunderts kann es nahe legen, eine Heuristik auf die Stärke- und Reichweitenverhältnisse von imperial-kompetitiven und zivil-kooperativen Potentialen der Vergesellschaftung anzusetzen. Dabei wird es nicht um denkbare Maxima zu tun sein, sondern um hinreichende Minima von Ermöglichung und Gewährleistung eines Standes der menschlichen Dinge, bei dem die gesellschaftlichen Evolutionen nicht mehr unvermeidlicherweise in der Art von gewalttätigen Kollisionen und Eruptionen verlaufen. Und man wird nicht mehr der „Illusion der Epoche" erliegen, dass dieses Reich schon nahe herbeigekommen sei.

Ein Erstes ist schon im Methodischen der Problemerfassung, dass man die untergründige Problematik als eine der *Zivilisation* wahrnimmt, die aus ihrer zivilisatorisch-produktiven Arbeit lebt und durch sie eine zivilisatorische Ausstattung gewinnt, ohne die es auch keine freiheitliche Sozial- und Geisteskultur geben kann. Das *factum brutum*, das die Lage der heutigen Weltzivilisation bestimmt, ist das enorme zivilisatorische Gefälle zwischen ihren Avantgardisten, denen sich wenige Aufsteiger zugesellt haben, und den Niederungen zivilisatorischer Zurückgebliebenheit verschiedenen Grades. Der Ruf nach mehr Zivilisation kommt heute vor allem von den Nachrücker-Kandidaten; und er setzt sich bei ihnen in die Anforderung um, dass man ihnen die Wege freihält und sie wenigstens nicht behindert. Noch aber zeigt die westliche Zivilisation einigen Ländern das Bild einer Zukunft, die ihnen versperrt zu bleiben droht. Das Bild jener Zivilisation vor Augen kommen sie an ihrer überhohen Schwelle zu Fall.

Es ist längst ausgemacht, dass die wichtigste Hilfe die zur Selbsthilfe ist. Die Nachrücker-Zivilisationen können in der Hauptsache nur das Werk von animierten *Arbeitsgesellschaften* sein, die nicht wie in der Kolonialzeit wesentlich Zulieferer für Länder der Hochzivilisation sind. Eine integrierte Weltzivilisation entsteht nicht als eine Weltplanwirtschaft, aber der marktwirtschaftliche Absolutismus wird *nolens volens* einer *aufgeklärten Marktwirtschaft* weichen müssen. Voraussetzung dafür ist, dass die Kandidaten-Regionen die Bildungselemente *autonomer Öffentlichkeiten* in Freiheit setzen und die Öffentlichkeiten der Hochzivilisation dafür die Patenschaft übernehmen. Der am meisten kritische Punkt für die halbseitig überaktivierten, halbseitig gelähmten Länder der arabischen Zivilisation ist (wie für die Welt insgesamt) die ungleiche *und monopolitische* Verfügung über die fatal wichtigen Erdölvorkommen. Sie sind bis jetzt eine Domäne archaischer, modern-industrieller und politokratischer Absolutismen. Der positive Ausgang des Kampfes um die Zivilisation läge darin, dass nicht sie das Gegenlager zur terroristischen Kriegspartei bilden, sondern ein internationales Konsilium der Zivilisationsreform. „Unsere Zivilisation wird sich entweder ändern oder wir gehen an ihr zugrunde", schrieb Eugen Kogon 1984. Es steht noch dahin, mit welchen ihrer Attribute und Maßbestimmungen sie universell werden kann und mit welchen nicht. Sie ist ein Politikum, doch gibt es bis jetzt kein Medium oder auch nur konzeptives Netzwerk einer integralen Zivilisationspolitik.

Kommune 11/2001

Nachwort

Die innerliche politische Depotenzierung des schändlich kompromittierten und militärisch niedergeworfenen, besetzten und geteilten Deutschland, die bis jetzt seine Rehabilitation beeinträchtigt, äußerte sich in einem ebenso reduzierten, selektiven und zwanghaften Geschichtsbewusstsein. Die dimensionale Reduktion bestand darin, dass die zurückliegende Geschichte bei aller Forcierung des „Täter"-Status nicht organisch als ein *geschichtlicher Handlungsverbund aus divergierenden Kräften* begreiflich wurde, sondern in einer ideologischen Stilisierung und justiziellen Fixierung als ein moralisches Lehrstück. Eine fatale Fragmentierung war es, dass nicht der situative Ursprung des Nationalsozialismus aus dem 1. Weltkrieg und den Anomalien seiner Beendigung gebührend in die Rechenschaftslegung einging, sondern mehr und mehr ein absoluter ideologischer Urgrund im Antisemitismus zum Focus einer forcierten Wahrnehmung wurde.

Während die östlich-deutsche Nachkriegsgeschichte in der Sowjetrevolution (und der gescheiterten deutschen Novemberrevolution) eine neue Vorgeschichte zugewiesen bekam, wurde die westliche Nachkriegsgeschichte nicht nur durch den östlichen Kontrahenten in eine Nachgeschichte der Hitlerzeit gebannt, sondern auch noch dadurch in ihr festgehalten, dass sie in einen festen Verbund mit der schwierigen Selbstbehauptung des neu gegründeten Staates Israel rückte.

Eine autochthone Nachgeschichte, deren Zentrum die Regenerierung der 1933 überwältigten zivil-republikanischen Kräfte gewesen wäre, wurde nicht zur politisch-kulturellen Dominante. Dazu reichte die autonome Potenz der sich mühsam neu formierenden sozialkulturellen Bildungselemente einfach nicht. Auch der Achtundsechziger Aufbruch brachte keinen Zuwachs an republikanischer Souveränität, sondern endete weithin in archaischen Subalternitäten.

Es war zu meinem Lebensschicksal geworden, in die krisengeschüttelte Endzeit der Weimarer Republik und dann in die Ära des Nationalsozialismus hineinzuwachsen – zum Glück nicht in den Nationalsozialismus selbst. Zusammen mit dem Stück Nachgeschichte, das ich dann im Reich des anderen, des Sowjetsozialismus erlebte, war das eine bewegte, auch mich selbst innerlich stark bewegende Geschichte. Deren gedankliche Verarbeitung, zu der ich reichlich Gelegenheit fand, erwies sich in einer kurzen „Anprobe" als das Gewichtigere als ein Dabeisein beim geschichtlichen Fortgang. Unter dem Aspekt der Sozialismusgeschichte war es für mich von besonderer Ergiebigkeit, an der Hamburger Bundesschule ein Jahr lang die Kurse mit ehernamtlichen Gewerkschaftsfunktionären zu begleiten, was sich dann vier Jahre lang an einem „Seminar für gesamtdeutsche Fragen" mit verschiedenen Teilnehmerkreisen fortsetzte. Ein „Lehrstück" war es, dass ich als wissenschaftlicher Mitarbeiter des Osteuropa-Instituts und danach des Philosophischen Seminars der Freien Universität Berlin aus nächster Nähe und mit genügend innerer Distanz den Aufbruch der Achtundsechziger Studentenbewegung miterlebt habe. Rudi Dutschke war wissenschaftliche Hilfskraft an unserer Institutsabteilung, und ich hatte manche Diskussion mit ihm. Auch mit Ernest Mandel kam ich immer wieder zusammen. Als er einmal in einer Diskussion gemeint hatte, „die Geschichte" werde irgendeine unglückliche Wendung der Dinge „nicht zulassen", setzte ich in die schweigsame Runde den Nachsatz: „die Geschichte ist überhaupt sehr schlau", und das löste ein Lachen aus, das mit ebensoviel Verlegenheit gepaart war.

Für aktivistische Einstimmungen war ich ebenso wenig zu haben wie für historische Repetitionen. Der allgemeine Befund aus den deutschen Nachkriegserfahrungen war für mich, dass die wichtigeren Geschichten dieser Zeit sich anderswo in der weiten Welt anbahnen. Darauf habe ich meine „geschichtliche Optik" eingestellt, wie es unter dem Titel „Politikum Zivilisation" im letzten der hier dokumentierten Texte angedacht ist. Eine Art „Abschlussprotokoll" habe ich in einem der letzten Aufsätze niedergeschrieben. „Die innerliche politische Depotenzierung des schändlich kompromittierten und militärisch niedergeworfenen, besetzten und geteilten Deutschland, die bis jetzt seine Rehabilitation beeinträchtigt, äußerte sich in einem ebenso reduzierten, selektiven und zwanghaften Geschichtsbewusstsein." Die Reduktion bestand unter anderem darin, dass „die zurückliegende Geschichte bei aller Forcierung des ‚Täter'-Status nicht organisch als ein Handlungsverbund aus divergierenden Kräften begreiflich wurde, sondern in einer ideologischen Stilisierung und justiziellen Fixierung als ein moralisches Lehrstück. Eine fatale Fragmentierung war es, dass nicht der situative Ursprung des Nationalsozialismus aus dem Weltkrieg und den Anomalien seiner Beendigung gebührend in die Rechenschaftslegung einging, sondern mehr und mehr ein absoluter ideologischer Urgrund im Antisemitismus zum Focus einer forcierten Wahrnehmung wurde. ... Eine autochthone Nachgeschichte, deren Zentrum die Regenerierung der 1933 überwältigten zivil-republikanischen Kräfte geworden wäre, wurde nicht zur politisch-kulturellen Dominante. Dazu reichte die autonome Potenz der sich mühsam neu formierenden sozialkulturellen Bildungselemente einfach nicht."[87]

---

[87] Unter der Abschnitt-Überschrift „Deutsche Befindlichkeiten" in dem Aufsatz „Deutschland und der Rest der Welt", in: Kommune 5/2003.

REIHE LEBENSFORMEN

■ Ulrich Beer: **Meine Lebens-Geister.** Große Gestalten – bleibende Beispiele. 2007, 228 S., 15 Abb., ISBN 978-3-8255-0672-8, € 20,–

■ Ulrich Beer: **Erfolg ist machbar.** Hier sind die Wege dahin. 3. Aufl. 2009, 248 S., ISBN 3-8255-0727-5, € 20,–

■ Ulrich Beer / Heidrun Steuernagel: **Das Früchte -horoskop.** Eine heitere Charaktertypologie. 2005, 150 S., ISBN 3-8255-0505-7, € 14,90

■ Ulrich Beer: **Graphologie.** Handschrift ist Herzschrift. 4. Aufl. 2003, 190 S., ISBN 3-8255-0413-1, € 17,90

■ Ulrich Beer: **Junge Liebe ganz konkret.** So wird die Partnerschaft glücklich. 2. Aufl. 2007, 182 S., ISBN 978-3-8255-0540-0, € 16,90

■ Eva Dehm-Hasselwander: **Dein Kind ist eine Persönlichkeit.** Was Kinder wirklich brauchen. 2. Aufl. 2006, 176 S., ISBN 3-8255-0645-2, € 15,90

■ Klaus Otto Nass: **Die Vermessung des Eisernen Vorhangs.** Deutsch-deutsche Grenzkommission und Staatssicherheit der DDR 2010, 400 S., geb., ISBN 978-3-8255-0766-4, € 25,–

■ Ulrich Beer: **Tod, Trennung und Trauer.** Mit dem Sterben leben. 2. Aufl. 2009, 150 S., ISBN 978-3-8255-0726-8, € 16,–

■ Roswitha Stemmer-Beer: **Familiäres.** Ein Ratgeber-Buch. 2006, 160 S., ISBN 3-8255-0548-0, € 9,90

■ Hans Ruh: **Anders, aber besser.** Die Arbeit neu erfinden – für eine solidarische und überlebensfähige Welt. 4. Aufl. 2009, 158 S., ISBN 978-3-8255-0682-7, € 17,–

■ Ulrich Beer: **Lebenslang Liebe.** Das Begleitbuch für Sie und Ihn. 2001, 343 S., ISBN 978-3-8255-0772-5, € 17,80

■ Thomas Hellweg: **Meister von Raum und Zahl.** Mathematikerportraits aus drei Jahrtausenden 2010, 450 S., geb., ISBN 978-3-8255-0696-4, € 24,90

■ Pacifico Cristofanelli/Silvio Lena: **Die Handschrift im Entwicklungsalter.** Grafisches Erleben und psychologische Deutung. (übersetzt von Elisabeth Stipanek-Klauer und Alina Oancea). 2008, 200 S., ISBN 978-3-8255-0686-5, € 19,90

■ Ulrich Beer: **Kriege beginnen im Herzen – der Frieden auch ...** Tabus und Vorurteile: ihre Wurzeln und Wirkungen. 2. Aufl. 2003, 130 S., ISBN 3-8255-0435-2, € 12,90

■ Ulrich Beer: **Lebenskraft aus Lebenskrisen** 2000, 343 S., ISBN 978-3-8255-0763-3, € 20,–

■ Pacifico Cristofanelli: **Du und dein erster Weg durch die Welt der Handschrift.** (übersetzt von Elisabeth Stipanek Klauer) 2006, 108 S., ISBN 3-8255-0657-6, € 15,90

■ Ulrich Beer: **Mit weniger gesünder leben.** Im Überfluß das eigene Maß finden. 3. Aufl. 2006, 136 S., ISBN 3-8255-0498-0, € 14,90

■ Veronika Schlüter: **Der rätselhafte Kontinent jenseits der Elbe.** Merkwürdigkeiten und Bemerkenswertes zwischen 1987 und 2005. 2006, 176 S., Abb., ISBN 3-8255-0506-5, € 15,90

■ Barbara Meyer: **Das pralle Leben.** Schöne scharfe Geschichten. 2006, 148 S., ISBN 3-8255-0648-7, € 14,90

■ Eva Dehm-Hasselwander: **Familie und Zukunft.** 2009, 120 S., ISBN 978-3-8255-0716-9, € 15,90

■ Roswitha Stemmer-Beer / Heidrun Steuernagel: **So heilt die Seele den Körper.** Praktische Psychosomatik. 3. Aufl. 2005, 240 S., ISBN 3-8255-0450-9, € 19,90

www.centaurus-verlag.de

- Regine Busch: **Krach und Krisen in der Partnerschaft.** Persönliche Fragen und psychologische Antworten.
2. Aufl. 2006, 240 S., ISBN 3-8255-0509-X, € 18,90

- Roswitha Stemmer-Beer: **Liebeskämpfe.** Wie Töchter ihre Mütter abnabeln
2. überarb. Aufl. 2007, 194 S., ISBN 3-8255-0499-9, € 15,–

- Cornelia Kühn-Leitz: **Theater – Spiel und Wirklichkeit.** Auf deutschen Bühnen und in fremden Ländern.
2007, 168 S., Abb., geb., ISBN 978-3-8255-0461-8, € 18,50

- Siegfried Scharf: **Vom Hirtenbub zum Bürgermeister.** Ein Leben im Schwarzwald.
2003, 216 S., Abb., geb., ISBN 3-8255-0449-2, € 17,90

- Rudolf Steinle: **Hineingewachsen.** Jugend vor und nach 1933.
2005, 140 S., Abb., ISBN 3-8255-0537-5, € 15,90

- Pacifico Cristofanelli: **Die Persönlichkeit in der Handschrift.** (übersetzt von Elisabeth Stipanek Klauer und Birgit Wachter)
2006, 254 S., ISBN 3-8255-0634-7, € 19,90

- Jeannine Grisius: **Dein Bild im Herzen.** Auf der Suche nach meiner afrikanischen Mutter.
2 Aufl. 2004, 172 S., Abb., ISBN 3-8255-0468-9, € 12,50

- Siegfried Scharf: **Sagenhafter Hochschwarzwald.** Eine Landschaft erzählt.
2006, 334 S., Abb., geb., ISBN 3-8255-0631-2, € 20,–

- Ulrich Beer: **Nur ein Kind!** Auf dem Weg zur Ego-Gesellschaft?
2. Aufl. 2004, 200 S., ISBN 3-8255-0497-4, € 18,90

- Rudolf Köster: **Was kränkt, macht krank.** Seelische Verletzungen erkennen und vermeiden.
5. Aufl. 2003, 130 S., ISBN 3-8255-0425-5, € 14,50

- Walter Lobenstein: **Die Stafette.** Roman
2010, 333 S., ISBN 978-3-8255-0747-3, € 18,90

- Ulrich Beer: **Tod, Trennung und Trauer.** Mit dem Sterben leben.
2. Aufl. 2009, 150 S., ISBN 978-3-8255-0726-8, € 16,–

- Rudolf Köster: **Depression – nicht alles ist Schicksal.** Vorsorge und Selbsthilfe – Chancen der Heilung!
2003, 170 S., ISBN 3-8255-0417-4, € 15,90

- Ulrich Beer: **Was Farben uns verraten.** Eine bunte Psychologie.
5. Aufl. 2004, 192 S., ISBN 3-8255-0445-X, € 17,90

- Roswitha Stemmer-Beer: **„Wir fraßen herzhaft...".** Friedrich Schiller – ein literarisch-biographisches Kochbuch.
2. überarb. Aufl. 2009, 15 Farbabb., 54 Rezepte, 257 S., ISBN 3-8255-0736-7, € 24,90

- Fabian Tritschler: **Mit der Sonne im Gepäck.** Als Zivi in Ecuador.
2005, 174 S., 33 Farbabb., ISBN 3-8255-0507-3, € 16,90

- Barbara Meyer: **Das pralle Leben.** Schöne scharfe Geschichten
2006, 148 S., ISBN 978-3-8255-0648-3, € 14,90

- Harda von Poser: **Blühen wie eine Blume.** Einer Krankheit begegnen.
2006, 190 S., ISBN 3-8255-0610-X, € 14,90

- Ulrich Beer: **Kreative Autorität.**
4. überarbeitete Aufl. 2007, 158 S., ISBN 978-3-8255-0431-1, € 14,90

- Hans Ruh: **Störfall Mensch.** Wege aus der ökologischen Krise.
3. Aufl. 2005, 160 S., ISBN 3-8255-0504-8, € 16,90

Zum Herausgeber: Ulrich Beer, geb. 1932, Dr. phil., Prof. h.c., Diplom-Psychologe, ist Verfasser von mehr als 70 Büchern. Einem Millionenpublikum ist er als psychologischer Kommentator von über 60 Sendungen „Ehen vor Gericht" bekannt. Heute lebt er als freiberuflicher Psychologe, Graphologe und Fachschriftsteller in Eisenbach im Hochschwarzwald.